普通高等教育高级应用型人才培养规划教材

企业管理模拟（ERP沙盘）实训教程

qiye guanli moni (ERP shapan) shixun jiaocheng

主　编：田　艳
副主编：郑述招
编写人员：吴浩然　汪　洋　朱春峰　兰素娟

暨南大學出版社
JINAN UNIVERSITY PRESS
中国·广州

图书在版编目（CIP）数据

企业管理模拟（ERP 沙盘）实训教程/田艳主编．—广州：暨南大学出版社，2011.8
（普通高等教育高级应用型人才培养规划教材）
ISBN 978－7－81135－798－1

Ⅰ.①企…　Ⅱ.①田…　Ⅲ.①企业管理—计算机管理系统，ERP—高等学校—教材
Ⅳ.①F270.7

中国版本图书馆 CIP 数据核字（2011）第 060002 号

出版发行：暨南大学出版社

地　址：中国广州暨南大学
电　话：总编室（8620）85221601
营销部（8620）85225284　85228291　85228292（邮购）
传　真：（8620）85221583（办公室）　85223774（营销部）
邮　编：510630
网　址：http：//www.jnupress.com　http：//press.jnu.edu.cn

排　版：广州市天河星辰文化发展部照排中心
印　刷：广州市怡升印刷有限公司

开　本：787mm×1092mm　1/16
印　张：16.375
字　数：381 千
版　次：2011 年 8 月第 1 版
印　次：2011 年 8 月第 1 次

定　价：29.80 元

前　言

“企业管理沙盘模拟”是瑞典皇家工学院的 Klas Mellan 于 1978 年开发的课程，其特点是采用体验式培训方式，遵循“体验—分享—提升—应用”的过程达到学习的目的。最初该课程主要是从非财务人员的财务管理角度来设计的，经过不断改进与完善，针对如 CEO、CFO 等职位的沙盘演练课程被相继开发出来。之后，“沙盘演练”课程被世界 500 强的企业作为中高层管理者必上的培训课程之一，也被欧美的商学院作为 EMBA的培训课程。20 世纪 80 年代初期，在我国管理教学中开始采用“沙盘演练”课程，最初主要在高校的MBA教学中使用，另外一些培训公司也进行类似的沙盘培训。21 世纪初用友软件公司和金蝶公司先后将“沙盘演练”引入 ERP 教学中，同时将它向高等院校的本科教学推广，逐渐形成了今天的“ERP 沙盘模拟对抗”实训课程。

“ERP 沙盘模拟对抗”实训课程以“学生学为主，教师教为辅”，运用独特直观的教具，融入市场变数，结合角色扮演、情景模拟、讲师点评，将复杂、抽象的企业经营管理理论以最直观的沙盘模拟方式展现在学生面前，使学生在虚拟的市场竞争环境中全真体会企业数年的经营管理过程。该教学方式是一种新颖的培训方式，现在大多数培训机构主要采用模拟对抗实践方式配合部分重点讲授理论课完成该课程教学。每次培训首先由教师重点概括讲授管理理论，涉及企业管理的主要内容，如战略管理、市场营销、财务管理、人力资源管理、供应链管理以及信息技术，培训后期，则把学生分成若干组，利用 ERP 沙盘进行企业竞争模拟训练。该培训方式突出应用性和实践性，强调“体验式”教学，融互动性、竞争性、综合性于一体，该方式具有科学、简洁、实用、有趣等显著特点，具有传统教学方式无法比拟的优越性，因此引起了学生极大的学习兴趣。目前，这种新颖的培训方式正被国内高校和企业培训机构广泛接受并积极推广，并日益成为最受学习企业经营管理的学生欢迎的培训方式。

近年来，越来越多的高校增设了“ERP 沙盘模拟对抗”实训课程，但因为这是一门全新的实验课程，教学计划的制订、课程的安排以及合适的教材都还在不断地探讨和研究中。本教程的几位编者均指导过基于用友公司提供的 ERP 沙盘教具环境的“ERP 沙盘模拟对抗”实践课程，经过三年来几十次的实践，编者在完善自编的实践指导手册的基础上，参考了大量有关资料和实践指导书籍，吸取了其他教材的优点编写成本书。本书分成上、下两编，上编介绍企业经营管理的基础理论，含制造型企业战略管理、制造型企业主要管理过程以及ERP基础知识。下编介绍实训课程准备（含实训课程的组织管理、对实训环境的认识、市场规则与企业运营规则等）、ERP沙盘模拟实战操作以及对ERP沙盘企业经营的思考与总结等。另外，考虑到学生使用的方便，本书特意将企业运行过程中需要受训者必须填写的各类控制表单独抽取出来，作为附录，以便学生使用。

本书由田艳教授任主编，郑述招老师任副主编，全书体系结构及大纲由田艳教授设计，经过参编者讨论确定，郑述招老师主编了本教程前期的实验指导书，吴浩然、汪洋、朱春峰、兰素娟几位老师协作完成本书的编写。本教程共六章，其中第一章、第二章第一节由汪洋老师执笔完成，第二章第二节与第三节、第三章由郑述招老师执笔完成，第二章第四节由朱春峰老师执笔完成，第二章第五节、第三章第一节由田艳老师执笔完成，第四章、第五章、第六章由田艳老师和郑述招老师执笔完成，第四章第一节由吴浩然老师执笔完成，第六章第六节由田艳老师和兰素娟老师执笔完成，全书由田艳老师统稿。

本书主要作为管理类专业本科生企业经营模拟实践课程的参考书，同时也可作为其他专业本科生通过沙盘实训学习企业管理知识以及企业进行管理知识培训的参考用书。

编者在本书编写的过程中，参阅和借鉴了大量资料、书籍、论文，并在网站上搜索了大量的资料，它们对本书的成文起了重要作用，我们尽量在参考资料中列出（由于资料繁多，难免遗漏），在此向所有被参考和引用论著的作者表示衷心感谢。感谢北京理工大学珠海学院05级信管专业学生邹耘，她为本书制作了部分图表。本书的出版得到广州市道锋图书发行有限公司和暨南大学出版社的大力支持和帮助，在此一并表示感谢。

我们以对读者、对社会、对自己负责的态度，以改革、创新的精神，精心、认真撰写本教材，以适应现在的“ERP沙盘模拟对抗”教学之用，但是由于这一课程应用了全新的教学手段和方法，在教学计划和教学内容的安排上还处于探索之中，书中难免存在很多不足之处，在教材的体系结构和内容编排上我们认为还有待在将来的授课过程中进一步完善。在此，我们恳请各位专家、学者和广大读者不吝指正，使本教材在修改再版时更加完善。

田　艳

2011年5月

目 录

下　编　ERP 沙盘模拟训练

上　编

管理知识概述

企业管理沙盘模拟课程具有极强的对抗性，被誉为培养现代企业经营管理人才综合素质的最佳手段。一经推出，就以其独特新颖的培训模式、实用的培训效果受到中外企业高级管理人员、培训专家的青睐。沙盘模拟实训课程的优势在于它摒弃了按照固定的程序灌输特定管理理论或是教授特定工具的教学方式，而是让学生以角色的身份通过沙盘进入场景，在市场竞争的压力下亲身体验一个企业运营的完整流程，深刻理解和综合应用企业管理知识和理论。

在ERP沙盘模拟过程中，我们给出了同样的市场环境，同样的企业背景，但是由不同的管理团队来经营，结果是企业发展大不相同，这就是管理的思想和艺术。在这个过程中，没有事先约定什么企业赚钱、什么产品赚钱和什么企业不赚钱、什么产品不赚钱，关键要看是谁在做、怎么做。每个企业在市场中都要面对同行对手的竞争、产品老化、市场单一化等问题，企业如何保持成功并不断地成长是每位成员面临的重大挑战，企业管理理论的使命就是如何使企业更好地生存，更有竞争力地发展。ERP沙盘模拟培训的内容包括企业战略选择、生产运营管理、采购与库存管理、财务管理、融资、团队沟通与建设等，涉及企业整个生产经营管理过程的预测和决策。

在有效地进行ERP沙盘对抗实训之前，我们先来重点了解和复习有关企业管理的理论知识。

第一章

制造型企业战略管理

从外在表象看，企业是千姿百态的。有的企业烟囱耸立，机器轰鸣；有的企业厂房规整安静，员工工作时有条不紊；有的企业产品是汽车，有的是电器，有的是家具、衣服。但从管理的角度看，他们表现出了一致性：管理架构相同，管理过程一样，运作模式类似。因此我们需要透过企业的表象，深入了解企业的内部，从企业的含义、组织结构、运作过程去理解企业。

理解企业可以从两个方面着手，一是企业的组织结构，二是企业的运行机制。本章作为企业管理沙盘模拟课程的开篇，从企业的含义开始，概括性地介绍企业的组织结构，涉及企业战略和企业运作及绩效的关系、市场竞争和发展策略、资金筹措和运用、生产计划管理、销售和采购管理等方面，力图为读者展示出一个企业运作的概貌，为进一步模拟企业运作过程奠定基础。

第一节　企业组织简介

一、企业组织

1．企业组织的含义

人类社会是由各种不同的组织构成的。在劳动专业化分工的推动下，人类社会已经形成了三大类社会组织：政府组织、营利性组织和非营利性组织。党政机关、国家行政权力机构（政府机关、人民代表大会、法院、检察院）属于政府组织；基础教育、公立医院、社会保障和社会福利等属于非营利性组织；而企业则是营利性组织。现代企业是在手工作坊基础上，为了适应社会化大生产和专业化分工的需要而发展起来的社会组织，它的目的是满足社会需要和获取盈利，企业实行独立核算，进行自主经营，自负盈亏，是具有法人资格的基本经济单位。

从过程管理的角度看，所有的组织都承担了将输入转变为输出的职能。输出是这些社会组织对社会作出的贡献，也是社会组织存在的根本。输入则是社会组织为提供输出所必需的资源。输入到输出的中间转化过程就是社会组织的功能。对企业而言，这种转换即是生产运作过程。如表1－1所示。

表1－1　企业生产转换过程

	类型	主要输入	转换	主要输出
营利性组织	制造工厂	原材料	加工制造	有形产品
	运输公司	运输车辆	位移	货物运输服务
	咨询公司	信息情报	咨询	建议方案、诊断报告

企业组织主要包括两类：制造业和服务业。制造业和服务业的区别主要体现在产品上。制造业提供的产品是有形的、可触摸的，产品一般存在的时间长，不会瞬间消失，可以储存。而服务业提供的产品则完全相反，是无形的、不可触摸的，产品生产和消费一般是同时进行的，所以服务业提供的产品就被称为服务。服务业包括的范围很广，商品贸易、储蓄理财、交通运输、通信、餐饮、旅游等都属于服务业，并且社会越发达，服务业在整个国民经济中所占的比重越大。虽然制造业在总国民经济中的比重处于下降趋势，但它为我们提供了衣食住行等物质资料，是整个国民经济的物质基础，仍然是不可或缺的。

制造业提供的产品一般都需要通过加工制造改变加工对象的物理或化学性质，如食品、药品、衣服、汽车、楼房、电脑等。这就需要有投资相对多的厂房等固定设施，需要有产品的制造加工技术，需要在市场上采购原材料，这些都是制造业的特征：

2. 企业的特征

不同类型的企业，都有反映它们各自特殊性的某些特征。但凡企业，也都具有反映其共性的一般特征：

（1）经济性。企业是经济组织，它在社会中所从事的是经济活动，以谋求利润为目的。企业是市场中的经营主体，它以自己生产的产品或提供的劳务，通过交换来满足社会需要，并从中获得利润。企业如果没有盈利，就不能发展，就无法在市场竞争中立足。而且，如果没有盈利，企业就无法满足投资者和经营者的利益要求，他们也就没有搞好企业生产经营的积极性，企业就会消亡。企业的经济性是它区别于从事非经济活动的政府机关、事业单位、群众组织和学术团体等非经济组织的最本质的特征。

（2）社会性。企业是一个社会组织。从商品生产的角度看，企业所从事的生产经营活动是社会化大生产的一个组成部分，企业是社会经济系统中的一个子系统，它与其他子系统发生着广泛的经济联系。从企业与社会其他各部门、各单位的非经济关系看，它既依赖于社会的进步和国家的富强，也依赖于政府对社会的管理，它从属于一定的政治和社会体系，还要承担一定的社会责任。因此，它具有社会性。

（3）独立自主性。企业是独立自主从事生产经营活动的经济组织，在国家法律、政策允许的范围内，企业的生产经营活动不受其他主体的干预。法人企业的独立自主性在法律上表现为财产独立、核算独立、经营自主，并以自己独立的财产享有民事权利和承担民事责任。

（4）能动性。企业是一个能动的有机体。企业的能动性表现在对外部环境的适应能力、自我改造能力、自我约束能力和自我发展能力等方面。从系统论的角度讲，企业是一个耗散结构系统，它通过不断地与外界进行能量、物质和信息的交换，调整自己的内部结构，以适应市场环境的变化，并发展和壮大自己。

(5) 竞争性。企业是市场中的经营主体，同时也是竞争主体。竞争是市场经济的基本规律。企业要生存，要发展，就必须参与市场竞争，并在竞争中取胜。企业的竞争性表现在它所生产的产品和提供的服务要有竞争力，要在市场上接受用户的评判和挑选，要得到社会的承认。市场竞争的结果是优胜劣汰。企业通过自己有竞争力的产品或服务在市场经济中求生存，求发展。

3. 企业的基本运作过程

制造型企业的基本职能是为社会提供产品和服务，包括“投入—转换—产出”的过程，如图1-1所示。

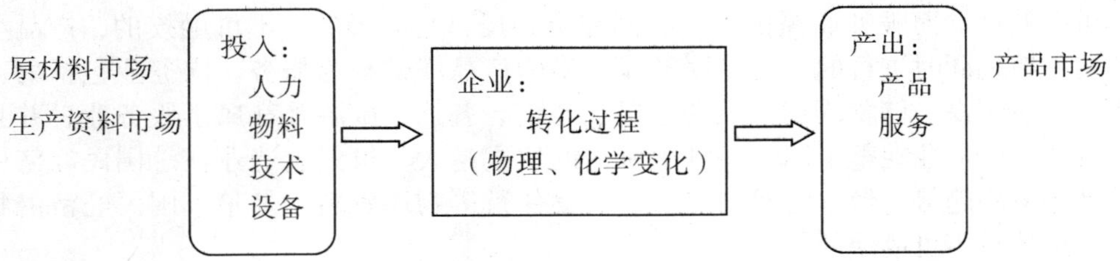

图1-1 企业的基本职能

企业股东（投资人）建立企业，然后在原材料市场上获取人力、物料、技术、设备，通过企业生产（物理、化学变化）出产品，再投放到产品市场。这个转化过程中，市场是重要的影响因素。在生产资料市场上，企业必须按照自身的需求获得相应的人力、技术和设备；在原材料市场上，企业需要用最低的价格及时获得原材料；在产品市场上，企业的产品必须适销对路，满足消费者的需要，有足够大的需求订单。当然，在企业内部的转化过程中，生产过程必须是高效的，就是说企业生产能够在最低成本代价下提供市场需要的相应数量的、满足质量要求的产品。

企业运作管理的目标为：

① 质量——质量被誉为企业生存的前提、企业发展的基石。没有产品质量，就没有市场，也就没有企业存在的必要。如何保证和提高质量，包括产品的设计质量、制造质量和服务质量，是现代企业生产经营的任务之一。

② 交货期——适时适量生产。在现代化大生产中，生产所涉及的人力、物料、设备、资金等资源成千上万。如何将全部资源要素在企业需要的时候组织起来，筹措到位，按照生产进度要求准时、适量地生产，是一个十分复杂的问题，这也是目前生产经营管理需要解决的主要问题。

③ 成本——使产品价格既为顾客接受，又能为企业带来一定利润，就需要最大可能地降低成本，它涉及人力、物料、设备、能源、土地等资源的合理配置和利用，也涉及如何提高生产效率的问题。

为实现企业的职能，从原材料的输入到产品输出包括了很多过程，如图1-2所示。

企业根据市场调研的情况，制定整个公司的战略，决定生产什么、经营什么，通过产品规划和生产设施计划，建设生产用的厂房和生产设施；然后需要准备资金，即企业的财务计划和管理职能；需要研制和设计产品以及工艺，即进行技术活动，设计完成后即开始日常的运行，购买物料和加工制造；产品生产出来以后，需要通过销售使价值得以实现，即进行营销活动；销售以后得到的收入进行分配，其中一部分作为下一轮的生产资金，进入又一个循环。

在整个过程中有三个关键的职能：

① 市场营销、引导新的需求、获得产品的订单是企业发展的源头；

② 生产运作，即创造产品的过程；

③ 财务会计，即跟踪组织运作的状况，支付账单及收取货款。这些过程（活动）对企业的经营来说都是必不可少的。每项职能对企业目标的实现都起着重要作用。通常一个企业的成功与否不仅依赖于各个职能发挥得如何，还依赖于这些职能相互之间的协调程度。例如，除非生产部门与营销部门相互配合，否则营销部门销售的可能是那些非营利的产品，或者生产部门正在制造的是那些没有市场需求的产品。同样，若无财务部门与市场部门的密切配合，当组织需扩大规模或购买设备时，也可能会因资金无着落而难以实现。

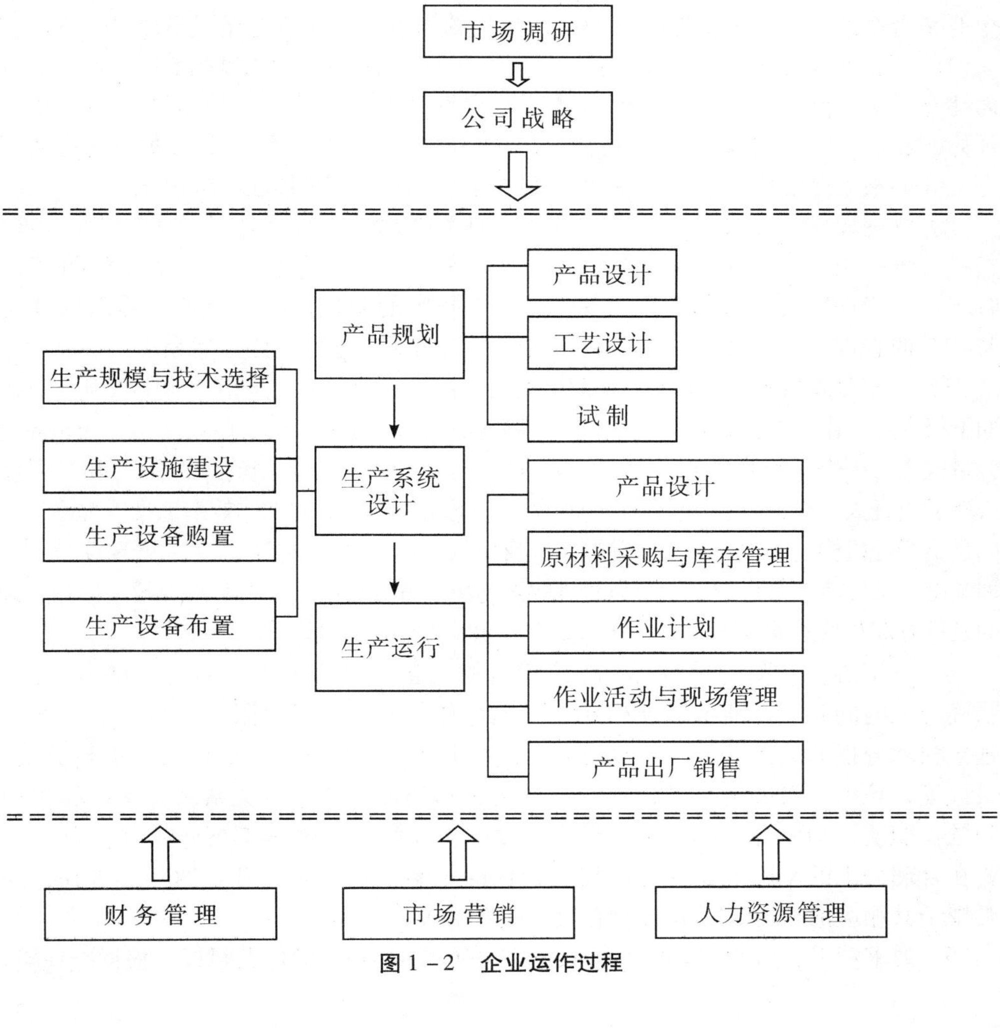

图 1－2　企业运作过程

二、企业的组织结构

企业的组织结构描述了企业组织的框架体系，它就像人体由骨骼确定体形一样，组织也是由结构来决定其形状的。我们从组织结构设计的角度出发，可以把“组织”形象地理解为：“组”是分组的意思，“织”是编织的意思。简而言之，企业为了实现其发展战略和经营目标，首先要进行分组，即把企业发展战略目标和经营任务分解成一组分目标、分任务，并按照精简、高效和节约的原则来设立部门、分配职务、安置人员，明确各自的职责和权利；然后，解决它们之间的配合、协调问题，即把分组形成的各个部分编织成一个有机的整体。

合理的企业组织结构是企业实施有效管理的基本保证之一，它能充分调动企业各部门工作的积极性，使企业内部各部门工作的配合形成一个有机整体，有利于企业发展战略目标的实现。

1. 组织结构的设计原则

企业内部的组织机构设置得是否合理，推动还是阻碍社会生产力的发展，是关系到企业是否有活力的重要问题，企业组织机构的设置，一般应遵循以下原则：

（1）从企业实际出发，注重实效。企业的组织机构是为了实现企业的生产经营任务而建立的。因此，必须从企业的具体情况出发，与企业的生产技术特点和国家经济管理体制相适应。要考虑产品性质、工艺特点、生产规模、专业化程度、企业经营方式等，并能根据企业内外环境的变化，适时地进行调整，使其逐步合理化。

（2）统一领导、分级管理。公司对企业有关全局性、长远性的重大问题，实行集中指挥、统一领导的管理方法。在总公司统一领导下要按分公司、车间、班组实行分级管理，把管理权力适当分散，使各级组织在规定的职权范围内能够灵活地处理与其本身有关的管理业务，使责、权、利相结合，以保证企业各项任务的完成。

（3）正确处理有效管理幅度与管理层次的关系。管现幅度，是指一名上级领导直接领导的下级人数。由于个人的精力、知识、经验等总是有一定限度的，所以能够有效领导的下级数量应当有一个适当的“范围”和“限度”。如果超出这个适当的“范围”和“限度”，势必造成负责人工作忙碌、指挥不力的现象，其下属工作人员的工作效率也难以提高。管理层次是指管理机构的级数，它与管理幅度成反比例关系。管理组织的设置，既要注意有效的管理幅度，又要注意管理层次。有效管理幅度是决定管理层次的一个基本因素。影响管理幅度的条件有职务的性质和内容、干部的能力、职能机构是否健全等。

（4）分工协作，职责分明。企业组织机构要正确解决上下左右之间的分工关系，在明确分工的同时，有利于加强相互之间的协作。从上下级权限的划分来看，要正确处理集权和分权的关系。权力应适当集中，否则往往会指挥不灵；但又不能过分集中，事事包揽，该由下级决定的事，应由下级决定和处理。从左右关系来看是职能机构分工问题。职能机构要分工，但又不能分工过细，以免每一件事都要牵扯几个部门。同时要在合理分工的基础上处理好职权和责任的关系，每个职位既要明确其责任，同时又要授予其相应的权力，做到有职有权、权责对等。

（5）力求精干、高效、节约。企业组织机构应围绕企业的经营目标，根据企业类型、任务难易程度设置，并力求精干，减少层次，精简人员。这样有利于调动全体职工的积极性，实现经营目标，并达到提高效率、减少扯皮、降低费用和增加利润的目的。

2. 组织结构的基本类型

从传统管理到现代管理，组织结构有多种模式。传统的组织结构模式主要有直线制、职能制、直线职能制等。现代组织结构模式主要有事业部制、矩阵制等。虽然组织结构多种多样，但主要还是直线职能制和事业部制两种形式，其他的结构都与这两种有密切关系。

（1）直线制组织结构。直线制组织结构是最早使用也是最为简单的一种结构，是一种集权式的组织结构形式。其特点是企业各级行政单位从上到下实行垂直领导，下属部门只接受一个上级的指令，各级主管负责人对所属单位的一切问题负责。厂部不另设职能机构（可设职能人员协助主管人员工作），一切管理职能基本上都由行政主管自己执行。其组织形式如图 1－3 所示。

这种组织结构形式的优点是结构比较简单，权力集中，责任分明，命令统一，联系便捷。其缺点在于，由于个人的知识及能力的有限而感到难以应付时易顾此失彼，发生失误；易造成掌权者滥用权力的问题；每个部门主要关心的是本部门的工作，因而部门间的协调性比较差。

直线制组织结构只适用于那些没有必要按职能专业化管理的小型组织，或是现场的作业管理，即适用于小型企业，而规模较大或者管理工作比较复杂的企业就不适宜采用。

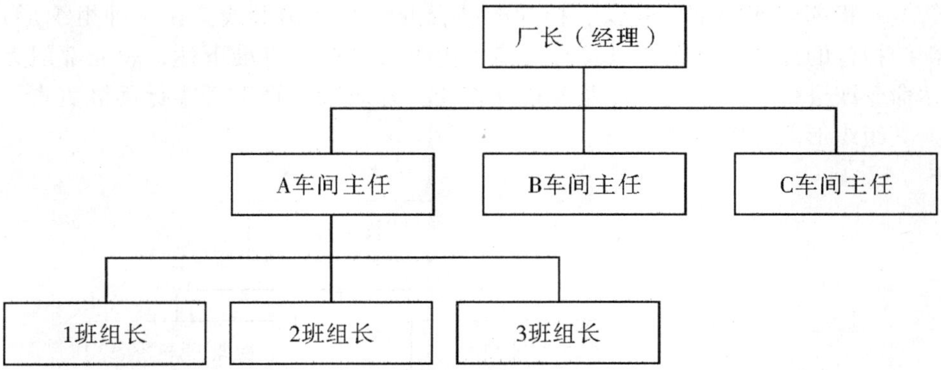

图 1－3　直线制组织结构

（2）职能制组织结构。职能制组织结构是一种通过对管理职能进行分类，然后根据不同的管理职能来建立一些相应的部门，共同承担管理工作的组织结构形式。职能制组织结构是在直线制组织结构的基础上发展起来的，它的特点是按专业分工设置管理职能部门，各部门在其业务范围内有权向下级发布命令和下达指示，下级既服从上级领导的指挥，也听从上级各职能部门的指挥。其组织形式如图 1－4 所示。

这种组织结构的优点是能够适应现代化组织技术比较复杂、管理分工较细的特点，能够发挥职能机构的专业化管理作用，减轻上层主管人员的负担。缺点是结构形式妨碍了组织必要的集中领导和统一指挥，易形成多头领导，造成管理混乱。

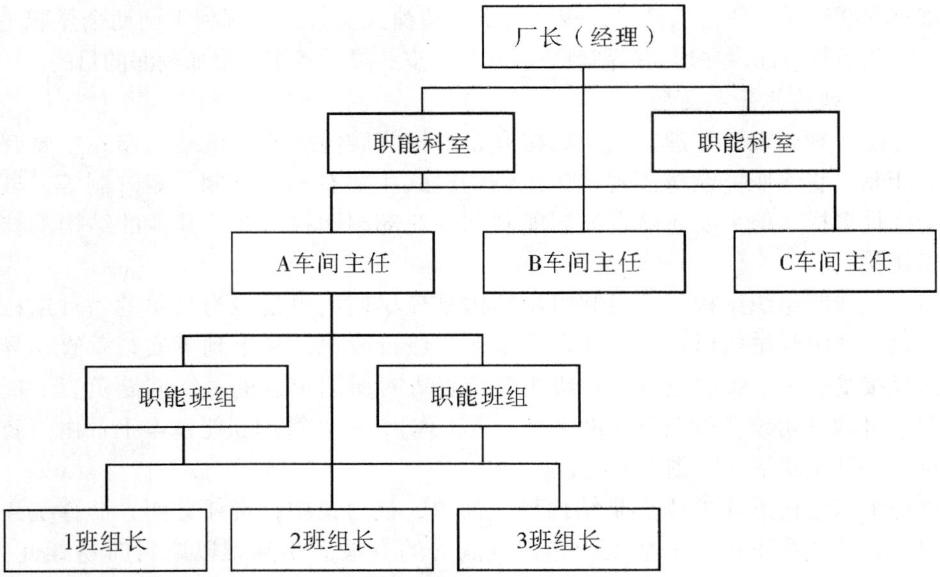

图1-4 职能制组织结构

（3）直线职能制组织结构（又称为直线参谋制组织结构）。这种组织结构是直线制和职能制相结合形成的。该组织结构的特点是，以直线制为基础，在各级行政负责人之下设置相应的职能部门，分别从事各项专业活动，作为该级管理者的参谋，实行业务主管统一指挥与职能部门参谋、指导相结合的组织结构形式。在这种组织形式下，职能部门拟订的计划、方案，以及有关指令由直线管理者批准下达，职能部门无权直接下达命令或进行指挥，只发挥业务指导作用，各级行政管理者实行逐级负责，高度集权。其组织形式如图1-5所示。

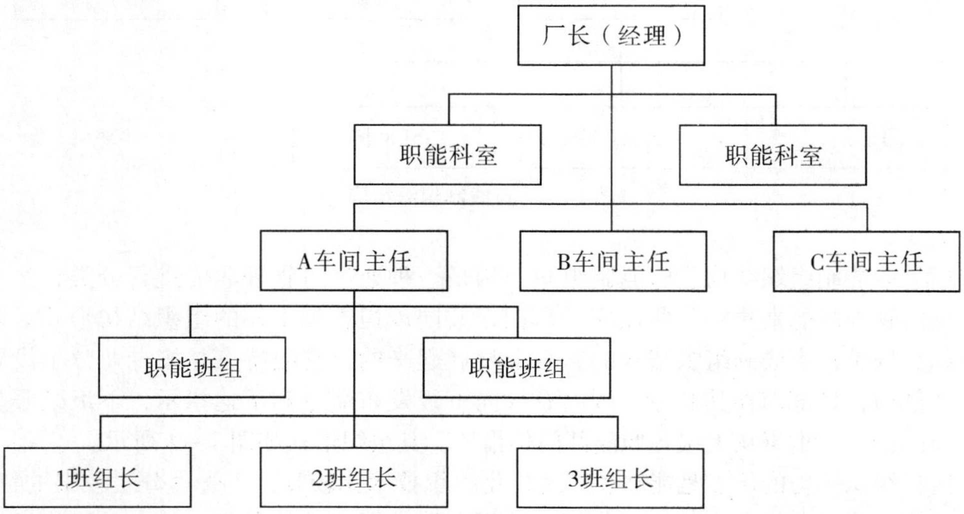

图1-5 直线职能制组织结构

这种组织结构的优点是继承了直线制组织结构和职能制组织结构两者的优点，既可以统一指挥，又存在管理的职能分工；领导集中、职责清楚、秩序井然、工作效率较高，整个组织有较高的稳定性。缺点表现在下级部门的主动性和积极性的发挥受到限制；部门间信息沟通不畅；职能参谋部门和直线部门之间容易产生矛盾；难以从组织内部培养熟悉全面情况的管理人才；整个组织系统的适应性较差，信息传递的路线太长，环境适应性较差等。

这种组织结构实际上是典型的“集权制”管理组织结构，我国目前大多数机关、学校、医院等都采用这种组织结构。这种组织结构对中、小型组织比较适用。

（4）事业部制组织结构。又称为部门化制，它按产品或地域成立专门化的生产经营部门，即事业部。其主要特点在于“集中决策，分散经营”，即在集权领导下实行分权管理，每个事业部都是独立核算单位，在经营管理上拥有很大的自主权，总部只保留预算、人事任免和重大问题的决策等权力，并运用利润等指标对事业部进行控制。其组织形式如图 1－6 所示。

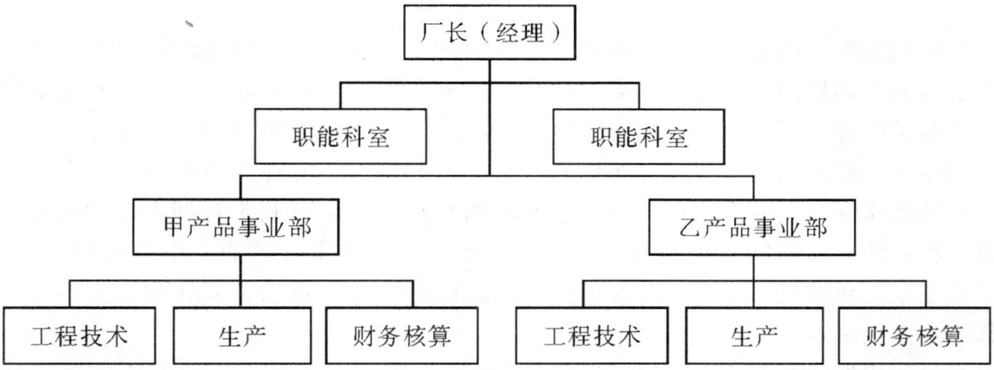

图 1－6　事业部制组织结构

事业部制组织结构的优点在于有利于企业的高层领导摆脱日常事务，集中精力搞好战略决策、长远规划和人才开发；事业部相对独立的利润中心或责任中心，有利于事业部之间的竞争，增强企业的活力；有利于发挥事业部的主观能动性，增强其经营管理的能力。这种组织具有稳定性和适应性较强的双重优点。缺点是总部和事业部机构重叠会造成结构臃肿，提高管理成本，降低工作效率；事业部之间横向联系差，协调配合难，容易产生本位主义；各事业部往往只考虑自己的利益，而忽视企业整体利益，导致短视行为等。

事业部制组织结构一般适用于规模较大、产品种类较多、各种产品之间工作差别较大、技术比较复杂和市场广阔多变的企业。

（5）矩阵制组织结构。矩阵制组织，也称“规划—目标”结构，是一种较新的组织结构形式，它既保留了职能制组织的形式，又成立了按项目划分的横向领导系统，把按职能划分的部门和按项目划分的部门结合起来组成一个矩阵。其组织形式如图 1－7所示。

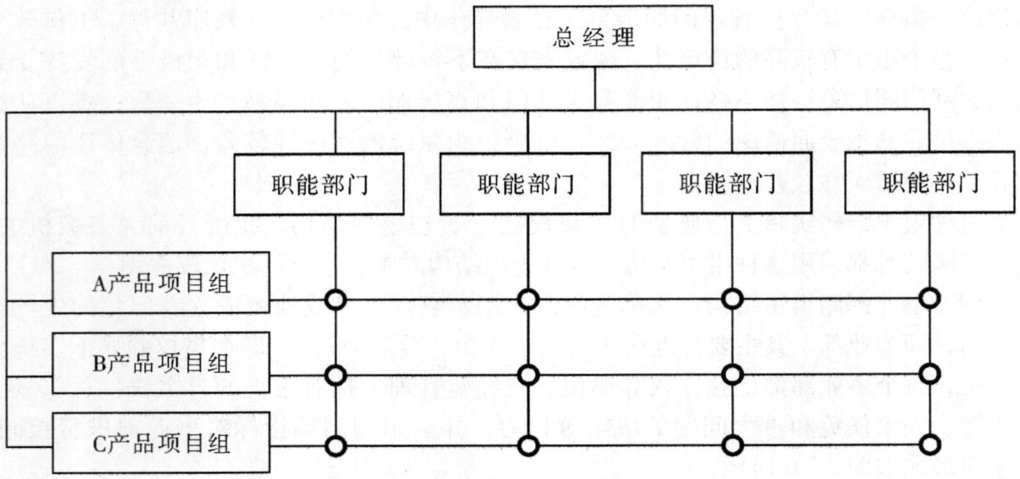

图1－7　矩阵制组织结构

矩阵制组织结构的优点在于其打破了单向领导，加强了各职能部门的横向联系和配合，有利于信息沟通和共同决策，把完成任务所需的各种专业知识和经验集中在一起，提高了管理组织的机动性、灵活性和适应性，提高了工作的效率；实行了集权与分权的结合，把不同的专业人员组织在一起，有利于发挥专业人员的潜力，有利于激发人们的积极性和创造性，提高技术水平和管理水平，也有利于各种人才的培养。缺点是实行纵向、横向的双重领导会造成工作中的扯皮现象和矛盾，也不易分清责任；组织较复杂，对项目负责人的要求较高；组织成员不是固定的，易导致人心不稳，对工作有一定的影响。

这种组织形式适用于生产经营复杂多变的企业，特别适宜于创新性和开发性的项目。

管理者采用什么样的组织，对于管理的绩效有着决定性的影响。管理者需根据实际情况，对组织结构作出自己的设计，在实现管理目标的前提下，通过对组织结构的设计，处理好集权与分权、直线权力与参谋权力、分散经营与协调控制等各种关系，使这些关系的实现获得组织结构的保证。

三、企业主要部门的职责

不论企业采用的是什么样的组织结构，市场（销售）部、采购部、生产制造、财务部和人事部都是其最基本和最重要的职能部门。这些部门职能的完成情况和它们之间的相互协作情况基本上决定了整个企业的绩效。

1. 市场（销售）部

企业的利润是由销售收入带来的，销售实现是企业生存和发展的关键。而销售订单的取得依赖于市场营销的力度。随着市场竞争的加剧，企业的销售工作越来越难，人们发现单靠销售部门努力去推销很难实现企业的目标，必须与营销结合才能不断推动企业的销售工作，实现企业的战略目标。市场营销的主要职能包括：

① 产品开发。负责公司新产品的发展战略，即根据市场的需要，决定未来几年企业向市场提供什么有价值的新产品，其工作重点是发现创新的源泉，完成新产品的需求定义。

② 市场开发。负责现有产品的定位和市场推广战略，包括产品定位和价格策略，要给市场明确的信息：我们的产品与竞争对手的相比，其价值体现在哪里。

③ 市场宣传。负责新老产品的具体宣传活动，如广告、促销活动、产品介绍等，它的作用是树立品牌，激发市场需求，与市场有效地沟通。

④ 销售支持。向销售渠道，如自己的销售队伍、代理商、零售商等提供支持，包括产品培训、竞争分析、销售技巧、销售工具等。

产品销售则主要是完成销售订单的处理、产品发货以及货款的回收，也包括与客户的联系。在现代营销体系中，市场部门是为实现企业的经营目标制定策略的部门，而销售部门则是执行策略的部门。

2. 采购部

采购是企业运作的重要环节。据统计，产品成本的三分之一是物料成本，而采购成本占物料成本的绝大部分，此外，采购承担着为企业获取资源的责任，保证企业连续生产运作。在信息化和市场竞争一体化的形式下，采购理念和职能都在不断更新，基于供应链模式下完成采购职能是采购管理的最有效的方式。现代采购管理从职能管理转向流程管理、从采购管理转向供应链管理、从企业间交易性管理转向关系性管理、从零和竞争（零和竞争通常是指一种技术的应用带来的市场份额上的增加，必然会导致另一种技术在市场份额上的减少，双方加起来的总变化量为零）转向多赢竞争、从简单的多元化经营转向核心竞争力管理。供应链管理成为了采购管理职能的重要内容，具体包括：

① 负责采购物料，以满足生产任务的需要。遵循“同等条件看质量，同等质量看价格，同等价格看信誉，同等信誉看远近”的比价原则，适时（Right Time）、适量（Right Quantity）、适质（Right Quality）、适价（Right Price）、适地（Right Place）提供企业所需要的物料。所谓适时，就是要用的时候，物料能及时供应，不断料；适量就是采购的数量刚好能满足企业的需要，过多地采购意味着资金的积压，采购成本的上升；适质就是物料品质符合标准；适价即采购价格合理，与供应商能够达成双赢，有利于建立长期协作关系；适地指最好选择距离近、材料好、是原产地的购进地。

② 负责采购物资的验收入库、储存、防护和交付投产。

③ 组织评价合格供方，建立合格供方名单，与供应商建立长期协作关系。

④ 建立合格供方质量记录，对供方实施动态管理，发挥供方的参与作用，确保采购产品质量受控。

3. 生产制造部

生产制造部是企业价值创造的主要承担者，承担企业产品形成的功能。现代企业的生产要求及时快速地生产出市场需要的产品，而且成本要求越来越低，质量要求越来越高，生产管理在方法上不断创新，ERP、JIT、全面质量管理以及 ISO9000 质量管理体系在企业生产管理中得到广泛应用，生产制造部门承担的职责不断强化，计划的准确性不断提高，企业精细化集成管理时代已经到来。生产部门的职责主要包括：

① 生产计划管理。根据市场的订单需要制订企业的产品、零部件生产计划，做好生产进度安排和生产能力的平衡调度，保证按时提供市场需要数量的产品。

② 负责质量控制和管理，保证企业产品的质量。

③ 控制生产过程成本要素，最大限度降低生产成本。

④ 做好生产设施的更新改造，保证生产能力能够满足生产的需要。

此外，生产制造通常还承担着安全、保卫和现场管理等职能，是企业资源使用最多、管理最复杂的部门。

4. 财务部

财务部包括企业财务和会计的职能，是企业资金运转和利用的管理者。财务部的主要任务包括：

① 以企业战略目标为基础，利用最佳方式筹集企业所需的资金，实现资金筹集的合理化。

② 根据企业战略计划的要求有效分配和调度资金，确定合理的资金结构，确保资金调度的合理化和财务结构的健全化。

③ 在企业战略经营过程中，采取各种必要措施，利用适当的财务计划与控制方法，配合各个职能部门，充分有效地利用各种资金，加速资金周转，提高资金运用的效率，促进企业的成长。

④ 制订和实施财务战略计划，确定长期和短期财务目标，在合理筹集、分配和运用资金的同时，力求实现资金收益的最大化。

财务部相应的职责包括：

① 资金的筹集、管理，做好现金预算，管好、用好资金。

② 企业日常收支和各项费用的记账、核算，特别是生产成本数据的收集、分类整理和计算。

③ 财务报表和财务分析、经营成果分析。给决策者提供企业经营的经济效果以及问题的相关数据信息，促进企业改善管理方法，提高资源利用效率，达到提高整个企业经济效益的目的。

5. 人事部

人力资源是企业最重要的竞争资本。人力资源的管理也成为现代企业管理的最重要的方面，人力资源管理职能体现在如下方面：

① 建立并执行合理的人事管理制度，特别是绩效考评制度，激发员工的积极性，提高员工的绩效，为企业的发展提供动力。

② 倡导积极向上的企业文化，构建和谐的工作环境，为员工发挥才能提供良好的环境。

③ 挖掘员工的才干，不断为员工能力的提高提供学习环境和机会。

当然，除上述这些重要部门以外，还有产品开发设计部门、仓储部门、物料部门等，企业可以根据自身的情况细化设置更多的部门。

四、现代企业制度

企业从产生到现在，经历了不断发展的过程，在这个过程中，同时也伴随着企业制度的演变。所谓企业制度，是指以企业产权制度为核心，包括企业运行制度和管理制度在内的由国家法令和条例形式来规范、约束企业内部和外部关系的行为准则。在市场经济条件下，企业是社会的基本单元和市场竞争主体。因而，我们在建构社会主义市场经济体制的宏观框架的同时，也必须同时为企业打好良好的微观基础，即建立与市场经济体制相适应的现代企业制度。

1. 现代企业制度的基本概念

现代企业制度，是指在现代市场经济条件下，以规范和完善的法人制度为主体，以有限责任制度为核心，以有限公司为典型形式的产权清晰、权责明确、政企分开、管理科学的一种新型的企业制度。可以说，现代企业制度是由行为准则各异的各种企业组织形式构成的一个网络，其核心是公司制，即企业法人制度，其重点表现形式是股份有限公司。

（1）现代企业制度的基本内容。

现代企业制度是一个内容广泛的概念，但从其基本内容看，主要包括以下三个方面。

① 完善的企业法人制度。企业法人制度是指依照法律建立起来的，是其人格化和获得独立法人地位的企业制度。在这种制度下，企业是人格化的法人，具有法人地位，是独立的民事主体，自主地对外开展活动。

企业法人制度的基础是企业的法人财产权。它是企业成为自主经营、自负盈亏的法人实体的内在要求，是企业进行独立经营和从事民事活动，并承担民事责任的前提条件和物质基础。因此，建立完善的企业法人制度，关键是要建立企业法人财产权。产权制度是现代企业制度的核心。

② 严格的有限责任制度。有限责任制度通常包括两层含义：一是企业以全部法人财产为限对其债务承担有限责任；二是企业破产清算时，出资者只以其投入企业的出资额为限，对企业债务承担有限责任，不涉及出资者其他资产。实行有限责任制度，是在激烈的市场竞争环境中，出资者进行自我保护、减少风险的一种有效办法。它可以消除投资者的顾虑，吸收更多的投资，有利于大型企业的建立，对现代市场经济的发展有很强的适应力。

③ 科学的组织管理制度。所谓科学的组织管理制度，是指通过建立规范的企业治理结构和领导体制，使企业的权力机构、决策机构、执行机构和监督机构之间各自独立、权责分明、相互制约，以形成协调所有者、经营者、生产者之间的制衡和约束机制，及其企业的一套适应社会化大生产和市场经济要求，能够保障所有者权益的科学管理制度，包括能保障企业整体利益，有利于实现企业经营决策科学化、民主化的企业领导制度，以及能够客观准确地反映企业经营状况并促进企业提高经济效益的财务会计制度和能够建立有效的企业内部激励、约束机制和竞争机制的人事、劳动、分配制度等。

（2）现代企业制度的基本特征。

通过对现代企业制度的概念及其基本类型的分析，我们不难发现，现代企业制度具有以下四个方面的特征。

① 产权清晰。现代企业制度是产权关系明晰的企业制度。企业的设立必须要有明确的出资者，必须有法定的资本金。出资者享有企业的产权，企业拥有企业法人财产权。企业除设立时有资本金外，在经营活动中借贷构成企业法人财产。但借贷行为不形成产权，也不改变原有的产权关系。产权制度的建立使国有企业改革向前推进了一大步，国有资产的终极所有权与企业法人财产权的明晰化是我国在走向市场经济过程中的一大突破，是现代企业制度的一个重要特征。

② 权责明确。现代企业制度是法人权责健全的企业制度。现代企业制度的一个很重要的特征就是使企业法人有权有责。出资者的财产一旦投资于企业，就成为企业法人财产，企业法人财产权也随之确立。这部分法人财产归企业所有，企业以其全部法人财产，依法实行自主经营，自负盈亏，照章纳税。但同时企业要对出资者负责，承担资产保值增值的责任，形成法人权责的统一。

现代企业制度是有限责任的企业制度。企业的资产是企业经营的基础，出资者的投资不能抽回，只能转让。出资者以其投资比例参与企业利益的分配，并以其投资比例对企业积累所形成的新增资产拥有所有权。当企业亏损以至破产时，出资者最多以其全部投入的资产额来承担责任，即只负有限责任。

③ 政企分开。现代企业制度是政企职责分开的企业制度。政府和企业的关系体现为法律关系。政府依法管理企业，企业依法经营，不受政府部门直接干预。政府调控企业主要用财政金融手段或法律手段，而不采取行政干预。

④ 管理科学。现代企业制度是一种组织管理科学的企业制度。科学的组织管理体制由两部分构成：其一，现代企业制度，即有一套科学、完整的组织机构，它通过规范的组织制度，使企业的权力机构、监督机构、决策和执行机构之间职责明确，并形成制约关系；其二，现代企业管理制度，包括企业的机构设置、用工制度、工资制度和财务会计制度等。

第二节　企业战略管理概述

企业战略问题是当今企业管理中的热门话题。一个没有战略的企业，缺乏明确的方向，就像一只没有航线的船只在大海上航行一样，随波逐流且随时都有触礁的危险。企业要在日益激烈的市场竞争中立于不败之地，就必须根据企业内部与外部环境的各种有利条件和制约因素，科学决策，制定长期与短期结合的、适应市场发展趋势的经营战略与策略。在市场经济条件下，企业战略始终是企业管理中最核心的部分，研究和推行战略管理则是现代企业家的基本职能。

一、企业战略的概念及内涵

1. 企业战略的概念

“战略”一词在我国古已有之，在《史记》中已经有“战略”的记述；《孙子兵法》更是军事领域著名的战略战术著作。在西方，战略一词源于希腊语“Strategos”，意思是指挥军队的科学和艺术。但现在这个词已非常广泛地运用在经营管理中。一般意义下，战略泛指“带全局性的或决定全局的谋划”。

企业战略是指企业面对激烈变化、严峻挑战的环境，为求得生存和发展而作出的带有长远性、全局性的谋划或方案，是企业经营思想的体现，是一系列战略性决策的结果，是制订中长期计划的依据。从企业为达到战略目标所采用的途径和手段来看，企业战略包括经营范围、资源配置、竞争优势和协同作用等四大要素。为了有效地组织和管理这四大要素，就需要制定企业战略，所以企业战略管理就是一个制定战略和实施战略的过程。

2. 企业战略的层次

在大型企业中，企业战略一般可以分为三层：总体战略、经营战略和职能战略，如图 1－8 所示。

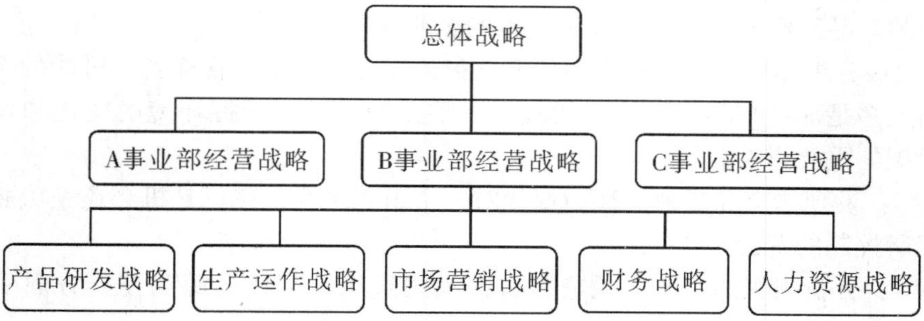

图 1－8　企业战略层次

总体战略，是一个企业的整体战略总纲，是企业最高管理层指导和控制企业一切行为的最高行动纲领。它主要解决两个方面的问题：一是“我们做什么业务”，即确定企业的使命与任务，或者说产品与市场领域；二是“我们怎样经营这种业务”，即在企业不同的战略事业单位之间如何分配资源以及采用何种成长策略等。

经营战略，也叫战略经营单位（SBU）战略、事业部或子公司战略，是在总体战略的指导下对企业某一独立核算单位或具有相对独立性的经济利益的经营单位的生存和发展作出的谋划，它是企业总体战略中规定的方向和意见的具体化，是更加明确的针对各项经营事业的目标和战略。主要应对如下问题：给定企业的经营范围，在某一个具体的行业或市场中，一个业务经营单位如何去竞争并获取竞争优势。

职能战略，是为贯彻、实施和支持企业的总体战略与经营战略而在特定的职能管理领域制定的战略。职能战略的重点是提高企业资源的利用效率，使企业资源的利用率达到最大化。职能战略一般可分为市场营销战略、财务战略、研究与开发战略、生产战略、人力资源战略等。与总体战略和经营战略相比，职能战略更为详细、具体和可操作。如果说总体战略和经营战略强调的是“做正确的事”，那么职能战略强调的则是“将正确的事情做好”。因此，职能战略的制定受企业整体战略和目标的制约和影响，而同时它又是总体战略、竞争战略与实际达成预期战略目标之间的一座桥梁。

可见，企业的总体战略、经营战略和职能战略一起构成了企业战略体系。在一个企业内部，其战略的各个层次之间是相互联系、相互配合的：上一层次的战略构成下一层次的战略环境，同时，下一层次的战略又为上一层次战略目标的实现提供保障和支持。所以，一个企业要想实现其总体战略目标，必须把三个层次的战略结合起来。

3. 企业战略管理

（1）企业战略管理的定义。企业战略管理（Corporation Strategy Management）是指通过企业战略的制定、选择与实施，使企业各种要素协同高效地运作以达到企业战略目标的一系列管理活动。企业战略管理是关于如何制定、选择、实施、控制企业战略以保证企业有效实现其战略目标的科学与艺术。

（2）企业战略管理的过程。如前所述，企业战略管理过程是战略分析与制定、战略评价与选择、战略实施及控制三个环节相互联系、循环反复、不断完善的一个动态管理过程。具体来讲，这一动态管理过程可细分为下列 9 个步骤：

步骤 1：确定组织当前的宗旨、目标和战略。定义企业的宗旨，促使管理当局仔细确定企业的产品和服务范围，即决定从事的企业性质。

步骤 2：分析环境。因为组织的环境在很大程度上规定了管理当局可能的选择，成功的战略大多是那些与环境相适应的战略。重要的是准确把握环境的变化和发展趋势及其对组织的重要影响。

步骤 3：发现机会和威胁。环境变化对一个组织来说，究竟是机会还是威胁，取决于该组织所控制的资源。

步骤 4：分析组织的资源。无论多么强大的组织，都在资源和技能方面受到某些限制。

步骤 5：识别优势和劣势。管理当局要识别什么是组织与众不同的能力，即决定作为组织竞争武器的独特技能和资源。

步骤 6：重新评价组织的宗旨和目标。将步骤 3 和步骤 5 合并在一起，导致对组织机会的再评价，通常称为 SWOT 分析，它把对组织的优势（Strengths）、劣势（Weaknesses）、机会（Opportunities）和威胁（Threats）的分析结合在一起，以便发现组织可能发掘的细分市场。

步骤 7：制定战略。管理当局需要开发和评价不同的战略选择，然后选定一组符合三个层次要求的战略，这些战略能够最佳地利用组织的资源和充分利用环境的机会。

步骤 8：实施战略。战略实施的关键在于其有效性。要保证战略的有效实施，首先要通过计划活动，将企业的总体战略方案从空间上和时间上进行分解，形成企业各层次、各子系统的具体战略或策略、政策，在企业各部门之间分配资源，制定职能战略和计划，分阶段、分步骤地贯彻和执行战略。

步骤 9：战略控制。战略控制是战略管理过程中一个不可忽视的重要环节，它伴随战略实施的整个过程。建立控制系统是为了将每一阶段、每一层次、每一方面的战略实施结果与预期目标进行比较，以便及时发现偏差，适时采取措施进行调整，以确保战略方案的顺利实施。

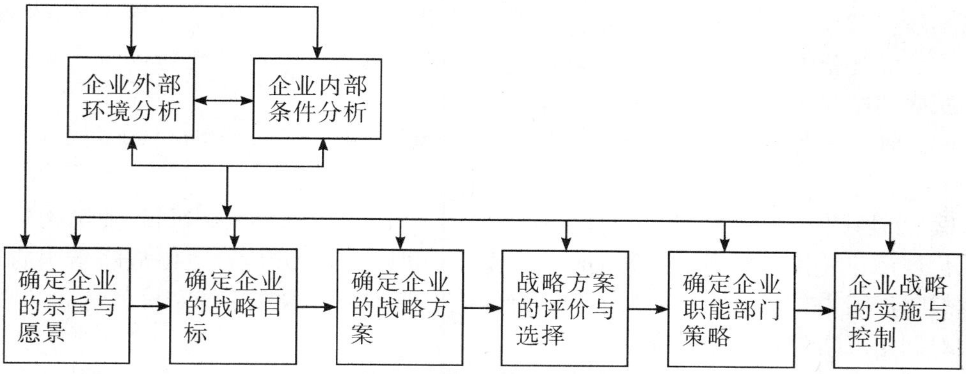

图1－9　企业战略管理过程示意图

二、企业战略环境分析

1．企业战略环境分析的内容

企业战略管理的主要问题是如何应对不确定性，而不确定性是由内部条件和外部环境因素共同作用的结果。因此，企业战略管理首先需要了解内外环境的影响和作用，制定企业经营战略时要考虑将企业的能力（资源能力、生产能力、技术能力、经营能力等）与外部环境相匹配。本节主要讨论企业外部环境因素和内部条件，分析企业所处的地位和具有的优势与劣势，为企业经营战略抉择提供依据。

（1）企业外部环境。目前企业面临着一个越来越复杂的全球化外部环境，这些外部环境条件给企业带来威胁的同时，也带来了挑战。因此，企业必须制定和实施适应外部环境的企业战略，从中发现企业的机会与潜在的危险，以便能及时捕捉和利用机会，从而避开和减少威胁，保证企业的生存与发展。所以说，外部环境研究对企业战略行动有着重大的影响。对企业外部环境的分析主要包括宏观环境分析和行业环境分析。

① 企业外部宏观环境分析。这里所指的外部宏观环境因素只能间接影响企业的生产经营活动和决策，包括政治、经济、社会文化、科技等客观环境因素。其中，政治环境重点研究政治体制、政治性团体、党和国家的方针政策、法律法规对企业制定战略的影响；经济环境重点研究经济发展水平、经济结构、经济体制、经济政策对制定企业战略的影响；社会文化环境重点研究人口压力和就业预期、人口迁移和人口年龄分布、价值观和社会文化氛围对制定战略的影响；科技环境重点研究科技体制对企业战略的影响。

【实例1－1】

松下电器应需而变

松下电器工业公司是家庭娱乐系统的主要生产商，从20世纪80年代中期开始，它在产品微型化方面取得了技术突破。同时，家庭小型化的社会发展趋势使得社会对大功率的、高度紧凑的音响系统的需求剧增。Panasonic家庭音响系统的成功，就是因为及早认识到了环境中正在发生的技术和社会变化。

资料来源：王晓辉. 现代企业管理应用与案例. 北京：北京工业大学出版社，2006. 8

② 行业结构分析。行业结构是企业所处的中观环境，要重点分析行业结构的形成和变化规律，寻找在行业中所处的特定位置。同时，还要分析行业内战略集团的地位以及战略集团内企业间的相互关系，分析创造价值的企业内在系统和价值链间的联系，这些对制定战略都有深刻影响。

（2）企业内部环境分析。企业内部环境或条件分析的目的在于掌握企业过去和目前的状况，明确企业所具有的优势和劣势。通过对企业内部环境或条件进行分析，有助于企业制定有针对性的战略，有效地利用自身资源，扬长避短，发挥企业的优势，或采取积极的态度改进企业劣势，抓住发展机遇，谋求企业的成长和壮大。企业内部环境分析的内容包括诸多方面，如企业资源分析、企业经营能力分析和企业核心竞争能力分析等。

① 企业资源分析。企业资源是指企业从事生产经营活动所需的人、财、物的总和，是企业的潜力。分析企业的资源和能力，目的在于找准企业在资源上表现出的优势和劣势，对于处于劣势上的资源需要进行变革，从而增强企业的实力。就当前经济发展而言，企业的资源主要包括有形资源、无形资源和人力资源等。

【实例1-2】

认识自我，量力而行

一家较小的汽车制造商，像阿尔法—罗密欧公司（Alfa-Romeo），不能仅仅因为管理当局看到了微型客车市场的机会就贸然制造微型客车，而是应该清楚该公司有没有足够的资源成功地进入微型客车市场，去和像克莱斯勒、福特、丰田和尼桑这样的大汽车公司竞争。

资料来源：王晓辉. 现代企业管理应用与案例. 北京：北京工业大学出版社，2006. 8

② 企业经营能力分析。企业经营能力是指将企业的各种经营资源有机整合而形成的经济力量。企业能力可以分解为各种分项能力，如划分为生产能力、供应能力、营销能力、财务能力、人力资源能力等，但这种划分只是相对的，并非彼此孤立，它们之间是相互关联、相互作用和相互融合的。

③ 企业核心竞争能力分析。企业核心竞争能力是决定企业生存和发展的最根本因素，是企业持久竞争优势的源泉。积累和保持运用核心竞争能力是企业生存与发展的根本性战略，也是企业经营管理的永恒目标。生产、营销、财务等各个管理领域都应该以企业核心竞争能力为中心，计划、组织、协调、控制等各类管理职能都应该围绕

企业核心竞争能力而展开。企业拥有各种资源，是资源的特殊集合体，它们能否产生竞争优势，取决于各种资源能否形成一种综合能力。那些与竞争对手相比，具有资源的独特性和优越性，并能够与外部环境匹配得当的企业将拥有竞争优势。企业资源中那些满足价值性、稀缺性、不可模仿和非替代性标准的企业资源被称为关键资源，只有基于这些关键资源建立起来的竞争优势才是持久的竞争优势，而持久性核心竞争力是企业参与竞争并取得胜利的重要法宝。

【实例 1 -3】

战略能力：华为在欧洲取得成功的基础

2000 年才进入欧洲的华为，现在已成为欧洲大型电信运营商最受欢迎的设备厂商之一，与爱立信、阿尔卡特等业界巨头一样，同 BT、FT、KPN 等这些大型电信运营商们握手言欢。对于大型电信运营商们来说，华为是一个优秀的合作伙伴；对于竞争对手来说，它是一个强有力的竞争者。

2004 年 12 月 8 日，荷兰第三大移动运营商 Telfort 与华为签署 WCDMA 3G 项目。这一项目的签订，不但意味着中国基于 WCDMA 制式设备对 GSM、WCDMA 发源地欧洲的突破，而且预示着华为在欧洲开始突破大 T 的阵地。

紧接着华为成为 BT“21 世纪网络”的光通信、多业务接入设备的主要供应商。

华为在欧洲的一系列突破，不单在国内引起关注，在国外也引起了很大的震动。许多人都会问同一个问题：为什么是华为？

华为在欧洲成功的经验有四条：技术领先，富于创新和竞争的解决方案；高吸引力的商务策略；敢于接受挑战；快速响应，贴身的客户服务。华为荷兰公司的代表陈朝晖认为，华为多年的海外经验为其在欧洲的成功打下了基础，“华为的战略能力、交货能力、执行能力和管理能力是保证我们成功的基础”。

资料来源：张建涛. 现代企业战略管理创新. 广州：中山大学出版社，2007. 1

2. 企业战略环境分析的常用方法

(1) 外部环境分析法——PEST 分析法。英国学者格里·约翰逊（Gerry Johnson）和凯万·斯科尔斯（Kevan Scholes）在其著作《公司战略教程》中提出，对企业的环境分析可用 PEST 方法。这一分析方法首先考虑哪些外部环境影响在过去对企业是很重要的，接着分析这些影响因素在未来对企业及其竞争对手重要性的变化程度。它将环境因素分为政治（或法律）因素（Political Factor）、经济因素（Economic Factor）、社会文化因素（Social Cultural Factor）和技术因素（Technological Factor），这一方法简称为 PEST 法，见表 1 -2。

表 1－2　分析环境影响的 PEST 法

1. 哪些环境因素正在影响组织？ 2. 当前哪个因素的影响最重要？未来几年呢？	
政治/法律因素 垄断法律、环境保护法、税法、对外贸易规定、劳动法、政府稳定性	**经济因素** 经济周期、GNP 趋势、利率、货币供给、通货膨胀、失业率、可支配收入、能源适用性
社会文化因素 人口统计、收入分配、社会稳定、生活方式的变化、对工作和休闲的态度、教育水平、消费状况	**成本技术因素** 政府对研究的投入、政府和行业对技术的重视、新技术的发展、技术传播速度、折旧和报废速度

PEST 方法的步骤是：

① 根据表 1－2，从四个方面分析和考虑不同的影响因素，并列出检验列表。它可以产生大量信息，有利于企业战略分析。

② 从检验列表中找出关键环境影响因素，将这些关键因素与长期目标相结合考虑。

③ 在选择 2～4 个样本分析的基础上，找出影响变化的长期因素（驱动力）。例如，通过 PEST 的样本建立，可分析出全球化的市场的长期驱动力是技术创新。

④ 在确认关键趋势或关键影响因素的基础上，分析所有外部影响因素对企业的影响和作用程度的大小。根据关键因素和一般因素的分析，确立企业适应环境的战略。

（2）行业环境分析法——波特的五力分析模型。当前对某一行业环境进行分析的方法主要是五力分析模型，如图 1－10 所示。这一分析方法是由美国哈佛大学迈克尔·波特教授于 1980 年提出来的。根据波特的观点，在一个行业中，存在着五种基本的竞争力量，包括现有竞争对手之间的抗衡、潜在进入者的威胁、替代品的竞争、购买者和供应商的讨价还价能力等，这五种力量之间相互影响，相互制约，形成了行业中的竞争格局。产业环境分析中潜在进入者、替代品、买方和供方等四个方面都是从行业的角度进行分析的，而竞争分析是从企业的角度，对竞争对手的产品、技术、经营状况、核心能力和发展战略等进行分析。进行外部环境分析的目的是为了适时地寻找和发现有利于企业发展的机会，以及对企业来说所存在的威胁，做到“知彼”，以便在制定和选择战略中能够利用外部环境所提供的机会避开对企业的威胁。

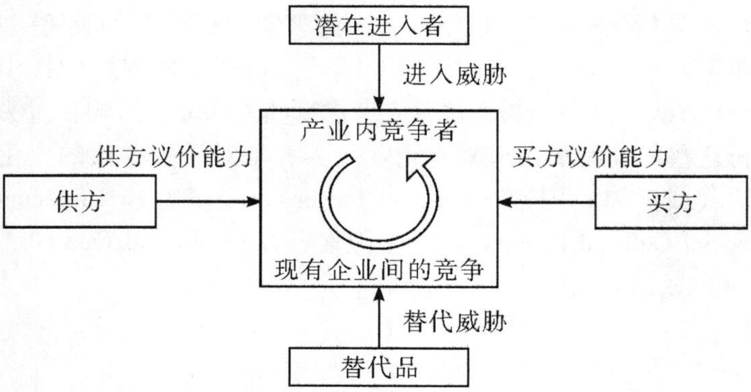

图 1－10　波特的五力分析模型

（3）综合分析法——SWOT 分析法。SWOT 分析最早是由美国旧金山大学韦里克教授于20世纪80年代初提出的。所谓SWOT分析法，是指一种综合考虑企业内部能力的优势、劣势和外部环境中存在的机会、威胁，据此对备选的战略方案进行系统评价，从而选择出最佳竞争战略的方法。SWOT 中的 S 是指企业内部的优势（Strengths）；W 是指企业内部的劣势（Weaknesses）；O 是指企业外部环境中的机会（Opportunities）；T 是指企业外部环境中的威胁（Threats）。

SWOT 分析的具体方法是：

① 分析企业外部环境的变化，寻找可能存在的机会和威胁等关键因素；

② 根据企业内部的资源和能力分析确定企业内部不利和有利的关键因素；

③ 对企业的 S、W、O、T 各种关键因素进行加权平均并作出总体评价；

④ 在 SWOT 分析图上进行定位，确定企业的战略能力；

⑤ 进行战略分析选择。

SWOT 分析法为企业提供了 4 种可供选择的战略：增长型战略（SO）、扭转型战略（WO）、防御型战略（WT）和多种经营型战略（ST），如图 1－11 所示。

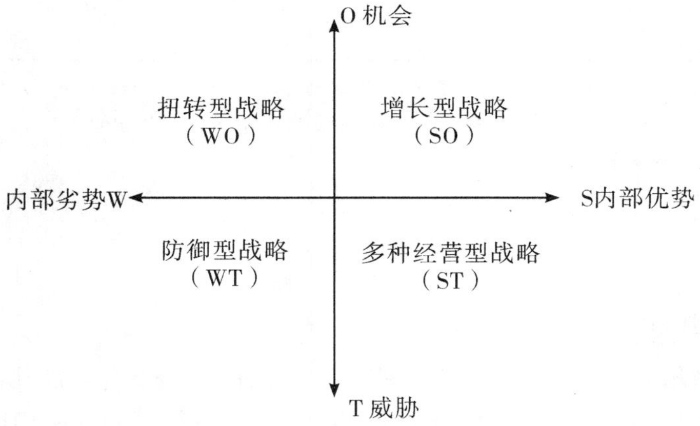

图 1－11　SWOT 分析模型

① SO 战略：努力发扬自身优势，充分利用外部的机会。如一个资源雄厚（内在优势）的企业发现某一国际市场未曾饱和（外在机会），那么它就应该采取 SO 战略去开拓这一国际市场。

② ST 战略：充分依靠自身的优势和实力去抵御外部的威胁，迎接挑战。如一个企业的销售渠道（内在优势）很多，但是由于各种限制又不允许它经营其他商品（外在威胁），那么就应该采取 ST 战略，走集中型、多样化的道路。

③ WO 战略：巧妙利用外部的机会来克服或补偿内部的弱点。如一个面对计算机服务需求增长的企业（外在机会），却十分缺乏技术专家（内在劣势），那么就应该采用 WO 战略培养一批技术专家，或购入一个高技术的计算机公司。

④ WT 战略：避免暴露自身的弱点，避开外来的威胁，尽可能减少损失维持生存，等待时机。如一个商品质量差（内在劣势），供应渠道不可靠（外在威胁）的企业应

该采取 WT 战略，强化企业管理，提高产品质量，稳定供应渠道，或走联合、合并之路以谋求生存和发展。

表 1－3 是克莱斯勒汽车公司的 SWOT 分析实例。

表 1－3　克莱斯勒汽车公司的 SWOT 战略组合

	优势（S）	劣势（W）
企业内部条件	1. 过去 3 年产品质量提高了 35% 2. 劳动力成本比福特和通用低 3. 在航天工业中处于领先地位 4. 盈亏平衡点从 240 万辆降为 150 万辆 5. 拥有 50% 的小型面包车市场	1. 购买美国汽车公司的负债资本比例上升到 60% 2. 固定资产占 40% 3. 缺少合资企业 4. 经营区域仅限于美国、加拿大、墨西哥
	机会（O）	威胁（T）
企业外部环境	1. 美元贬值 2. 航天工业每年增长 20% 3. 消费者税后收入每年增加 5% 4. 利息率下降 5. 通用公司的一项新车计划遇到问题	1. 外国汽车增加了对美国市场的占有 2. 中东局势不稳定使油价上涨 3. 福特公司有一种节油型的新车推出

注：WO 战略：建立一个航天工业的合资企业，在欧洲建立一个生产小轿车的工厂。
SO 战略：收购一个航天工业内的公司，增加 50% 的小型面包车的出口量。
WT 战略：将负债资本降低为 30%。
ST 战略：增加 50% 的广告费。

三、企业整体战略

企业整体战略是指为实现企业总体目标，对企业未来发展的方向所作出的长期性、总体性的谋划。整体战略决定企业各战略业务单位在战略规划期限内的资源分配、业务发展方向，是指导企业未来若干年总体发展的战略，是制定企业各个经营领域战略和各职能战略的依据。一般来讲，按战略态势划分，企业整体战略可分为发展型战略、稳定型战略和紧缩型战略，如表 1－4 所示。

表 1－4　企业整体战略类型

发展型战略	稳定型战略	紧缩型战略
密集型发展战略	无变化战略	抽资转向战略
一体化战略	暂停战略	放弃战略
多元化战略	谨慎战略	清算战略

1. 发展型战略

企业发展型战略，是指企业尽可能地利用外部环境中的机会，避开威胁，充分发掘企业内部资源潜力，以求得企业长足发展的战略。

具体地讲，发展型战略是一种使企业在现有的战略基础水平上向更高一级的目标发展的战略。它以发展作为自己的核心内容，引导企业不断地开发新产品、开拓新市场，采用新的生产方式和管理方式，以便扩大企业的产销规模，提高竞争地位，增强企业的竞争实力。

发展型战略适用于处于有利发展环境，在产品、技术、市场上占有较大优势的企业。实施发展型战略，一方面会改善企业的经营效果，扩大企业的产品与市场范围，能动地改造市场战略环境，与处于同样环境的其他企业相比，销售收入和利润的增长都快得多。这样一来，企业可以通过发展提升自身的价值，获取新的成长机会，避免企业组织的老化，使企业充满生机和活力。但另一方面，发展战略也可能对企业形成风险。在采用发展战略获得初期的效果之后，很可能导致盲目地发展或为发展而发展，从而破坏企业的资源平衡。另外，过快地发展会造成企业新增机构、设备、人员协调性差，进而降低企业的综合经营能力，出现内部危机和混乱。对资源和能力尚不足以支撑发展的企业来说，采用发展战略的风险将更为巨大，一不小心“馅饼”就会变成“陷阱”。因此，企业必须对自身生存和发展有清晰的远景规划和明确的成长目标。

一般来说，发展战略包括密集型发展战略、一体化战略和多元化战略等几种基本类型。

（1）密集型发展战略。密集型发展战略是指企业在原有生产范围内充分利用在产品和市场方面的潜力，以快于过去的增长速度来求得成长与发展的战略。该战略有时也称为集约型发展战略。它主要有以下三种形式，如表 1－5 所示。需注意的是，表中所列的多元化战略不属于密集型发展战略，我们将在后续部分单独讨论。

表 1－5　密集型发展战略类型

产品 / 市场	现有产品	新产品
现有市场	市场渗透	产品开发
新市场	市场开发	多元化

① 市场渗透战略。市场渗透战略是企业通过更大的市场营销努力提高现有产品或服务在现有市场上的份额，扩大产销量及生产经营规模，从而提高销售收入和盈利水平。

通过市场渗透战略谋求企业的发展，必须系统地考虑市场、产品和营销组合策略，一般说来，企业要增加其现有产品在现有市场上的销售量，可以从影响销售量的因素入手。企业提高产品销售量有以下基本途径：

第一，增加现有产品的使用人数，具体方法包括转变非使用者、努力发掘潜在的顾客和吸引竞争对手的顾客等。

第二，增加现有产品的使用量，如增加使用次数、增加单次使用量和挖掘产品的新用途等。

② 市场开发战略。市场开发战略是由现有产品和新市场组合而产生的战略。它是发展现有产品的新顾客群或新的地域市场从而扩大产品销售量的战略。它比市场渗透战略具有更多的战略机遇，能够减少由于原有市场饱和而带来的风险。

市场开发战略的主要途径包括：

第一，开发新的区域市场。如小尺寸屏幕彩色电视机在国内大中城市已经普及，出现滞销状况。那么，企业可以考虑将小屏幕的彩色电视机销往农村市场，以扩大销售量。同时还可以考虑转向其他发展中国家，开辟国外的小屏幕彩色电视机市场。

第二，在现有销售区域内寻找新的细分市场。比如对于原以科研机构、企事业单位为主要客户的计算机企业来讲，随着计算机这一产品的价格不断下降，大量应用软件的开发和销售，使计算机逐渐成为家庭和个人消费品，这样一个产品市场存在着大量潜在的计算机用户，企业要考虑的就是如何把潜在用户转变为对产品有现实需求的消费者。

第三，通过增加新的销售渠道开辟新市场。在实践中，任何一个企业都是通过一定的销售渠道把产品送达给一定的消费群体。因此，对企业而言，增加销售渠道就意味着扩大了市场范围或开发了一个新市场，就能增加产品销售量。如有的护肤品可以通过药店销售而不仅仅局限于百货商店，有的企业则可以通过建立自己的产品专卖店实现销售，这些方法都是通过改变销售渠道去开拓新的市场。

③ 产品开发战略。产品开发战略是由现有市场与企业正准备投入生产的新产品组合形成的战略，即对企业现有市场投放研制的新产品或利用新技术改造现有产品，以此扩大市场占有率和增加销售额的企业发展战略。从某种意义上来说，这一战略属于企业发展战略的核心。因为对企业来说，市场毕竟是难以控制的因素，而产品开发是企业拥有更多自主权的可控因素。

实施产品开发战略一般有两种途径：

第一，开发全新产品。这是指企业在现有市场上发明出别的企业从未生产销售过的新产品以创造新价值。这种新产品可以是一种与原有产品截然不同的新产品，也可以是一种与原有产品相关的新产品。例如，生产打字机的企业，利用新技术发明、生产和销售激光或喷墨打印机，以满足顾客新的不同的需求。

第二，改进原有产品。这一途径又可以分为三种具体方式：

质量改进。质量改进的目的是注重增加产品的功能特性，如产品的耐用性、可靠性、速度、口味等。一个企业通过推出“新颖和改进”的汽车、电视机或洗涤剂，并且对这些东西用“更好”、“更强”、“更快”等语言进行广告宣传，通常能战胜它的竞争对手。这种战略的有效范围是：质量确能改进，买方相信质量被改进的说法，对质量要求较高的用户有足够的数量。

特点改进。特点改进的目的是注重增加产品的新特点，如尺寸、重量、材料、添加物和附件等，增强产品的功能性、安全性或便利性。例如，在洗衣机上添加加热装置，以提高衣服的洗净度。特点改进方式具有以下的优点：新特点可为企业建立进步和领先的形象；新特点能被迅速采用、迅速丢弃，因此通常只要花非常少的费用就可供选择；新特点能够赢得某些细分市场；新特点能够给企业带来公众化宣传效果；新特点会给销售人员和分销商带来热情。其主要缺点是特点改进很容易被模仿。

式样改进。式样改进的目的是注重增加对产品的美学诉求。汽车制造商定期推出新车型，在很大程度上是式样竞争。对包装式样不断更新，把包装作为产品的一个延伸，也是一种式样改进的方法。式样改进方式的优点是每家企业可以获得一个独特的市场个性以集聚忠诚的追随者。但是，式样竞争也会带来一些问题：难以预料有多少人会喜欢这种新式样；式样改变通常意味着不再生产老式样，企业因此将冒失去某些喜爱老式样顾客的风险。

（2）一体化战略。一体化战略就是企业利用自己在生产、技术、市场等方面的优势，沿着业务经营链条的纵向垂直方向或横向水平方向，不断地拓展其业务经营的深度和广度来扩大经营规模，提高其收入和利润水平，使企业得到发展壮大。

一体化战略主要有两种类型，即纵向一体化战略和横向一体化战略。

① 纵向一体化战略。纵向一体化战略也称为垂直一体化战略，是指生产或经营过程相互衔接、紧密联系的企业之间实现一体化。该战略实现的方式主要有三种：企业内部壮大、与其他企业实现契约式联合（联营）、并购其他企业。

按照物资流动的方向，该战略又可分为后向一体化战略和前向一体化战略。

后向一体化战略，是指企业与供应企业之间的联合，目的是为了确保产品或服务所需的全部或部分原材料的供应，加强对所需原材料的控制而采取的一种战略形式。

当企业产品在市场上有明显优势，希望扩大规模、扩大产品的销售，但由于原材料或零部件供应不上，或其成本过高，影响企业发展，这时企业可以依靠自己的力量扩大经营范围，由自己来生产原材料或零配件，也可以兼并原材料或零配件供应商，或与供应商合资办企业，形成统一的经济组织，统一规划产品的生产和销售。例如，葡萄酒厂建立自己的葡萄种植基地，牛奶厂建立自己的奶牛养殖基地，烟草生产企业与烟农的合作，彩电企业与上游彩管企业的合作等，都属于这种战略形式。

前向一体化战略，是指企业与客户企业之间的联合，是为了促进和控制产品的需求而采取的一种战略形式。

当企业的原材料及半成品在市场上占有优势时，为获取更大的经济效益，企业可以自己制造成品，或者与成品企业联合，形成统一的经济组织，以促进企业的不断成长和发展。例如，纺织企业兴办服装企业，木材加工企业投资家具制造业，家电企业与中间商合作等，都属于这种战略形式。

② 横向一体化战略。横向一体化战略也称为水平一体化战略，是指处于相同行业、生产同类产品或工艺相近的企业实现联合。其实质是资本在同一产业或部门内的集中，目的是实现扩大生产规模、降低产品成本、巩固市场地位。其实现方式主要有两种：契约式联合、合并同行业企业。例如，海尔集团在1995年并购青岛红星电器厂，在1997年并购广东的顺德爱德洗衣机厂；国美电器在2006年7月以52.68亿港元并购永乐电器等，都属于这种战略形式。

（3）多元化战略。多元化战略又称为多样化或多角化战略，它是企业在新的产品领域和新的市场领域形成发展的态势，即企业同时增加新产品种类和开拓新市场的战略，因此，它是一种产品—市场战略。也就是说，采用这种战略的企业，其发展扩张是在现有产品和业务的基础上，增加新的、与原有产品和业务既非同种也不存在上下游关系的产品和业务。这样一来，企业的经营领域就超出了一个行业的范围，而同时在多个行业中谋求自身的发展，有利于规避经营单一业务所带来的风险。

根据不同的划分标准，可以把多元化分为不同的类别。比较常见的一种分类方法是根据企业现有业务领域和新业务领域之间的关联程度不同，分为相关多元化战略与非相关多元化战略两种类型。

① 相关多元化战略。相关多元化战略是企业为了追求战略竞争优势，增强或扩展已有的资源、能力及核心竞争力而有意识采用的一种战略。实行这种战略的企业增加新的，但与原有业务相关的产品与服务，这些业务在技术、市场、经验、特长等方面相互关联。例如，我国的海尔、长虹等知名的家电企业都实行相关多元化的战略，它们经营电视机、冰箱、空调器、洗衣机等多种家电产品。广义地说，前面讲的纵向一体化也是相关多元化的一种形式。

相关多元化战略具体又可以分为两种形式：同心多元化战略和水平多元化战略。

同心多元化战略又称为基于核心能力的多元化发展战略。顾名思义，它是指企业的所有多元化领域都是建立在企业的核心能力之上的，以其核心能力为圆心向外辐射发展。即当企业面对新市场、新顾客时，以其原有的核心能力（设备、技术、特长、经验等）为基础，开发与现有产品或服务不同的新产品或新业务。比如，某制药企业利用原有的制药技术生产护肤美容、运动保健产品等。

水平多元化战略是指企业针对现有市场和现有顾客，采用不同的生产技术开发新的，与原业务不相关的产品和服务来满足多样化市场需求的经营战略。如当当网原来主要在线销售各种书籍，而后逐渐拓展产品范畴，涉及食品、服装、家居用品、数码产品等，以满足网民多样化的网购需求，就是这一战略的典型应用。

水平多元化意味着向其他行业投资，有一定的风险，必须具备一定的能力才能实施。但由于服务对象未变，处理好了易于稳定顾客。与密集增长中的新产品开发略有所不同，后者开发的新产品可以针对原有顾客，也可以针对新顾客，开发的新产品是同一行业的产品。前者开发的新产品是针对原有的顾客，并且开发的新产品是新行业的产品。

② 非相关多元化战略。非相关多元化战略是指企业增加新的，与原有业务不相关的产品或服务的经营战略，又称混合型多元化经营战略或复合多元化、跨产业经营战略等，即企业所开拓的新业务与原有的产品、市场都没有相关之处，所需要的生产技术、经营方法、销售渠道等必须重新取得。例如，美国通用电气公司20世纪80年代收购了美国业主再保险公司和美国无线电公司，从而从单纯的工业生产行业进入金融服务业和电视广播行业，这种状况就属于非相关多元化战略。

非相关多元化战略的优点是通过向不同的市场提供产品或服务来分散企业的经营风险，利用协同效应来提高企业的总体盈利能力和灵活性，增加新的投资机会和盈利点，克服主业下滑给企业造成的损失。缺点是跨入新行业加大了企业经营风险，增加了管理难度。

由于实行非相关多元化战略的风险比较大，为了规避风险，实行这种战略的企业特别需要注意以下几点：企业要有足够的实力；慎重选择所扩张的业务；在不得已的情况下，尽快抓住一个主业不放。

2. 稳定型战略

稳定型战略是企业在充分分析内外部环境变化的基础上，计划在未来一段时期内基本不改变企业内部原有资源分配和经营风格的战略。此时，企业经营方向及经营产品在其经营领域内所达到的产销规模和市场地位都大致保持不变，或以较小的幅度增长或减少。稳定型战略的风险相对较小，可以维持企业目前的竞争地位，也可以使企业免受短期威胁，但企业若想实现持续发展和增长，就不能将其作为长期的主战略。

在具体实施方式上，稳定型战略又可根据其目的和资源分配的方式分为以下三种类型：

（1）无变化战略。采用这种战略的企业除了每年按通货膨胀率调整其目标外，其他都暂时保持不变。这种战略一般出于两种考虑：一是先前的战略并不存在重大经营问题；二是过去采用的战略确保了企业经营的重大成功。在这两种情况下，企业高层战略管理者认为没有必要调整现行战略，或者害怕战略调整会给企业带来利益调整和资源配置的困难。

（2）暂停战略。企业在持续了一个快速发展的时期后，容易出现效率下降、组织功能弱化的趋势。战略管理者为了进一步优化内部资源配置，谋求今后更大的发展，可能会采用暂停战略。在暂停战略实施期间，企业可以获得储备积聚内在能量的时间，为今后的更大发展做好准备。例如，企业兼并后，为了更好地融合兼并企业与被兼并企业的经营业务，就可能采用暂停战略。

（3）谨慎战略。企业所面临的外部经营环境变化短期内无法预测其发展趋势，而一旦错误地判断了环境变化趋势，实施了错误战略后又会给企业带来重大损失。在此情况下，企业将会有意识地放慢战略调整和战略实施的速度，耐心等待环境变化的趋势明朗化。这种战略称为谨慎战略。

近年来“增长”成为整个中国企业界的时髦话语，甚至有人提出了“超速增长”模型以深化其理论基础。大多数企业都建立了雄心勃勃的发展目标，很少有企业甘心于自己的成长速度与整体经济增长速度同步，最少的增长率也要达到 GDP 增长的两倍，大多都自认为“保守”地定在 30% ~50%，超过 100% 的也大有人在。然而这种“大跃进”式的发展预期是否有实在的基础呢？一些信号都已在提醒我们增长很可能只是一个“神话”，且极有可能在未来成为“空话”。务实的企业应当理智地将奉行多年的增长型战略调整为稳定型战略，因为未来的游戏规则是“跑很快死得快，跑得稳跑到底”。

太太药业是稳定型战略的典型代表，多年以来其主打产品“太太口服液”稳稳当当地为太太药业创造了 30 亿元以上的营业收入，虽然风头远远赶不上那些“急速增长”的保健品同行，但比它轰轰烈烈得多的太阳神、三株却早已“死”去。

3. 紧缩型战略

紧缩型战略，又称为撤退型战略，是指企业在客观地分析了内外部环境变化的基础上，从目前的战略经营领域和基础水平收缩和撤退，且偏离战略起点较大的一种经营战略。它是企业在一定时期内缩小生产规模或取消某些产品生产的一种战略。与稳定型战略和增长型战略相比，紧缩型战略是一种消极的发展战略。一般来讲，企业实施紧缩型战略只是短期的，其根本目的是使企业渡过困难时期而后转向其他的战略选择。有时，只有采取收缩和撤退的措施，才能抵御竞争对手的进攻，避开环境的威胁和迅速地实现自身资源的最优配置。可以说，紧缩型战略是一种以退为进的战略。

根据紧缩的方式和程度不同，紧缩型战略又可以分为以下三种类型：

（1）抽资转向战略。抽资转向战略是指企业在现有的经营领域不能维持原有的产销规模和市场的情况下，采取缩小规模和减少市场占有率的策略，或者企业在存在新的更好的发展机遇的情况下，对原有的业务领域进行压缩投资、控制成本以改善现金流为其他业务领域提供资金的一种战略。如创立于 1901 年的美国吉列公司减少了对电子表的投资而致力于安全剃须刀的研究与开发，并获得成功。

（2）放弃战略。放弃战略是指将企业的一个或几个主要部门转让、出卖或者停止经营。这个部门可以是一个经营单位、一条生产线或者一个事业部门。放弃战略与后面的清算战略不一样，由于放弃战略的目的是要找到肯出高于企业固定资产时价的买主，所以企业管理人员应说服买主，使其认识到购买企业所获得的技术或资源能使利润增加。

（3）清算战略。清算战略是指企业受到全面威胁、濒于破产时，为了减少股东的损失，通过将企业的资产转让、出卖或停止整个企业的运行而终止企业全部经营活动的一种战略。它分为自动清算和强制清算。显然，对任何一个企业的管理者来说，清算都是其最不期望、最不愿意作出的选择，通常只有在其他战略都失效时才考虑采用。美国 500 强企业之一的西尔斯·罗巴克公司，在 1992 年遭遇了百货商店业衰落的打击，面对恶劣的局势，西尔斯公司果断地实行了紧缩型战略，将 100 多家经营不善的百货商店关掉，终止了批发业务，减轻了财政上的压力，最终帮助公司渡过了难关。

四、企业竞争战略

企业在确定了整体战略之后，便选择了将要从事的经营领域。如何在各个经营领域中竞争，属于企业战略的第二个层次——确定企业的竞争战略。

企业的竞争战略，从不同的角度可以将其分为基本竞争战略和市场竞争战略。

1. 基本竞争战略

基本竞争战略就是无论在什么行业或什么企业都可以采用的竞争性战略。由于企业面临的环境和市场是各不相同的，企业可采用的竞争战略方案也不一样。通常企业有三种制定竞争战略的一般性思路：一是力争成为本行业里的成本领先者；二是与竞争对手相比，自己的产品或服务具有一个或多个方面的特色；三是能为市场上的某一部分顾客提供集中的或专门化的供应与服务，而不是把整个市场看成自己的目标市场。依据这三种思路，就形成了美国哈佛商学院的著名战略管理学家迈克尔·波特在《竞争战略》一书中提出的三种基本竞争战略，即成本领先战略、差异化战略和集中化战略，三者的关系如图 1－12 所示。这三种基本竞争战略因为能使企业形成超出对手的相对竞争优势而长期为企业所采用。

		战略基础	
		降低成本	产品差别
市场范围	全部	成本领先战略	差异化战略
	局部	集中化战略	

图 1－12　三种基本竞争战略

（1）成本领先战略。成本领先战略也称为低成本战略，是指企业通过在内部加强成本控制，在研究、开发、生产、销售、服务和广告等领域内把成本降低到最低限度，使成本或费用明显低于同行业平均水平或主要竞争对手，从而赢得更高的市场占有率或更高利润的一种竞争战略。

按照波特的思想，成本领先战略应该体现为相对于竞争对手而言的低价格，但这并不意味仅仅获得短期成本优势或仅仅是削减成本，而是一个“可持续成本领先”的概念，从而企业可通过其低成本地位来获得持久的竞争优势。成本领先战略可以给企业带来许多益处，因而成为众多企业追求的目标，但取得这种地位需要一套具体政策，如实行规模经济生产、投入高效率的设备、紧缩成本开支、降低间接费用等。要达到这些目的必须在成本控制方面进行大量的管理工作，同时企业在质量、服务及其他方面的工作也不能忽视，但降低成本是整个战略的主线。

成本领先战略适用于以下情况：在市场竞争中价格竞争占有主导地位的行业，例如在钢铁、煤炭、石油、水泥、化肥、木材等行业中，所有企业生产的都是标准化产品，产品差异较小，价格竞争成为市场竞争的主要手段，该战略的使用效果显著。购买者从一个销售商向另一个销售商的转移成本较低或几乎没有，则购买者倾向于价格更低的销售者。

【实例 1－4】

本田摩托车的低成本战略

本田摩托车打入美国市场，蚕食美国企业界苦心经营 60 年的摩托车市场，就是成功运用低成本战略的一例。20 世纪 60 年代初，哈利·戴维森公司的高档、豪华大型摩托车垄断着美国的摩托车市场，日本的本田公司为进入美国市场，首先推出了一种小型轻便摩托车，这种车省油而且廉价，每辆售价在 300 美元以下，而当时大多数摩托车的售价都在 1 500 美元以上。本田公司以其生产的轻便摩托车击败了所有强有力的美国竞争对手，占据了美国摩托车市场 70% 的份额。

资料来源：张泽起. 现代企业管理. 北京：中国传媒大学出版社，2008. 6

采用成本领先战略的动因：

① 形成进入障碍。企业的生产经营成本低，可以对那些意欲进入本行业的潜在进入者设置较高的进入障碍，使那些生产技术尚不成熟、经营上缺乏规模经济的企业都很难进入此行业。低成本的领导者也处于一个比较好的位置，当它感受到威胁时，可以采取降价的策略。一个新的竞争对手很难赢得顾客，低成本生产商的削价能力是新进入者的一个障碍。因为那些潜在的进入者如果真的进入这个市场的话，不可避免地要面对这些问题：生产技术尚不成熟；品牌缺乏知名度，市场占有率低；生产经营上缺乏规模经济导致总成本极高。面对来自成本领先者的降价压力，新的进入者往往无力回击，所以企业要进入此行业困难重重。

② 增强企业的讨价还价能力。企业的成本低，可以使自己与供应者的讨价还价能力增强，降低投入因素变化所产生的影响。同时企业成本低，可以提高自己对购买者的讨价还价能力，对抗强有力的购买者。低成本可以为公司提供部分的利润保护，因为再强大的客户也很难通过谈判将价格降到成本效率仅次于卖方公司的存活价格水平。如果同样的产品在市场上以与竞争对手相同的价格出售，则意味着成本领先者可以给予销售商、代理商更多的利益，使得销售商、代理商更乐意与之合作。

③ 降低替代品的威胁。企业的成本低，在与竞争者竞争时，仍然可以凭借其低成本的产品和服务吸引大量的顾客，降低或缓解替代品的威胁，使自己处于有利的竞争地位。

④ 保持价格领先的竞争地位。在迎接竞争对手挑战方面，低成本公司在下列各方面处于有利地位：以价格为基础的竞争，利用低价格的吸引力可以从竞争对手那里挤占销售份额和市场份额；可以在竞争对手毫无利润的水平上保持盈利，在残酷的价格战中存活下来并获得高于行业平均水平的利润（其基础是利润较高或者是总的销售量较大）；而高于同行的获利水平，使得成本领先者可以在营销、研发上投入更多的资金，进一步打击对手，保持绝对竞争优势的地位。

可见，如果市场上的很多购买者对价格都很敏感，而且价格竞争很激烈，那么低成本就是一种强大的防御力量。

成本领先战略的风险：

① 生产技术的变化或新技术的出现，可能使得过去的设备投资或产品学习经验变成无效用的资源。

② 行业中的新加入者通过模仿或者依靠对高新技术的投资能力，用较低的成本进行学习，以更低的成本参与竞争，后来居上，致使企业丧失成本领域领先地位。例如，20 世纪 70 年代初期，阿迪达斯制鞋公司在跑鞋制造业占据统治地位，但到 1982 年，后起之秀耐克公司已经占据美国跑鞋市场的 33%，而阿迪达斯却降到了 20%。耐克成功的关键并不在于标新立异，而是卓有成效的模仿。

③ 在企业内部，由于采用成本领先战略的企业的精力主要集中于降低产品成本，这样就可能影响其他方面的质量控制，并极少关注顾客的偏好和要求，可能导致产品价格低廉，但并非顾客真正所需，不为顾客所喜爱。

④ 受通货膨胀的影响，生产投入成本升高，降低了产品成本及价格优势，从而不

能与采用其他竞争战略的企业相竞争。

成本领先战略带来风险的一个典型例子是20世纪20年代的福特汽车公司。福特公司曾经通过限制车型及种类、采用高度自动化的设备、积极实行后向一体化，以及通过严格推行低成本化措施等取得过所向无敌的成本领先地位。然而，当许多收入高，同时已购置了一辆车的买主考虑再买第二辆时，市场开始更偏爱具有风格的、车型有变化的、舒适的和封闭型的汽车而非敞篷式T型车。通用汽车公司看到了这种趋势，因而对开发一套完整的车型进行投资有所准备。福特公司由于为把被淘汰车型的生产成本降至最低而付出了巨额投资，这些投资成了一种顽固障碍，使福特公司的战略调整付出了极大代价。

因此经营单位在选择成本领先的竞争战略时，必须正确地估计市场需求状况及特征，努力使成本领先战略的风险降低到最低限度。

（2）差异化战略。差异化战略，是指企业向市场提供与众不同的产品和服务，在全行业范围内树立起别具一格的经营特色，以满足顾客特殊的需求，从而形成竞争优势的一种战略。

企业形成这种战略主要是依靠产品和服务的特色，而不是产品和服务的成本。但这并不意味着企业可以忽略成本，只是强调这种战略目标首要的是形成差异，而非成本问题。另外，这里所讲的差异化并不是简单地追求形式上的特点与差异，实施差异化战略的关键是在消费者感兴趣的方面和环节上树立起自己的特色。

产品或服务的特色可以表现在产品设计、生产技术、产品性能、服务、网络、商标形象等方面。当企业进行价格竞争，但不能达到扩大销售的目的时，实行差异化可以培养顾客的品牌忠诚性，降低顾客对价格的敏感性。差异化战略是企业获得高于同行业平均利润水平的一种有效战略。

采用差异化战略的动因：

① 降低顾客的价格敏感程度。由于差异化，顾客对该产品或服务具有某种程度的偏好和忠诚，当这种产品的价格发生变化时，顾客对价格的敏感程度不高。竞争对手要获得这些差异性或者抵消这些差异性需要付出相当大的代价。生产该产品的企业便可以运用产品差异化的战略，在行业的竞争中形成一个隔离带，避免竞争者的直接影响。

② 形成进入障碍。由于产品的特色，顾客对产品或服务具有很高的忠实程度，从而使该产品和服务具有强有力的进入障碍。潜在的进入者要与该企业竞争，则需要克服这种产品的独特性。

③ 增强讨价还价的能力。产品差异化战略可以为企业带来较高的边际收益，降低企业的总成本，增强企业对供应者讨价还价的能力。同时，由于购买者无其他选择，对价格的敏感程度又降低，企业可以运用这一战略削弱购买者讨价还价的能力。

④ 防止替代品的威胁。企业的产品或服务具有特色，能够赢得顾客的信任，便可以在与替代品的较量中比同类企业处于更有利的地位。

【实例 1 -5】

沃尔沃公司的差异化战略

沃尔沃公司是一家瑞典汽车制造商，销售中高档汽车。面对日益激烈的市场竞争，沃尔沃公司决定创出自己的特色，通过强调安全而使其产品的形象与众不同。人们所看到的每一则沃尔沃汽车的广告，几乎都凸显了这样的讯息，即当你购买沃尔沃汽车时，你就买到了安全——正是这样使其独树一帜。所以，虽然沃尔沃汽车的整体销量不是特别大，却在关注安全的中高端市场中占据了相当大的份额。可见，对沃尔沃公司而言，它所采取的这种差异化战略非常成功。

资料来源：青海大学《企业战略管理》案例集，有改动

差异化战略的风险：

差异化是一种十分有效的竞争战略，但并不能保证一定能够创造有意义的优势。企业在实施差异化战略时面临两种主要风险：首先是企业没有能够形成适当的差异化；其次是企业在遭受竞争对手的模仿和进攻时，没能保持差异化。具体表现在以下几个方面：

① 不适当的差异化。主要表现在：a. 没有正确理解或者确定购买者认为有价值的东西是什么。如果购买者满足于基本的产品，认为“附加”的属性并不值得支付更高的价格，在这种情况下，成本领先战略就可以击败差异化战略。b. 忽视及时向消费者宣传差异化的价值，仅仅依靠内在产品属性来获得差异化。c. 过度的差异化，使得产品的价格相对于竞争对手来说太高，或者差异化属性超出购买者的现实需求。

② 差异化的成本过高。如果企业实现差异化的成本很高，就会形成较高的销售价格。如果这种价格超过了顾客的承受能力，顾客就会抵制差异化产品的诱惑，转而选择物美价廉的产品。这时实行成本领先战略的企业就会占据竞争优势。

③ 竞争对手的模仿。竞争对手模仿差异特性，降低产品的特色，或使差异趋同化，这样顾客就会感受不到产品个性化给他们带来的愉悦，差异的优势也就会慢慢消失。因此，企业在实行差异化战略时，要高度关注差异特性的模仿难度和持久性。最典型的例子是我国的 VCD 大战，由于国内该行业的技术易掌握、行业成熟快，所以生产企业之间相互模仿，顷刻之间便有数十家生产厂家，使产品雷同，直接导致了轰轰烈烈的价格战。

④ 差异化的竞争和转移风险。当竞争对手推出更具差异化特性的产品时，将使得企业的原有购买者转向竞争对手。企业应该清醒地认识到，并不是所有的顾客都愿意接受产品差异化后形成的较高的价格。

（3）集中化战略。集中化战略又称为聚焦战略，是指企业根据特定消费群体的特殊需求，将经营范围集中于行业内的某一细分市场，使企业的有限资源能充分发挥效力，在某一局部超过其他竞争对手，建立竞争优势的一种战略。

严格来讲，集中化战略并不是一种独立的竞争战略。因为一些企业受自身资源与能力的制约，无法在整个市场上取得成本优势或差异化优势，而对前述这两种战略采

取了折中处理，即形成了特殊的成本领先战略和特殊的差异化战略。

集中化战略与成本领先战略和差异化战略不同的是，一般的成本领先战略与差异化战略是着眼于整个市场、整个行业，从大范围谋求竞争优势。而集中化战略则把目标放在某个特定的、相对狭小的领域内，在局部市场争取成本领先或差异化，即形成了集中成本领先战略或集中差异化战略，以此建立竞争优势。一般来说，中小型企业多采用这一战略。

采用集中化战略的依据是，企业能比竞争对手更有效地为某一狭隘的顾客群体服务。即企业或由于能够更好地满足特定需求而获得产品差异，或能在为目标顾客服务的过程中降低成本，或二者兼而有之。总之，集中化战略的精髓在于比竞争对手更好地服务于目标细分市场的购买者，成为小市场中的巨人。

采用集中化战略的动因：

同其他战略一样，集中化战略也能在本行业中获得高于一般水平的收益。主要表现在：

① 集中化战略便于集中使用整个企业的力量和资源，更好地服务于某一特定的目标市场，抵御外部竞争者的进入。

② 将目标集中于特定的部分市场，企业可以更好地进行调查研究，以了解竞争对手和与产品有关的技术、市场、顾客等各方面的情况，做到“知彼”。

③ 战略目标集中明确，经济成果易于评价，战略管理过程也容易控制，从而带来管理上的便利。

所以，根据中小型企业在规模、资源等方面所固有的一些特点，以及集中化战略的特性，可以说，集中化战略对中小型企业可能是最适宜的战略。

集中化战略的风险：

实施集中化战略也有相当大的风险，主要表现为：

① 由于企业全部力量和资源都投入了一种产品或服务或一个特定的市场，当顾客偏好发生变化、技术出现创新或有新的替代品出现时，就会产生这部分市场对产品或服务需求下降，企业就会受到很大冲击。

② 竞争者打入了企业选定的部分市场，并且采取了优于企业的更显集中化的战略，企业将会面临严峻的竞争态势。

③ 由于狭小的目标市场难以支撑必要的市场规模，所以集中战略可能带来高成本的风险，从而又会导致在较宽范围经营的竞争对手与采取集中化战略的企业之间在成本差别上日益扩大，抵消了企业在细分市场上的成本优势或差异化优势，使企业集中化战略失败。

因此，企业选择集中化战略时，应在产品获利能力和销售量之间进行权衡和取舍，有时还要在产品差异化和成本状况间进行权衡。

【实例 1－6】

万科的精简与专注

万科公司组建于 1984 年，最初从事录像机进口贸易，接着“什么赚钱就干什么”。

到 1991 年底，万科的业务已包括进出口、零售、房地产、投资、影视、广告、饮料、机械加工、电气工程等 13 大类。但是随着市场竞争的日益激烈，多元化业务使万科应接不暇，甚至顾此失彼。所以最后万科选择走专业化道路，放弃之前所采取的多元化道路。

万科自 1990 年代中期以来始终只讲两个字："减法"。这就是万科的发展战略——高度专业化，创造核心竞争力，推动大规模生产，全面提升产品质量与服务。正是这种清晰的公司战略，使万科终于在做"减法"的同时完成了公司稳步增长的"加法"，成为中国房地产的巨人。卖掉怡宝蒸馏水、万佳百货等是万科做"减法"的经典之作，全力将业务资源集中在房地产，即便如此，却还嫌不专，1994 年，万科提出以城市中产阶级的普通住宅为主，从而改变过去的公寓、别墅、写字楼什么都干的做法，减少了成本与资产，对企业进行重组，大大增加了盈利空间和能力。今后他们还要将产品更加标准化，甚至主要部件都在总部设计好，通过住宅工业化带动进一步的大规模生产。

可见，专业化是也是万科取得成功的重要因素。万科在不断的减法预算中，不断实现盈利的加法。

资料来源：万科地产发展战略分析，万科集团战略分析报告之企业战略分析，有改动

2. 市场竞争战略

每个企业都要依据自己的目标、资源和环境，以及在目标市场上的地位，来制定竞争战略。即使在同一企业中，不同的业务、不同的产品也有不同要求，因此，企业应当确定自己在目标市场上的竞争地位，然后根据自己的市场定位选择适当的营销战略和策略。根据企业在目标市场上所占的不同份额，可以将企业分为以下几种类型：市场领导者、市场挑战者、市场跟随者和市场利基者。

（1）市场领导者。市场领导者是指在相关产品的市场上占有率最高的企业。一般来说，大多数行业中都有一家企业被公认为市场领导者，它在企业营销组合的各个方面都处于主导地位，是市场竞争的领导者，也是竞争者挑战、效仿或回避的对象。在竞争中，这些市场领导者的地位是自然形成的，但不是固定不变的。因此，处于市场领导者地位的企业必须随时保持警惕并采取适当的措施。一般来说，市场领导者为了维护自己的优势、保持自己的领导地位，通常采取三种策略：一是设法扩大整个市场需求；二是采取有效的防守措施和攻击战术，保持现有的市场占有率；三是在市场规模保持不变的情况下，进一步扩大市场占有率。

（2）市场挑战者。在行业中名列第二名、第三名等次要地位的企业称为亚军企业或者追赶企业。这些亚军企业对待当前的竞争情势有两种态度：一种是向市场领导者和其他竞争者发动进攻，以夺取更大的市场占有率，这时他们可称为市场挑战者；另一种是维持现状，避免与市场领导者和其他竞争者引发争端，这时他们可称为市场追随者。市场挑战者为了战胜市场领导者一般采用如下战略：第一，攻击市场领导者。这一战略风险很大，但是潜在的收益可能很高。为取得进攻的成功，挑战者要认真调查研究顾客的需要及不满之处，这些就是市场领导者的弱点和失误。第二，攻击与自

己规模相当的竞争者。对一些与自己势均力敌的企业，市场挑战者企业可选择其中由于经营不善而发生危机者作为攻击对象，以夺取他们的市场。第三，攻击区域性小型企业。对于一些因经营不善而发生财务困难的地方性小企业，市场挑战者可将其作为挑战的攻击对象。

（3）市场跟随者。并非所有在行业中处于第二位的公司都会向市场领导者挑战，因为这种挑战会遭到市场领导者的强烈报复，最后可能无功而返，甚至一败涂地。因此，除非挑战者能够在某些方面赢得优势，否则他们往往宁愿追随领导者，也不愿对领导者贸然发动攻击。这种“自觉并存”状态，在资本密集且产品同质性高的行业中是很普遍的现象。市场跟随者的主要策略有：更好地维持现有顾客，并争取一定数量的新顾客，设法建立自身的独特优势，不能单纯模仿领导者，尽力降低成本。

（4）市场利基者。几乎每个行业都有一些小企业，他们专心致力于市场中被大企业忽略的某些细分市场，在这些小市场上通过专业化经营来获取最大限度的收益。这种有利的市场位置就称为“利基”，而所谓市场利基者，就是指占据这种位置的企业。市场利基者的主要策略是专业化，企业必须在营销组合方面实现专业化。在选择市场利基时，营销者通常选择两个或两个以上的利基，以确保企业的生存和发展。

第二章

制造型企业主要管理过程概述

人体作为一个系统，由若干器官组成，这些器官分工明确又紧密合作而维持一个健康的机体。企业人体，亦是由若干职能部门组成的，这些职能部门承担了企业的各种管理任务。本章主要从制造型企业的角度简要阐述了其主要管理过程，包括市场营销管理、生产管理、物流管理、财务管理以及人力资源管理等。

第一节　企业市场营销管理

市场营销的是制造型企业管理活动中非常重要的组成内容，它是指导生产以及联结生产和消费的一系列经济活动。一个企业无论其技术实力、生产水平、人员素质、战略制定等各方面情况如何，最终衡量其真正实力的标准却是其产品和服务能否在市场上得以顺利实现，这是检验企业生存能力是否过关的一个“硬指标”。市场是企业一切经营活动的起点，也是其一切活动的终点和新的出发点。市场营销活动是否有效，与企业经营的成败关系重大。

市场营销的过程就是企业识别、分析、选择和利用市场营销机会制定企业营销战略和策略，实现企业任务和目标的过程，主要包括分析市场机会，选择目标市场，制定市场营销策略，组织、执行和控制市场营销工作等步骤。

一、分析市场机会

1．营销环境分析的意义

营销环境分析是在营销环境调查的基础之上，对营销环境变化趋势作进一步的研究和判断。企业营销环境由企业营销管理机构内部和外部的因素所组成，这些因素冲击着企业管理者发展和维持同目标顾客进行成功交易的能力。内部因素是相对可控的，而外部因素对营销管理者来说则是难以控制的。因此，营销管理者的任务就是适当安排营销组合的可控变量，使之与外部不断变化着的营销环境相适应。

分析营销环境的根本目的在于寻求营销机会和避免环境威胁。营销机会，就是指营销环境中出现了对企业营销有利的趋势。环境威胁，即营销环境中出现了对企业营销不利的趋势。在现实生活中，机会和威胁往往是并存的。营销者的任务就在于善于抓住营销机会，抵御环境威胁。

企业的营销环境可分为微观环境和宏观环境两大类。一般地，企业的微观环境因素都要受到宏观环境的影响和制约。以下将分别探讨各种环境因素的变化趋势及其对企业营销活动的影响。

2. 宏观环境分析

（1）人口环境。人口是构成市场的主要因素，人口规模及其构成是营销者必须分析研究的人口环境中的重要内容，同时还需分析人口的地区流动趋势以及人口的教育程度等。

（2）经济环境。构成市场的因素除人口外，还有社会购买力，它是经济环境变化的反映。社会购买力，即指一定时期内社会各方面用于购买产品（包括服务）的货币支付能力。影响社会购买力的主要因素有居民的实际收入、币值、消费者的储蓄和信用、消费者的支出模式等。

（3）政治与法律环境。企业的营销活动都必定受到政治与法律环境的强制和约束。这种政治与法律环境是由那些影响社会上各种组织的个人行为、法律、政府机构、公众团体所组成的。

（4）自然环境。营销学上的自然环境，主要是指一个国家的自然物质环境。20 世纪 60 年代以来，特别是受西方“罗马俱乐部”增长极限观点的影响，资源与生态问题日益受到人们的重视。自然资源短缺，能源成本上升，环境污染严重，政府对自然资源管理的干预不断加强，所有这些，都直接或间接地给企业带来威胁。

（5）科学技术环境。科学技术对企业营销的影响是很大的。科学技术的发展是经济因素变化的重要原动力，它还能直接引起自然因素的变化，为人类不断提供新资源。

（6）社会文化。社会文化是人类在创造物质财富过程中所积累的精神财富的总和，它体现着一个国家或地区的社会文明程度。社会文化因素主要通过影响消费者思想和行为，间接地影响企业的营销活动。社会文化内容很广泛，包括社会价值观念、民族传统、宗教信仰等。

3. 微观环境分析

企业的微观环境是指那些直接影响企业为目标市场服务的因素总和。它包括企业内部因素、供应商、营销中介、顾客、竞争者和公众等因素。每个企业的主要目标都是在盈利的前提下为目标顾客服务，满足目标市场的特定需求。

（1）企业内部因素。企业内部的人、财、物、信息流都对企业目标的实现起了非常重要的作用。

（2）供应商。指向企业及竞争者提供生产上所需要的资源的组织，包括提供原材料、设备、能源、技术、资金和劳务等。

（3）营销中介。指那些协助企业把产品送到最终消费者手中的购买单位。

（4）顾客。企业的营销活动是以满足市场需求为内容展开的。不同的顾客市场有着不同的市场需求。一般讲，顾客市场可分为五种，即消费者市场、生产者市场（工业市场）、转售商市场、政府市场和国际市场。

（5）竞争者。企业在市场营销的环境里总是受到一些其他竞争对手的包围和影响。这些竞争对手为争取相同的市场机会和扩大自己的市场占有份额而进行较量。因此，作为企业营销者必须识别这些竞争对手，时刻关注他们，设法战胜他们。

（6）公众。企业不仅有竞争对手与之争夺目标市场，而且还需要认真对待对本企业业务活动感兴趣的各类公众，他们的欢迎与抵制对本企业的营销活动也会产生影响。

一个精明的企业会采取具体的措施去成功地处理与主要公众的关系。为此，大多数企业都建立了公共关系部门，专门筹划与各类公众的建设性关系。公共关系部门负责收集与企业有关的公众的意见。

【实例2－1】

家乐福败走香港

继1997年底八佰伴及1998年“中大丸百货公司”在香港相继停业后，2000年9月18日，世界第二大超市集团“家乐福”位于香港杏花村、荃湾、屯门机、元朗的4所大型超市全部停业，撤离香港。

法资家乐福集团，在全球共有5 200多家分店，遍布26个国家和地区，全球的年销售额达363亿美元，盈利达7.6亿美元，员工逾24万人。家乐福在我国的台湾、深圳、北京、上海的大型连锁超市，生意均蒸蒸日上，为何独独兵败香港？

家乐福声明其停业原因是香港市场竞争激烈，又难以在香港觅得合适的地方开办大型超级市场，短期内难以在市场上争取到足够占有率。

家乐福倒闭的原因可以从两个方面来分析：

1．从它自身来看

第一，家乐福的“一站式购物”不适合香港地窄人稠的购物环境。

第二，家乐福在香港没有物业，而本身需要数万至数十万平方米的面积经营，背负庞大租金的包袱，同时受租约限制。

第三，家乐福在台湾有20家分店，能够形成配送规模，但在香港只有4家分店，直接导致配送的成本相对高昂。

2．从外部来看

第一，在1996年进军香港的时候，正好遇上香港历史上租金最贵的时期。

第二，由于香港本地超市集团百佳、惠康、华润、苹果速销等掀起的减价战，给家乐福的经营以重创。作为国际知名大超市集团，家乐福没有参加这场长达两年的减价大战，但几家本地超市集团的竞相削价，终于使家乐福难以承受，在进军香港的途中铩羽而归。

资料来源：杨湘洪．现代企业管理．南京：东南大学出版社，2003．12

4．市场调查与预测

企业为了更好地满足顾客的需求就必须研究市场。而市场调查和预测是企业了解和认识市场的一种有效方法，是进行市场环境扫描、分析市场机会的基础，也是市场营销中一项基础性工作。

（1）市场调查的含义。市场调查就是运用科学的方法，有目的、有组织地对市场营销活动方面的有关资料进行搜集、记录、整理和分析，为预测、决策提供依据的一项经营活动。

（2）市场调查的程序。市场调查是一项细致而复杂的工作，为了高效并保证质量，必须按一定的程序有步骤地进行。一般地说，市场调查的全过程大致可分为调查准备、正式调查和调查结果处理三个阶段。

第一阶段，调查准备阶段。这个阶段的主要任务是确定调查问题及调查范围。例如，销售量下降是产品质量、售后服务、广告支出减少还是市场不景气等原因。为了确定问题，要先进行初步情况分析和非正式调查。初步情况分析即调查企业内外有关情况，进行初步分析，初步确定调查问题。非正式调查也称试探性调查。调查人员可以找企业内部人员进行非正式座谈，并访问专家、用户和有关业务人员，取得对这个问题的看法和评价。

第二阶段，正式调查阶段。这一阶段包括四个步骤：一是确定搜集资料的来源和方法；二是准备所需的调查表格；三是抽样设计；四是现场实地调查，即到现场去调查搜集资料。

第三阶段，调查结果处理阶段。包括整理分析资料和提出调查报告及追踪两个步骤。整理分析资料，即将搜集到的资料进行整理分析，把零碎的、杂乱的、分散的、片断的资料加以筛选，去粗取精、去伪存真，以保证资料系统的完整性和真实性。整理分析包括编辑整理、分类编号、统计和分析四步。在调查分析的基础上，提出调查报告并追踪调查报告的建议是否被有关业务人员采纳，了解建议被采纳的程度与实际效果。

（3）市场调查的方法。市场调查的方法主要有：

① 询问法。即调查人员通过各种方式向被调查者发问，要求其回答所提出的各种问题，从而获得所需信息资料的一种调查方法。常用的方式有问卷问答、面谈、电话询问和发函询问等。

② 观察法。它是指调查人员在现场从旁观察、记录被调查者的活动，以收集有关资料的方法。常用的方式有直接观察、行为记录和痕迹观察。其特点是调查时被调查者并不感到正在被调查。其优点是调查结果的准确度较高，其缺点是观察不到被调查者的内在因素。

③ 实验法。即通过在实际市场上先试用和试销一部分商品，分析效果后再决定是否大规模营销的一种方法。实验市场是指在一定时间内的一定地区（如某个城市）具有的市场。这种方法可用于新产品投放或改变老产品的质量、包装、设计、价格、广告等；也可用于市场饱和程度的试验等。这种方法的优点是方法客观、切合实际，缺点是时间长、费用大。

（4）市场预测的概念。市场预测是在市场调查的基础上，利用各种调查资料和相关信息，运用科学的方法和手段，对市场供求变化等进行分析研究，估计推测未来市场的发展趋势，寻求未来市场发展变化的规律的一项经营活动。市场预测是经营决策的依据，是编制经营计划的依据，是企业制定营销策略的前提条件，同时它又有利于提高企业的竞争力和应变能力。

（5）市场预测的步骤。市场预测的一般步骤为：

第一，确定预测目标。指确定预测什么，达到什么目标或要求。预测目标、期限与数量单位须用文字说明。

第二，收集分析资料。即对收集到的资料要严格审核，做到数据可靠、可比，计算口径一致，核算方法相同，统计时间与计量单位一致等。

第三，选择预测方法。根据对资料的动态分析来选择合适的预测方法。

第四，进行预测。即利用已有资料信息，用已选定的方法进行预测。

第五，分析预测结果。即分析是否已达到预测目标的要求；预测误差是否在允许范围内；预测结果的合理程度怎样，等等。若已满足这些要求，可写出正式预测报告，以供决策之用；若不能满足这些要求，就要回到以前的步骤，要么重新确立预测目标，要么重新选择预测方法，然后再进行预测。

（6）市场预测的方法。市场预测的方法有定性预测法和定量预测法：

定性预测法又称经验判断预测法，是指在市场调查的基础上，凭借预测者的经验，通过分析、推理、判断，对市场未来的情况及其发展变化作出预测的一种方法。具体方法有领导人员意见法、专业人员分析法、用户意见法、专家意见法等。

定量预测法又称分析计算预测法，是在充分占用资料数据的基础上，通过建立数学模型进行计量分析，作出市场预测的一种科学方法。它又可分为时间序列法、回归分析法等。

二、制定目标市场战略

现代市场是人口、购买力、购买欲望三者的统一体，是企业连接生产和消费的纽带，同时它也是企业竞争的场所。企业面对的是复杂多变的大市场，消费者为数众多，分布广泛，需求多样。任何一个企业无论其规模有多大，都不可能同时满足所有消费者的整体需求，而只能根据自己的实际情况，为本企业选择一定的市场范围，满足一部分消费者的需求。只有运用目标市场战略，发挥本企业优势，选择对本企业最有吸引力的、企业也能够为之提供有效服务的市场部分作为目标市场，才可能有效地满足不同消费者的需求，实现企业预期的生产经营目标。

1. 市场细分

（1）市场细分的含义。所谓市场细分，就是营销者通过市场调研，依据消费者（包括消费品和工业用品的消费者）的需要与欲望、购买行为和购买习惯等方面的明显差异性，把某一产品的市场整体划分为若干个消费者群体的市场分类过程。市场细分的客观基础是同一产品的消费需求的多样性。

市场细分体现了营销观念的转变，其作用主要表现在：有利于企业发掘新的市场机会，形成新的富有吸引力的细分市场；有利于企业在竞争中选择有利的位置，提高企业的竞争能力；有助于企业各种资源的整合，优化配置，发挥资源的最大效用；有助于增强企业的适应能力和应变能力。

（2）市场细分的方法。消费者市场与生产者市场影响需求的因素有较大的区别，因此，其市场细分的标准也不尽相同。消费者市场细分的标准一般是：

按地理因素细分，就是按消费者所在的地理位置、地理环境等变数来细分市场。因为处在不同地理环境下的消费者，对于同一类产品往往会有不同的需要与偏好。例如，对自行车的选购，城市居民喜欢式样新颖的轻便车，而农村的居民则注重坚固耐用的加重车等。因此，对消费品市场进行地理细分是非常必要的。

【知识链接】

地理位置长期以来都是企业进行市场细分的主要变量，是影响企业进行各项营销活动及营销成本的关键，因此占领市场就成了企业在竞争中主要的争夺目标。市场地域战略主要包括以下几种类型：

1. 本地市场战略

本地市场战略是指由于不同地域的消费者具有不同的需求和偏好，或者受到零售商和服务机构的限制（如商业银行、医疗等），企业只能在当地运作。对于零售业而言，企业在资金不足的情况下，只能在当地运作。大型的制造业者在最初的时候也可能把新产品的分布范围限定在当地市场，随着企业自身的不断强大，企业的产品将不断地推向区域市场、全国市场以及国际市场。采取本地市场战略，企业能熟悉本地顾客的需求和偏好，可使企业更好地满足顾客的需求；同时企业的资源比较集中，能够更好地为顾客提供服务。但采用这种战略的风险性较大，易受到外来竞争者的冲击。

2. 区域市场战略

区域市场战略是把国家划分为明确的地理区域，从中选择一个或者多个区域作为企业的目标市场，并且针对每个区域的差别化，明确每个区域的营销组合。区域市场战略是介于本地市场战略和全国市场战略之间的一种市场战略。它一般是在经济区域的基础上形成的，是进军全国市场战略的一个缓冲过程。区域市场战略可以帮助企业在一定的地域空间内发展，提高企业的市场占有率，使企业竞争的实力逐步增强。但开发区域市场，要注意与当地企业之间的合作，尤其是与当地中间商的合作。

3. 全国市场战略

全国市场战略是在主权国家的范围内建立起来的市场。全国市场战略对企业提出了更高的要求：首先需要大量的初始投入来完成市场的开拓和发展；其次需要更充足的资源和抵御风险的能力。全国市场战略可为企业发展提供更多的机会，实现规模经济效应，提高企业的市场占有率，但全国市场战略会使企业面临的风险加大。

4. 国际市场战略

国际市场战略是在国际分工的基础之上，使商品在世界范围内流通。由于消费者的生活方式、语言、宗教信仰、民族等方面的不同，使得国际市场战略比全国市场战略面临着更大的风险和不确定性。随着科技的发展、生产规模的扩大，以及国内市场需求的饱和，进军国际市场是企业发展的必然趋势。国际市场战略与全国市场战略相比，企业具有更多额外的市场机会，以利于企业在国际市场的大环境中不断发展壮大，从而更好地战胜竞争对手。

按人口统计因素细分，就是按年龄、性别、职业、收入、家庭人口、家庭生命周期、民族、宗教、国籍等变数，将市场划分为不同的群体。由于人口变数比其他变数更容易测量，且适用范围比较广，因而人口变数一直是细分消费者市场的重要依据。

按心理因素细分，就是将消费者按其生活方式、性格、购买动机、态度等变数细分成不同的群体。

按行为因素细分，就是按照消费者购买或使用某种商品的时间、购买数量、购买频率、对品牌的忠诚度等变数来细分市场。

【实例 2－2】

细分感冒药市场

东盛科技盖天力制药股份有限公司的老总去国外出差时，得了感冒，就买了一种当地的感冒药。一般的药通常都有使人嗜睡的副作用，白天吃了不利于工作，而国外的这种感冒药不存在这一问题，由此启发了他，回国后以“白天服药不瞌睡”和“晚上吃了睡得香”为细分利益点，生产出了“白加黑”这种感冒药。投放市场仅半年，就创下了 1.6 亿的销售额，占据了全国 15% 的感冒药市场。

资料来源：张泽起．现代企业管理．北京：中国传媒大学出版社，2008．6，有改动

进行生产者市场细分时，除应考虑地理环境和社会经济因素外，还需要考虑以下因素：

① 用户所属部门。同一种生产资料产品可用于不同部门，如柴油机有工业用、农业用、运输用等，不同部门为适应其生产的需要，往往对产品及其销售提出不同的要求。

② 用户的生产规模与购买数量。这样可把市场细分为大、小客户市场等，针对不同市场的特点，采用不同的营销方式。

2．目标市场的选择

市场细分以后，企业所面临的就是选择目标市场的问题。企业首先必须对各细分市场进行评估，在分析判断的基础上，根据自己的营销目标和资源条件，决定选择最有利于企业的细分市场作为主攻对象。这些被选中的细分市场群，就是这家企业的目标市场。

(1) 选择目标市场的考虑因素。

第一，目标市场的规模和发展潜力。企业首先需要考虑的是，一个潜在的目标市场是否有适当的规模与发展潜力。所谓“适当的规模”是一个相对的概念。一般而言，

大企业偏爱有较大销售量的目标市场，且经常忽视或者避免进入中小目标市场；相反，小企业却避免进入大目标市场，主要是因为大目标市场需要大量的资源来支持。

第二，目标市场的吸引力。一个规模和发展潜力都很好的目标市场，若从获利的观点来看，却未必具有吸引力。目标市场的吸引力可以从以下几个方面来考虑：

① 长期决定目标市场产品动向的实际情况。

② 比较直接影响目标市场的长期吸引力的力量，即新企业加入竞争、出现替代品、供应者和买主的谈判能力、目标市场内企业间的对抗关系。这些因素的强度都会影响目标市场的吸引力。

③ 目标市场的关联性。

第三，企业目标和资源状况。即使一个目标市场有适当的规模和发展潜力，同时在结构上又很具吸引力，但是企业仍须考虑自己的目标与资源，使此二者能够与该目标市场的关系相配合。有些具有吸引力的目标市场可能因为无法与企业的长期目标相配合，以致必须放弃。

（2）目标市场营销策略。

企业在选定目标市场以后，就要根据目标市场的特点和企业的实力，确定目标市场营销策略。一般来说，有以下三种目标市场营销策略可供企业选择：

① 无差异市场策略。它是只着眼于某一目标市场需求的同一性而不管其差异性，用同一产品、同一策略方式来满足有差异的消费群体的需求。例如，过去牙膏厂只生产一种普通大众型的牙膏来满足男女老少、各种职业群体的共同需要。该策略的优点是有利于降低成本、节约经营费用，缺点是产品缺乏特色和竞争力。

② 差异性市场策略。它是按照目标市场的不同，消费群体需求的差异，分别以不同的产品、不同的营销策略来满足不同消费群体的需要偏好。例如，现在牙膏厂生产儿童牙膏、药物牙膏等不同种类的牙膏，以满足不同消费者的需要。其优点是提高了竞争力，增加了销售量，缺点是各类产品成本和费用会显著提高。

③ 集中性市场策略。它不以整个目标市场为目标，而是选择其中一个或几个子市场作为目标，集中力量生产少数几种或一种产品，专门满足某一特定消费群体的需要。其优点是由于实行专业化经营，便于提高产品质量和节约费用，并有利于取得更大的市场占有率。其缺点是放弃了其他的市场机会，以后想再进入较为困难，而且风险较大，如果目标市场突然变化，如价格猛跌、购买者兴趣转移，或者出现强有力的竞争对手，企业就可能陷入困境。

3．市场定位

（1）市场定位的含义。选定目标市场后，企业还要进行市场定位工作。所谓市场定位，就是根据竞争者现有产品在市场上所处的位置，强有力地塑造出本企业产品与众不同的个性或形象，并把这种形象生动地传递给顾客，从而使该产品在市场上确定适当的位置。

（2）市场定位的常用策略。市场上原有产品通常已经在顾客心目中形成一定形象，占有一定地位。如可口可乐被视为全世界首屈一指的软饮料；同仁堂中成药在同类产品中质量最好、信誉最高等。在这些产品市场上，参与竞争的企业要想争得立足之地，难度很大，当然，在一般市场上建立起自己独特的形象也并非轻而易举的事。因此，必须有适当的定位策略。以下几种常用的市场定位策略可供企业选择：

①“针锋相对式”定位。即把产品定位在与竞争者相似的位置上，与竞争者争夺同一细分市场。实行这种定位策略的企业，必须具备以下条件：能比竞争者生产出更好的产品；该市场容量足够吸纳两个竞争者的产品；比竞争者有更多的资源和实力。

②“填空补缺式”定位。寻求新的、尚未被占领但被许多消费者所重视的市场位置，即填补市场上的空位。例如，“金利来”进入中国内地市场时，就是填补了男士高档衣物的空位。这种定位策略有两种情况：一是这部分潜在市场即营销机会没有被发现，在这种情况下，企业容易取得成功；二是许多企业虽发现了这部分潜在市场，但无力去占领，企业只有具备了足够的实力，才能取得成功。

【实例2-3】

“金嗓子”的定位策略

“金嗓子”喉宝的前身是柳州市糖果二厂，曾经一度走到了破产的边缘。当时，柳州市糖果二厂在市场研究中发现，咽喉含片均为药粉压制而成，一含即溶，很难在咽喉部较长时间保持药效；而润喉糖虽能长期口含却几乎无治疗作用。这样，两类产品之间存在一个空缺，即结合型治疗保健产品。

“金嗓子”成功的原因有多种，但不能否认主要因素之一是成功地找到了含片既有治疗效果、口感又不错这一原有市场空白点。试想如果“金嗓子”现在还卖糖果或正儿八经地卖药品，会是一种什么境况？“金嗓子”成为像糖果一样好吃的保健品，同时成功地引导了消费需求，使咽喉肿痛、声音嘶哑的人随时使用，取得了非常理想的销售局面。

资料来源：卢国红．市场营销学．昆明：云南科技出版社，2007．10，有改动

③“另辟蹊径式”定位。当企业意识到自己无力与同行业强大的竞争者相抗衡而获得绝对优势地位时，可根据自己的条件取得相对优势，即突出宣传自己与众不同的特色，在某些有价值的产品属性上取得领先地位。

三、设计营销组合策略

企业在市场分析的基础上，制定目标市场战略后，如何实施目标市场营销战略，用什么方法达到经营目标，这就是市场营销组合要解决的问题。所谓市场营销组合，也就是企业的综合营销方案，即企业针对目标市场的需要对自己可以控制的各种营销因素，如产品、价格、渠道、广告、宣传、服务等进行最佳组合，统一、综合地加以运用，使之配合协调，用最适合的产品，以最适宜的价格，用最适当的促销办法和营销渠道，最有效地满足市场的需求，以取得最好的经济效益和社会效益。

1．产品策略

（1）产品的含义。按传统的观念，产品仅指有形的物品。但从现代市场营销观念

来看，即从顾客的角度来看，产品是指能提供给市场使用和消费的，可满足某种欲望和需要的任何东西，包括实体产品、服务、场所、组织和构思等。

（2）产品组合策略。所谓产品组合，是指一个企业生产经营的全部产品结构，它通常由若干产品线组成。企业在决定调整产品组合时，根据不同的情况，可选择以下调整策略：

① 扩大产品组合策略：指企业增加产品线或产品项目的策略，即开拓产品组合的宽度和加强产品组合的深度两种情况。

② 缩减产品组合策略：指企业减少经营的产品线或产品项目的策略，也包括产品组合的宽度缩减和深度缩减两种情况。

③ 产品线延伸策略：指企业将现有产品线加以伸长，部分地或全部地改变企业原有产品的市场地位，包括向上延伸、向下延伸和双向延伸。

④ 产品线现代化策略：指将现代化的科学技术应用到生产过程中去。

（3）产品生命周期。产品生命周期是指产品从研制成功进入市场到被市场淘汰整个过程所持续的时间，又称为产品市场生命周期。在产品生命周期的不同阶段，产品的市场占有率、销售额、利润额是不一样的。典型的产品生命周期要经历导入期、成长期、成熟期和衰退期。用坐标图表示，产品生命周期呈倒 U 型曲线，如图 2－1 所示。

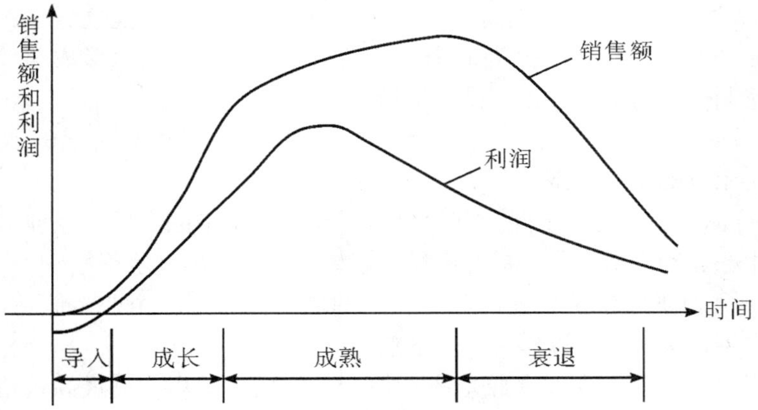

图 2－1 产品生命周期

① 导入期。这是新产品刚投入市场阶段。由于产品刚进入市场，消费者对它还不太了解，故销售量小，销售增长缓慢；生产批量小，产品生产工艺不成熟，生产成本较高；广告费用和其他销售费用开支较大，利润低，甚至亏损；由于新产品市场风险较大，竞争对手少。在这一阶段中，企业必须设法缩短投入期，搞好宣传，打开销路，并抓好产品定型，改进工艺，努力扩大生产能力。

② 成长期。这是产品开始被顾客接受、销售量迅速增长的阶段。其主要特点是：消费者对该产品已了解并接受，销售量迅速增长（是整个生命周期中增长最快的时期），产品基本定型，工艺方法趋于完善，形成批量生产能力，生产成本下降；销路打开，利润增加；由于市场行情看好，故有竞争者不断加入。在这一阶段中，企业的经

营策略主要是提高产品质量，努力创名牌；继续完善工艺和管理，提高生产率，降低成本；大力促销，扩大市场，提高市场占有率，确保产品进入成熟期。

③ 成熟期。这是产品销售量稳步增长，达到最高峰的时期。在这一阶段中产品畅销，但销售增长减慢，市场需求逐渐趋于饱和；由于生产工艺不断完善和大批量生产销售，使成本达到最低水平，利润最佳；市场上同类产品在结构、质量方面的差别越来越小，市场竞争十分激烈；成熟期后期，利润开始下降。在这一阶段中，企业应设法维护和扩大销售量，进行产品和市场改革，努力延长成熟期，争取形成产品生命周期的再循环。

④ 衰退期。这是产品销售量锐减、利润迅速下降的阶段。其主要特点有：产品销售量急剧下降，产品出现积压，价格下跌，利润剧减；产品在技术上、经济上已经老化，消费者偏好已经转移，更新产品已在市场上出现；竞争者相继退出市场。在这一阶段中，企业必须降低销售费用，减少产品积压损失，尽快更新换代，把主要资源和力量放在新产品开发上。

（4）新产品开发策略。

① 新产品的概念。从营销角度来看，新产品是指某个市场上首次出现或企业首次向市场提供的，具有新功能、新特征、新结构和新用途，能满足某种消费需求的整体产品。大体包括全新产品、换代产品、改进产品和仿制产品等类型。

② 新产品开发的过程。为提高新产品开发的成功率，必须建立科学的新产品开发程序。新产品开发程序一般可分为 7 个步骤：构思—筛选—概念形成与验证—可行性分析—产品研制—市场试销—正式投放市场。

2．价格策略

（1）影响定价的主要因素。

① 定价目标。定价目标不同，自然会影响到价格水平的高低。企业通常的定价目标包括维持生存、利润最大化、提升市场占有率、应对市场竞争等。

② 成本。产品的售价至少要能弥补相应的成本和费用，企业才能持续经营下去。因此，成本在定价决策中可以作为一个基准。

③ 市场需求。产品的最低价格取决于该产品的成本费用，而最高价格则取决于产品的市场需求状况，当需求量大于供给量时，价格就会上升，反之，价格下降。

④ 竞争因素。产品价格的上限取决于市场需求，下限取决于成本。在上下限之间，产品价格取决于竞争对手提供的同种产品的价格水平。可以说企业定价的高低是与竞争对手的产品、服务、价格综合比较的结果。当竞争对手较弱时，企业可以高价获取高额利润；当与竞争对手旗鼓相当时，企业定价应该参照对手产品价格。

⑤ 政府对价格的宏观调控。国家一般不参与商品的价格制定，但通过宏观经济政策、税收、信贷等来影响价格的形成和变化。所以，企业定价时还要考虑国家有关政策。

（2）一般的定价方法。定价方法是企业在特定的定价目标指导下，依据对成本、需求及竞争等状况的研究，运用价格决策理论，对产品价格进行计算的具体方法。一般的定价方法主要包括：

① 成本导向定价法。以产品单位成本为基本依据，再加上预期利润来确定价格的

成本导向定价法，是国内外企业最常用、最基本的定价方法。成本导向定价法又衍生出了总成本加成定价法、目标收益定价法等。

② 需求导向定价法。即根据市场需求状况和消费者对产品的感觉差异来确定价格的方法，主要包括理解价值定价法、需求差异定价法和逆向定价法等。

③ 竞争导向定价法。在竞争十分激烈的市场上，企业通过研究竞争对手的生产条件、服务状况、价格水平等因素，依据自身的竞争实力，参考成本和供求状况来确定商品价格。这种定价方法就是通常所说的竞争导向定价法。竞争导向定价法主要包括随行就市定价法、密封投标定价法等。

3. 分销策略

（1）分销的含义。分销就是使产品和服务以适当的数量和地域分布来适时地满足目标市场的顾客需要。分销策略同产品策略、定价策略一样，也是企业能否成功地将产品打入市场，扩大销售，实现企业经营目标的重要手段。分销渠道策略主要涉及分销渠道及其结构，分销渠道策略的选择与管理，批发商与零售商及实体分配等内容。

分销渠道是指某种货物和劳务从生产者向消费者移动时取得这种货物和劳务的所有权或帮助转移其所有权的所有企业和个人。

（2）分销渠道的类型。产品从生产领域到消费领域有多种多样的途径，归纳起来有两种基本形式：一种是直接销售形式，即生产者直接将产品销售给用户；另一种是间接销售形式，即生产者通过若干个中间环节（中间商），把产品销售给用户。一般来说，生产资料的技术性较强，顾客数目较少，一次购买的数量较大，且需要售后服务和进行业务培训等，因此，直接销售较多。即使有中间环节，相对来说层次也较少。而消费品的直接销售较少，一般都要通过较多的中间环节进行销售。

从上述两种基本结构中可以看出，销售渠道既有“长”、“短”之分，也有“宽”、“窄”之别。销售渠道的宽窄取决于渠道的每个层次中使用同种类型中间商数目的多少。销售渠道的宽窄是和生产厂家所采取的分销战略相关联的，生产厂家的分销战略有以下三种形式。

① 密集分销。密集分销即生产厂家尽可能通过许多批发商、零售商推销其产品。这种策略旨在扩大市场覆盖面或快速进入一个新市场，使众多的消费者和用户能随时随地买到这些产品。如消费品中的便利品（香烟、糖果、牙膏等）和工业品中的通用机具，多采用宽渠道的密集分销。

② 选择分销。选择分销即生产厂家在某一地区仅通过几个精心挑选的、最合适的中间商推销其产品。这一策略主要是着眼于市场竞争地位的巩固和稳定，维护企业产品在该地区的良好信誉。选择分销特别适用于消费品中的选购或试销的新产品。

③ 独家分销。独家分销即生产厂家在某地区仅通过一家中间商推销其产品。这需要双方协商签订独家经销合同，规定不得向第三者，特别是竞争者承担购销义务。这一策略旨在控制市场竞争，彼此充分利用对方的商誉和经营能力，增强自己的推销能力。产品在具有较明显的特异性（如专利技术、专门用户、品牌优势等）的情况下，采用独家分销往往比使用许多中间商销售效果好。

4. 促销策略

（1）促销的含义。促销即促进销售，是指卖方通过各种方式和手段向顾客传递商品和劳务信息，以引起顾客的注意，激发其购买动机，并转化成为购买行为，从而实现和扩大销售的各种活动的总称。

促销的关键在于信息沟通，使生产者和消费者之间相互了解，所以，促销的过程就是信息沟通的过程。促销的方式主要有人员促销和非人员促销两类。其中非人员促销又包括广告、营业推广和公共关系等手段。

（2）主要的促销方式。

① 人员推销。人员推销是指企业派出或委托推销人员向顾客或潜在顾客宣传产品，促进顾客购买。它是与顾客进行面对面、双向式的沟通活动，可以随时根据消费者的要求、动机和行为，作出有针对性的解说，消除消费者的陌生感和恐惧感，从而创造更多的销售机会。但是，人员推销费用较高，推销面也较窄，多限于个别用户，对推销人员的要求也较高。人员推销主要承担以下职能：开拓市场、搞好销售服务、信息沟通。

② 广告。广告是企业通过媒体向广大用户介绍某产品或服务的一种促销方式。它通常是付费的，其最主要的作用是传递信息、促进销售。同人员推销相比，它具有信息传播面广、速度快、信息能多次重复、强化印象、节省人力和费用等优点。但广告只是单向的信息传递，不易及时得到反馈信息，使其说服力受到一定的限制。因此运用广告促销手段时，一定要注意其针对性和艺术性，注意正确选择广告媒体。广告媒体种类繁多，除了传统的报纸、杂志、广播、电视四大媒体外，随着信息社会的发展，互联网日益成为重要的广告媒体，另外还有路牌、橱窗、车体、招贴等户外媒体，它们各有特点，在实际中可根据需要灵活选择。

③ 营业推广。营业推广是通过为消费者和经销商提供有特殊购买条件的赠品和优惠的价格，从而吸引顾客和扩大销售，是一种辅助性的，以唤起短期需求为目的的促销手段。其形式大致分为三类：一是直接针对消费者的，如有奖销售、现场示范表演、代为邮购、优惠券、附送礼品等；二是针对经销商的，如购买折扣、推销奖金、商场津贴等；三是针对销售人员的，如销售奖金、红利和联销计酬等。

④ 公共关系。公共关系是指一个社会组织为了与它的各类公众建立有利的双方关系而采取的有计划、系统性的行动。企业公共关系是近年发展起来的一种“内求团结，外求发展”的管理艺术。作为一种促销手段，公共关系可理解为企业通过各种宣传和社会活动，增进社会公众的信任，树立良好的企业形象和信誉，从而促进销售。同人员推销、广告和营业推广等方式相比，公共关系有间接促进销售和能获得长期效应的特点。开展公共关系的方式很多，主要有利用新闻媒介进行宣传、参与社会公益活动、发布公共广告、建设企业文化等。

促销组合策略就是企业对各种促销方式的选择、搭配和运用。各种促销方式各有其特点，在实际营销工作中应根据需要，对各种促销方式进行选择和组合，形成不同的促销策略，以达到预期的促销目标。

四、国际市场进入策略

日益发展壮大的国际市场，已经为人类做成了一个超过 10 万亿美元的“大蛋糕”。

世界市场的形成和扩张，使各国的生产与消费都具有世界性。时至今日，世界各国经济相互依存的程度已经很高，因此企业未来的经营范畴不应局限于寸土之地，必须放眼全球。而当代国际市场错综复杂、竞争激烈，任何企业要想进入国际市场都绝非易事。因此，在正确选择进入国际市场的营销策略之前，必须首先了解国际市场的特点。

1. 国际市场与国内市场的区别

国际市场，是指超越一国国界，在世界各国进行商品交换的场所。简言之，就是指本国市场以外的所有市场。国际市场与国内市场的区别不仅仅表现为地域范围的不同。事实上，其实质性的区别体现在许多方面。

① 国别复杂。国际市场作为相互联系的各国市场总体，所包含的国家类型复杂。有大国，有小国；有发达国家，有发展中国家；有内陆国家，有海洋国家。由于社会制度、地理区域、经济发展水平、风俗习惯及宗教信仰的不同，使得世界各个市场各具特色，极为复杂，难以掌握。

② 需求复杂。这主要表现在需求的多层次性和需求的差异性两个方面。从需求的多层次性来看，由于各国经济发展水平相差悬殊，在国际市场上，不同国家的消费者对同一商品的需求就有高有低，容易形成多层次性。发达国家的消费者对商品的需求倾向于求精求美，求名求胜；而欠发达国家的消费者则更注重坚实耐用，物美价廉。从需求的差异性来看，由于国际市场国别结构复杂，各地区市场地理位置、消费习惯的不同，消费者的需求五花八门。

③ 商品市场的类型复杂。当前，国际市场主要存在开放性市场和封闭性市场两类。开放性市场主要以自由竞争为特征，价格基本通过公开竞争的方式形成，直接受到供求关系的影响，价格自发变动。封闭性市场价格稳定，受垄断势力影响大，竞争不激烈，占领封闭性市场的难度一般大于开放性市场。

2. 进入国际市场的策略选择

由于各国的营销环境和市场特征不尽相同，每个企业自身的优劣势又相差很大，故没有固定不变的进入国际市场的方式。每个企业必须根据目标市场的特点，扬长避短，选择适宜的进入国际市场的策略。

(1) 出口进入策略。出口进入策略是指把在国内生产的商品，通过某种方式销往国外，并占领国外市场的策略。它包括直接出口和间接出口两种形式。

① 直接出口。直接出口是指企业越过本国的中间商，直接将产品销售给外国市场上独立的进口商或经销商。直接出口分两种具体方式：第一种是由国外中间商销售企业的产品。第二种是由企业在国外的分支机构或分公司出售企业产品。直接出口方式能够使企业及时了解市场信息，调整营销战略，节省流通费用。但此法对企业的要求也很高，一般来说，企业必须拥有自己的国际营销人员和组织，还要投入一定数量的资金和承担各种风险。

② 间接出口。间接出口就是企业将产品卖给本国的出口贸易机构，由它们负责向国际市场销售。此种方式是刚开始从事国际营销活动的企业最常用的进入国际市场的方式。间接出口方式的特点是进入国际市场的速度快，不必设置专门机构，因而投资

较少，灵活性大。由于企业将产品卖给进出口公司，这就等于把价格变动风险、产品滞销带来的仓储、流动资金积压风险一并转嫁给了进出口公司，因而风险较小。但此种方式的局限性比较大，企业无法了解国际市场的发展趋势和竞争状况，很难在国际市场上树立企业信誉并长久立足。

（2）合同进入策略。合同进入策略是指持有技术或工艺专利的出口企业，以合同形式向国外市场输出专利，进入国外市场，并换取特权或货币形式的补偿。该策略的主要内容包括许可证贸易、交钥匙合同、合作生产合同和管理合同。

① 许可证贸易，又称技术授权，是指企业（许可方）与国外另一企业（被许可方）签订许可协议，授权对方使用本企业的专利、注册商标、技术诀窍等从事生产和销售，然后向对方收取许可费用。目前，许多西方发达国家的企业不仅纷纷采取这种方式进入了我国市场，而且也利用这种方式进入了许多其他发展中国家。这种方式的优点是风险较小且不受外国贸易壁垒的限制，缺点是对目标市场的控制较弱。

② 交钥匙合同，在西方国家又称“工程技术服务”，在我国称为“成套设备交易”。它是将多种技术贸易内容综合在一起，组成一笔包建式交易，既包括购买专利许可证、技术秘密，还包括工程设计、设备的选择与供应、厂房建筑和设备安装工程的承包、编制可行性研究报告、派遣专家指导、培训人员、组织设备调整和试生产等技术工作。工程结束后，交给买方的是一个完整的车间或工厂，承包方按预定的标准收费或按成本加成法收费。

③ 合作生产合同，即一方负责工程建设的投资，另一方以产品的形式偿还对方的投资。

④ 管理合同，大型跨国企业经常采用此种方式打入国际市场，它是以向目标市场国企业提供管理服务来换取对方各种方式的补偿，尤其是货币形式的补偿。

（3）投资进入策略。投资进入策略是指企业直接在国外从事生产和经营活动的策略。在国外生产需要投入大量的人力、财力和物力，风险较前两种策略大。投资进入策略包括合资经营和独资经营两种方式。

合资经营是指企业与国外某一个或某几个企业共同投资，在国外联合建立一个新企业。投资各方都持有一定的股份，都参与企业的经营与管理，持股比例可高可低。

独资经营是企业进行国外生产的最高阶段，它意味着企业在国外市场上单独控制着一个企业的生产和销售。其主要做法有两种：一是在国外市场上收购一个现成的企业；二是在当地投资，从头开始建立一个新企业。20世纪80年代中期以来，国际市场上的直接投资方兴未艾。

第二节　企业生产与运作管理

一、生产与运作概述

企业运营需要输入各种社会资源（原材料、能源、劳动力、信息等），企业存在的目的则是通过输出产品或者服务的形式服务社会；从输入到输出则需要对输入的资源进行加工、处理。输入是由输出决定的，生产什么样的产品和提供什么样的服务，决定了需要什么样的原材料及其他资源；输入不同于输出，这就需要转化；转化是通过人的劳动实现的，转化的过程就是企业生产运作的过程。逻辑上，企业的生产运作过程如图 2－2 所示。

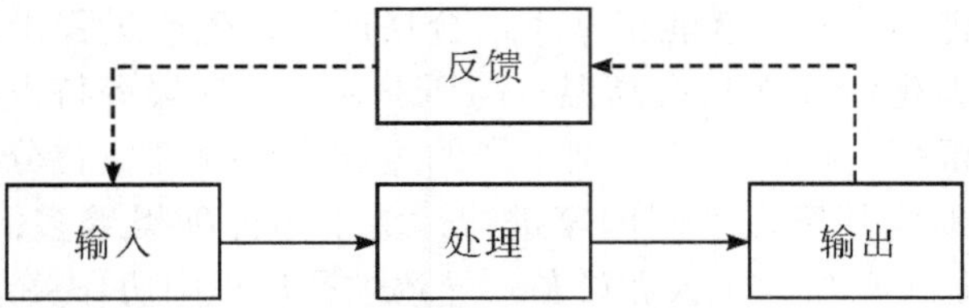

图 2－2 企业的生产运作过程

企业根据其提供产品的不同可分为两类：制造业和服务业，两者的区别在于产品形态的不同。制造业所提供的产品是有形的，可触摸的，产品可以存在一定的时间；而服务业所提供的产品则是无形的，产品的生产和消费往往同步发生，因而服务业的产品就是它所能够提供的服务，服务业的范围很广泛，包括银行、交通运输、邮电通信、餐饮、娱乐、旅游等一系列的行业。

制造业是国民经济的物质基础，为社会发展提供衣食住行等物质资料。制造业要想把输入的社会资源转换成具体形态的产品就必须有一定的厂房、机器设备等，需要一定的产品研发、制造技术，需要到市场上采购一定的原材料，这些都是制造业的特征。沙盘模拟课程中模拟的企业就是典型制造型企业，因此本节重点介绍制造型企业的相关情况。

然而，面对数以万计的制造企业和它们形形色色的生产过程，如何识别它们各自的特征及其运行的规律从而更好地经营？最好的解决办法是按照某种标准对它们进行分类，在分类的基础上，对于不同类型的企业予以不同的管理模式。为了便于讨论，我们对企业的生产类型从两个方面进行分类，即按照产品生产的工艺过程和按照企业生产的稳定性与复杂程度两个方面进行分类。

1. 按照企业产品生产的工艺过程可以分为离散型生产和流程型生产

① 离散型生产。离散型生产（加工装配生产）的特点是产品由许多零部件构成，各个零件的加工过程是独立的，所以整个产品的生产工艺是离散的，制造的零件通过部件的装配和总装配最后成为成品。机械加工、电子设备制造等行业生产过程均属于离散型生产。对于离散型生产，除了保证各种原材料和零配件的及时供应外，关键是控制各种零部件、半成品的生产进度。因为对于离散型生产来说，零配件不成比例或不配套就不能装配出产品来，就可能导致整个生产进度的延期，影响产品的交货期。

② 流程型（连续）生产。流程型（连续）生产指物料连续按照一定的工艺顺序运动，在运动中不断改变其形态和性能，最后形成产品。流程型生产的特点是工艺过程是连续的，不能中断，工艺过程的加工顺序是固定不变的，各种原材料按照固定的工

艺流程连续不断地通过一系列的设备和装备加工处理，最终成为成品。石油化工、造纸、水泥、酿造等行业是典型的流程型生产。对于流程型生产，关键在于保证原材料供应的连续性以及每一个工作环节的正产运转，生产过程中任何一个环节出现故障，都可能会导致整个生产的停滞。

由于流程型生产与加工装配型生产的特点不同，导致生产管理的特点也不同。对流程型生产来说，生产设施地理位置集中，生产过程自动化程度高，只要设备体系运行正常，工艺参数得到控制，就能正常生产合格产品，生产过程中的协作与协调任务也少。但由于流程型生产往往具有高温、高压、易燃、易爆等特点，对生产系统可靠性和安全性的要求很高。相反，离散型生产的生产设施地理位置分散，零件加工和产品装配可以在不同地区甚至在不同国家进行；由于零件种类繁多，加工工艺多样化，又涉及多种多样的加工单位、工人和设备，导致生产过程中协作关系十分复杂，计划、组织、协调任务相当繁重，生产管理过程也比较复杂。

2. 按照企业生产的稳定性和复杂程度可以分为大量生产、成批生产和单件小批量生产

① 大量生产。大量生产的特点是生产的产品品种较少，但每个品种的产量都很大，生产过程稳定，不断重复。通常这类产品在一段时期内有着相对稳定的社会需求，如螺钉、轴承等标准零部件。美国福特汽车公司曾在长达 19 年的时间里始终坚持生产 T 型车一个车种，就是大量生产的典型例子。

② 成批生产。成批生产的产品对象具有通用性，生产具有重复性。它的特点是生产的产品品种较多，每种产品的产量并不大，每种产品并不能持续常年生产，生产上往往形成多种产品轮番进行的局面。

③ 单件小批量生产。单件小批量生产的产品往往是一次性专用品，一般不具有重复性。所生产的产品名目繁多，生产对象不断变化，生产也往往采用通用性较强的设备，例如，大型船舶制造厂、冶金设备制造厂等大型专用设备制造厂。

在当今世界上，单纯的大量生产和单纯的单件生产都比较少，一般都是成批生产。由于成批生产的范围很广，通常将它划分成“大批生产”、“中批生产”和“小批生产”三种。由于大批生产与大量生产的特点相近，所以，习惯上合称“大量大批生产”。同样，小批生产的特点与单件生产相近，习惯上合称“单件小批生产”。有的企业生产的产品品种繁多，批量大小的差别也很大，习惯上称之为“多品种中小批量生产”。因此，“大量大批生产”、“单件小批生产”和“多品种中小批量生产”的说法比较符合企业的实际情况。

对于服务性生产，也可以划分为与制造性生产类似的生产类型。医生看病，可以看做是单件小批生产，因为每个病人的病情不同，处置方法也不同；而学生体检，每个学生的体检内容都一致，可以看做是大量大批生产。中、小学教育，可以看做是大量大批生产，因为该教育阶段课程、课本、教学大纲等基本相同。大学本科生的教育可看做中批生产，因专业不同课程设置不同，但每个专业都有一定批量；硕士研究生只能是小批生产，而博士研究生则是单件生产。

我们沙盘模拟课程中所模拟的企业是一个典型的离散型制造企业，其“生产方式”

可以看做是成批生产，每种产品的产量并不很大；倘若把它当做是大批生产则可能造成品种单一，因而效益低下；若把它看做单件小批生产则可能体现不了规模经济，生产成本就会上升。

二、生产运作战略

生产运作战略是指在企业总体经营战略的框架下，决定如何通过生产运作活动来达到企业的整体经营目标。它根据对企业各种资源和内、外部环境的分析，对与运作管理以及运作系统有关的基本问题进行分析与判断，确定生产运作总的指导思想以及一系列决策原则。

生产运作活动为了达到企业的经营目的，必须将其拥有的资源合理地组织起来，并且保证有一个合理、高效的运作系统来进行一系列的变换过程，从而使得企业获得最大的投入产出比。为了达到这样的目标，企业首先需要考虑选择哪些产品、为了生产这样的产品需要如何组织资源、竞争重点应该放在何处等问题。要回答这些问题，则必须根据企业的整体经营目标、经营战略确定一个基本的指导思想或者指导性的原则。对于不同的企业总体战略，所需要的生产运作战略也是不同的。例如，某企业的总体经营战略是尽可能地扩大市场占有率，那么其生产运作战略应该就是构建一个高效、灵活的生成系统，从而最大限度地满足市场的各种需求。又如，企业的经营战略重心为收益率的提升，那么生产运作战略的指导思想可能应该是尽量增加生产收益，在进行产品选择决策时，应该注重选择高附加值产品。由此可见，生产运作战略的目的是使生产运作活动能够符合企业整体战略目标的需求，保证其目标的实现。

生产运作战略主要包括三方面内容：生产运作的总体战略；产品或服务的选择、设计与开发；生产运作系统的设计。

（1）生产运作的总体战略主要包括自制还是购买、预测驱动还是订单驱动方面的选择。自制还是购买是生产运作战略首先要决定的问题。如果决定制造某种产品或由本企业提供某种服务，则需要建造相应的设施，采购所需要的设备，配备相应的工人、技术人员和管理人员；如果决定购买，则不需要配备这些人员。自制或购买决策有不同的层次，如果在产品级决策，则影响到企业的性质：产品自制，需要建一个制造厂；产品外购，则需要设立一个经销公司。如果只在产品装配阶段自制，则只需要建造一个总装配厂，然后寻找零部件供应厂家。由于社会分工大大提高了效率，一般在作自制或购买决策时，不可能全部产品和零部件都选择自制的方式获得；企业需要集中优势资源从事自己擅长的业务，将不擅长的业务外包给其他企业，才能形成本企业的竞争优势。ERP沙盘模拟中的企业可以通过采购原材料、自主加工的方式提供产品，也可以通过采购其他企业产品的方式满足客户需求。

对于自制产品或部件如何组织生产，可以采取两种不同的方式：预测驱动与订单驱动。预测驱动生产是根据市场的需求预测来组织企业的生产活动，它是一种推进式的组织生产方式。由于受到市场、竞争、物料供应等因素的影响，需求预测往往不够准确，预测驱动生产必然导致成品库存，形成备货型生产。备货型生产的好处是可以做到“一手交钱，一手交货”，迅速满足客户需求，也容易实现均衡生产；当然该生产方式也容易导致生产的盲目性，造成库存积压，难以满足客户个性化需求。订单驱动式生产是以客户的订单为依据进行的生产活动；该生产方式是以客户的订单为依据组织生产的，可以满足客户的个性化需求，避免了生产的盲目性，但该生产方式订货提前期长，生产的组织也较为复杂。现实中预测驱动生产和订单驱动生产都是两个极端情况，企业的生产方式大多是两者的结合，ERP 沙盘模拟中的企业亦是如此。

（2）产品或服务的选择、开发与设计。企业进行生产运作，先要确定向市场提供的产品或服务。这就是产品或服务选择或决策问题。产品或服务确定之后，就要对产品或服务进行设计，确定其功能、型号、规格和结构；接着，要对如何制造产品或提供服务的工艺进行选择，对工艺过程进行设计。

无数事实表明，一个好的产品或服务可以使一个小企业发展成一个国际知名的大公司；相反，不合市场需要的产品或服务也可以使一个大企业亏损甚至倒闭。产品决策可能在工厂建成之前进行，也可能在工厂建成之后进行。要开办一个企业，首先要确定生产什么产品。在企业投产之后，也要根据市场需求的变化，确定开发什么样的新产品。企业生产什么样的产品由市场的需求、企业内部的生产能力、原材料或外部件的供应情况等综合确定。选择好产品后，接下来便进入了产品的研发、设计环节，企业需要组织人力、物力从事研发相关工作。

ERP 沙盘模拟中，企业也面临产品选择、开发与设计的问题。开始，企业只能生产单一的低端产品，其附加值较低。企业要想取得更大的利润，需要考虑新产品的开发与设计工作。

（3）生产运作系统的设计。生产运作系统的设计对生产运作系统的运行有先天性的影响，它是企业战略决策的一个重要内容，也是实施企业战略的重要步骤。生产运作系统的设计存在四方面的策略，即选址、设施布置、岗位设计、工作考核和报酬。鉴于该部分内容在 ERP 沙盘模拟中涉及较少，在此不再赘述。

三、生产管理

生产管理是在企业生产运作战略指导下的具体日常管理行为，也是制造型企业管理的重要内容之一，是企业把输入的各种资源（原材料、能源、资金、信息等）转化为产品或服务、实现增值的重要环节，其目的就是高效、低耗、灵活、准时地生产合格产品、提供满意服务。其中，高效指在时间上能够迅速满足客户的需求，在竞争激烈的今天，哪个企业的订货提前期短，哪个企业就可能争取更多的订单；低耗是指生产过程中消耗的人力、物力、资金少，从而降低产品的成本，提升其竞争力；灵活指能很快地适应市场的变化，生产不同的品种和开发新品种或提供不同的服务和开发新的服务；准时是指在用户需要的时间，按用户需要的数量，提供所需的产品和服务；而合格产品、满意服务则是指所提供的产品、服务的质量高。

随着经济的发展、生产规模的扩大、产品形式的日趋丰富、管理方式的日新月异，生产管理的内容也在不断变宽、变广。生产管理与其他管理的界线也日趋模糊，企业管理的各个方面相互渗透、相互影响。从管理职能角度来看，可以将生产管理的内容概括为计划、组织和控制三个方面：

计划方面解决生产什么、生产多少和何时出产的问题，包括预测对本企业产品和服务的需求，确定产品和服务的品种与产量，设置产品交货期和服务提供方式，编制生产运作计划，作好人员班次安排，统计生产进展情况等。在“以销定产”的今天，客户的需求品种与数量决定了企业的生产品种与数量，因此生产计划是企业根据市场情况综合确定的，这也体现了生产管理要以市场及经营决策为中心的意识与思想。

组织方面解决如何合理组织生产要素，使有限的资源得到充分而合理的利用的问题。生产要素包括劳动者（工人、技术人员、管理人员等）、劳动资料（设施、机器、装备、工具、能源）、劳动对象（原材料、毛坯、在制品、零部件和产品）和信息（技术资料、图纸、技术文件、市场信息、计划、统计资料、工作指令）等。劳动者、劳动资料、劳动对象和信息的不同组合与配置，构成了不同的组织生产的方式，或简称生产方式，例如福特生产方式、丰田生产方式。一种生产方式不是一种具体方法的运用，而是在一种基本思想指导下的一整套方法、规则构成的体系，它涉及企业的每个部门和每一项活动。

控制方面解决如何保证按计划完成任务的问题，主要包括接受订货控制、投料控制、生产进度控制、库存控制和成本控制等。对订货生产型企业，接受订货控制是很重要的：接不接，接什么，接多少，是一项重要决策，它决定了企业生产经营活动的效果。投料控制的目的是保证零件按期完工，产品按期装配和出产。库存控制包括对原材料库存、在制品库存和成品库存的控制，如何以最低的库存保证供应，是库存控制的主要目标。成本控制是企业关注的重点之一，同样的产品，哪个企业的成本更低，哪个企业就具备了竞争优势。

四、生产计划

生产计划是一种战术性计划，它以产品及其相关配件作为计划的对象。生产作业计划是生产计划的执行计划，是指挥企业内部生产活动的计划。对于大型加工装配式企业，生产作业计划一般分成厂级生产作业计划和车间级生产作业计划两级。厂级生产作业计划的对象为原材料、毛坯和零件，从产品结构的角度来看，也可称作零件级作业计划。车间级生产作业计划的计划对象为工序，故也可称为工序级生产作业计划。

在进行生产计划的安排时，需要考虑的主要指标有品种、产量、质量、产值和出产期。

① 品种——企业在计划期内出产的产品品名、型号、规格和种类数，它涉及“生产什么”的决策。确定品种指标是编制生产计划的首要问题，关系到企业的生存和发展。

② 产量——企业在计划期内出产的合格产品的数量，它涉及“生产多少”的决策，关系到企业能获得多少利润。产量可以台、件、个等表示；对于品种、规格很多的系列产品，也可用主要技术参数计量，如拖拉机用马力，电动机用千瓦等。

③ 质量——企业在计划期内产品质量应达到的水平，常采用统计指标来衡量，如优质品率、合格品率、废品率、返修率等。

④ 产值——用货币表示的产量指标，能综合反映企业生产经营活动成果，以便不

同行业比较。根据具体内容与作用不同，分为商品产值、总产值与净产值三种。

⑤ 出产期——为了保证按期交货确定的产品出产期限，正确地决定出产期很重要。出产期太紧，保证不了按期交货，会给用户带来损失，也给企业的信誉带来损失；出产期太松，不利于争取顾客，还会造成生产能力浪费。

五、生产能力

生产能力是指企业在一定时期（年、季、月）内，在先进合理的技术组织条件下所能生产一定种类产品的最大数量。对于流程型生产而言，生产能力是一个准确而清晰的概念（如某化工厂年产 20 万吨聚乙烯），由生产设备的能力和实际运行时间决定。对于加工装配型生产，生产能力则是一个模糊的概念。不同的产品组合，表现出的生产能力是不一样的。对于大量生产，品种单一，可用具体产品数表示生产能力；对于大批生产，品种数少，可用代表产品数表示生产能力；对于多品种、中小批量生产，则只能以假定产品的产量来表示生产能力。

企业的生产能力主要由企业固定资产的数量、固定资产的工作时间、固定资产的生产效率等因素决定。

① 固定资产的数量：通常是指企业机器设备的数量、生产面积等，它是企业根据固定资产记录材料或通过实地调查确定的。

② 固定资产工作时间：是指固定资产的有效工作时间，它与企业规定的工作班次、轮班制度、节假日、机器设备的维修情况等有着直接的关系。

③ 固定资产的生产效率：是指单位设备的生产定额或单位产品的台时定额，它与很多因素有关，例如，机器设备的先进程度、工人的熟练程度等。

生产能力是制订生产计划时重点考虑的因素，若企业生产能力远大于生产计划则造成开工不足，若生产能力小于生产计划则不能按时完成任务，理想状态下要保证二者相等，但这往往是做不到的，这时就需要调整产能或者生产计划。ERP 沙盘模拟过程中，同样涉及了生产能力与生产计划协调的问题，企业需要协调两者的关系，同时又要尽可能满足市场需求。

六、车间管理

车间管理是通过车间作业计划（Production Activity Control，PAC）来实现的，是企业生产计划的执行层，其管理目标是保证车间能够按时、按质、按量与低成本地完成加工制造任务。车间作业计划是在企业下达生产订单（即自制零部件或成品生产计划）之后，参照产品交货期的先后顺序和生产优先级不同以及车间的生产资源情况（如设备、人员、物料的可用性，加工能力的大小等），将零部件的生产计划以订单的形式下达给适当的车间。在车间内部，根据零部件的工序、工艺路线等信息制订车间生产的日计划，组织日常的生产。同时，生产过程中，实时地采集车间生产的进度、质量、出勤、机器设备状况等动态信息，发现问题并及时解决，尽量使车间的实际生产接近于计划。

车间接到生成订单后，要根据实际工艺路线文件、工作中心、库存情况及工作日历等信息明确以下问题：

① 加工工序。

② 生产所需的物料、能力、提前期和工具。

③ 发现并解决物料、能力、提前期和工具的短缺问题。

④ 生成车间（生产线）的生产任务单。执行生产任务单的工作包括下达加工单、领料单、派工单和生产调度等。其中，加工单是面向物料的加工说明文件，它用来说明物料的加工工序、工作中心、工作进度及使用工装设备等。领料单是车间（生产线）执行加工任务所需要到仓储部门领取各种材料的凭证。派工单是面向车间（生产线）的加工说明文件，包括某时段（如周、月）工作中心的加工任务与各任务优先级别[①]。

为了使企业实际生产与计划相符，必须对 PAC 进行经常性地监视、控制和调整。其中，投入产出控制是反映计划执行情况的一种较为常用的方法，该方法可以计算出某一时段内各工作中心的计划投入工时、计划产出工时等信息，而实际投入工时和产出工时由车间按实际情况进行统计。通过比较计划与实际投入（产出）情况，可以显示各加工单位所达到的负荷，显示出工作中心的实际拖欠及排队情况等。因此，控制投入产出量可以控制车间物流的排队时间，避免物料积压、排队时间过长。如果预计将要出现物料短缺或拖期现象，则应采取措施，如通过加班、转包或分解生产订单来改变各单位的能力及负荷。如果仍不能解决问题，则应给出反馈信息，并修改生产计划。

第三节　企业财务管理

一、财务管理概述

在市场经济环境下，企业生产的产品或提供的服务是价值与使用价值的统一体。企业在生产过程中，耗费一定的生产资料，其价值转移到所生产的产品或服务中，在此过程中也创造了新的价值；而后，企业通过出售产品或提供服务，使转移的价值和创造的新价值得以实现。所以，在企业的经营过程中，一方面表现为实物商品或服务的流动，另一方面表现为资金的流动。企业的生产活动是周而复始的，因此与之伴生的资金流动也是不断循环的。

资金流动是企业生产经营过程的价值体现，它以价值形式综合反映了企业的生产经营状况。企业的资金运动是企业生产经营活动的一个独立活动，具有自己的规律，这就是企业的财务活动。企业资金流动和财务活动离不开大量的人与人之间的经济利益关系，这就是企业的财务关系。财务管理是企业组织财务活动和处理财务关系的一项综合性的管理工作，其根本目的是帮助企业以尽可能少的资本耗费获取尽可能多的

① 注意：不同类型、行业、规模的企业，生产执行过程中所使用的单据会有所不同。

利润，实现股东财富最大化。为使企业可以在激烈的竞争环境中得以生存、发展，企业应灵活地根据自身的特点、资本市场的理财环境、投资对象的风险状况等科学决策，提高股东的资本价值并谋取最大的资本收益。

财务管理目标是在特定的理财环境中，通过组织财务活动，处理财务关系所要达到的目的，它是评价企业财务活动是否有效的基本标准，是企业财务管理工作的行为导向。企业财务目标具有体制性特征，整个社会经济体制、经济模式和企业所采用的组织制度在很大程度上决定企业财务目标的取向，而不同的财务目标会产生不同的财务管理运行机制。因此，科学地设置财务目标，对优化企业理财行为、实现企业财务管理的良性循环有着重要的意义。根据现代企业财务管理理论和实践的发展，企业财务目标有以下几种具有代表性的模式：

1. 利润最大化

利润额是企业在一定期间全部收入和全部费用的差额，是按照收入与费用配比原则加以计算的。利润代表了企业新创造的财富，是投资者获得红利的来源，也是企业补充资本、扩大经营规模的源泉；利润的高低在一定程度上反映了企业经济效益的高低和对社会贡献的大小。因此，以利润最大化作为财务管理目标有一定的合理性。企业追求利润最大化，就必须合理配置经济资源，严格经济核算，加强经营管理，改进生产技术，提高劳动生产率，降低产品成本，提高经济效益。但是，由于利润指标自身的局限性，以利润最大化作为财务管理目标存在以下缺点：

① 利润最大化没有考虑利润取得的时间，即没有考虑资金的时间价值。例如，某企业在 2000 年获利 100 万元和 2010 年获利 100 万元对其影响是不同的，因为 100 万元在两个不同的时间点上的价值量是有差额的。

② 利润最大化中的利润额是一个绝对数，没有考虑所获利润和投入资本额之间的关系。例如，同样获利 100 万元，一个企业投入资本 100 万元，另一个投入 1 000 万元，很明显，两个企业的经营效益是不同的。若利润不与投入资本金额联系起来，就不能合理地说明企业经济效益水平的高低，也不便于在不同时期、不同企业之间进行比较。

③ 没有考虑获取利润所承担风险的大小。例如，同样投入 1 000 万元资本并获利 100 万元的两个企业，一个企业的获利全部为现金，则不存在发生坏账的风险；而另一个全部是账龄较长的应收账款，则可能发生坏账损失。在两个企业获利相同的情况下，承担的风险是不相同的。一般而言，报酬越高，风险越大，追求利润最大化，往往会增加企业经营风险。

以利润最大化作为企业目标，往往会使企业财务决策带有短视行为的倾向，即片面追求企业眼前利润的最大化，而忽视企业的长远发展。因此，利润最大化存在一定的片面性。

2. 资本利润率最大化或每股盈余最大化

资本利润率是税后净利润与权益资本的比率，每股盈余是税后净利润与普通股股本数的比值。这两个指标把企业实现的利润同投入的资本或股本数进行对比，能够说明企业的盈利率，可用于对不同资本规模企业的横向比较，或同一企业不同期间的纵向比较，以便揭示盈利水平存在的差异。但这两个指标也存在以下两个缺陷：

① 资本利润率和每股盈余仍没有考虑风险因素。

② 资本利润率最大化和每股盈余最大化没有考虑资金的时间价值，也不能避免企业的短视行为，可能会导致与企业的战略目标相背离。

3. 企业价值最大化或股东财富最大化

企业价值就是企业的市场价值，是企业所能创造的预计未来现金流量的现值，反映了企业潜在或预期获利能力和成长能力。通俗地说，企业价值是指企业本身值多少钱，虽然企业不是一般意义上的商品，但也可以被买卖。收购或转让企业时必然对其进行市场评价，通过市场评价所确定的企业收购价格就是企业价值。在股份有限公司中，企业价值可以用股票市场价值总额来代表。显然，当公司股票市场价格最高时，该公司企业价值最大。对于股东来说，其财富由他所拥有的股票数量和股票市场价格来决定，当股票价格达到最高时，股东财富也达到最大，这样企业价值最大与股东财富最大是一致的。由于股票价格的变动决定了企业价值或股东财富的多少，所以在正常的市场环境中，对上市企业来说，可以用每股市值最大化作为其财务管理目标。

企业价值最大化或股东财富最大化考虑了取得报酬的时间因素，并利用资金时间价值原理进行了科学的计量。同时由于考虑了风险与报酬之间的联系，能有效地克服财务管理人员不顾风险大小，片面追求利润的错误倾向。当企业把追求财富最大化作为自己的目标时，有利于整个社会财富的增长。

如前所述，企业财务活动是一项集成了多项管理活动的综合性管理工作，其内容包括筹资活动、投资活动、资金营运、财务预算等。下面简要介绍与 ERP 沙盘模拟课程相关的主要财务管理活动。

二、企业筹资活动

任何企业，为了保证生产的正常运行和扩大再生产的需要，都必须拥有一定数量的资金，所以筹资是企业资金运动的起点。所谓筹资是指企业为了满足投资和用资的需要，筹措和集中所需资金的过程。企业所需资金可以通过多种渠道、采用多种方式筹集。当然，不同来源的资金，其可供使用时间的长短、附加条款的限制和资金成本的高低可能各不相同。这就要求企业在筹资时不仅需要从数量上满足生产经营的需要，而且要考虑到各种筹资方案和最佳资本结构，努力提高自有资本收益率，降低筹资成本和财务风险，实现财务管理的整体目标。

企业要想从合适的渠道，以合理的费用，筹集到适量的资金，需要认清可以筹集的资金种类及其特点。企业所筹集资金可按照不同的标准进行分类，常用分类如下：

（1）按照筹集资金的来源渠道不同，可将企业筹集的资金分成权益资金和负债资金。权益资金是指企业通过向投资者吸收直接投资、发行股票、企业内部留存收益等方式取得的自有资金，企业吸收的自有资金一般不用还本，财务风险小，但付出的资金成本相对较高。

负债资金是指企业通过向银行借款、发行债券、应付款项等方式取得债务资金，企业的负债资金到期需要支付本金和利息，一般承担较大的风险，但相对于权益资金而言，付出的资金成本相对较低。

在 ERP 沙盘模拟过程中，各个企业初始的权益性资金是确定的，经营过程中无法进行权益性筹资（除非企业股东决定再次注资）。因此，企业所能筹集的资金主要为负债资金。

（2）按照所筹集资金的使用期限长短，可将企业筹集的资金分为短期资金和长期资金。短期资金是指使用期限在一年以内或超过一年的一个营业周期以内的资金。短期资金主要投资于现金、存货等，一般在短期内可以收回。短期资金通常采用短期银行借款、商业信用、应收账款转让等方式来筹集。

长期资金指使用期限在一年以上或超过一年的一个营业周期以上的资金。长期资金主要投资于新产品的研发、生产规模的扩大、厂房和机器设备的更新等，一般需要几年或更长的时间才能收回投资。长期资金通常采用长期银行借款、吸收直接投资、发放股票和利用留存收益等方式筹集。

在筹资过程中，企业应做好资金需求量的预测与资金使用的规划，从而保证所筹集的资金既能满足生产经营的需要，又不会产生太多的闲置（过多闲置的资金会增加企业财务费用，同时增加了资金的持有成本）。同时，企业还要通过对筹资渠道、筹资方式或工具的选择，做到适度负债经营，合理确定筹资结构，以降低筹资的成本和风险，实现预期经营目标。企业负债经营（即所谓的“借鸡下蛋”）是现代企业经营的重要策略。当然，负债经营需要满足两个基本条件：一是投资收益率应高于资本成本率；二是负债的金额应该与企业资本结构和偿债能力相匹配。

ERP 沙盘模拟过程中，企业筹资的主要渠道为向商业银行（以盈利为目的的，从事信贷资金投放的金融机构）借款。企业可以根据自身的需要，在商业银行信贷规章制度和国家相关法律、法规约束下申请、借入长期贷款和短期贷款。

三、企业投资活动

企业筹集资金的目的是为了把资金用于经营活动，以谋求最大的盈利，即通过投资活动获得收益。所谓投资是指企业将筹集的资金投入使用的过程。从财务角度来看，投资就是企业为获取收益而向一定对象投放资金的行为。根据不同的标准，企业的投资行为可以分成不同种类：

（1）根据投资的方向不同，可以分为对内投资和对外投资。企业筹集来的资金，若投入生产经营性资产中，便会形成企业的对内投资（即项目投资），如购置设备、兴建厂房、购进原材料、支付工资等。

企业若把资金投放于购买金融性资产或以货币资金、实物资产、无形资产向其他企业注入资金，便形成对外投资，如购买其他企业的股票和债券、政府公债、投资基金或与其他企业联营等。

（2）根据投资的领域不同，可以分为生产性投资和非生产性投资。生产性投资是指将资金投入生产、建设等物质生产领域中，并能够形成生产能力或可以产出生产资料的投资，包括固定资产投资、无形资产投资、流动资金投资等。非生产性投资是指资金注入非物质生产领域中，不能形成生产力，但能形成社会服务和消费能力，满足人民物质文化需要的一种投资。

企业筹集的资金应当尽快用于生产经营，以便尽早实现预期效益。当然，任何投资决策都会带来一定的风险。因此，在投资时必须认真分析影响投资决策的各种因素，认真做好可行性研究工作。对于新增的投资项目，一方面要考虑项目建成后给企业带来的投资报酬，另一方面也要考虑投资项目给企业带来的风险，以便在风险与报酬之间进行均衡，不断提高企业价值，实现企业财务管理的整体目标。

在 ERP 沙盘模拟过程中，企业筹集的资金主要用于企业内部生产经营投资，包括购置厂房、机器设备、购买原材料、开拓市场、研发新产品、支付工资等，不涉及对外投资的环节。

四、资金营运活动

在企业的日常生产经营过程中，会发生一系列资金的流入、流出行为。首先，企业要采购材料或商品，还要支付工资和其他营业费用，以便从事生产和销售活动。其次，当企业把所经营的产品或商品售出后，便可取得收入，收回资金。此外，如果企业现有资金不能满足企业经营的需要，还要采取短期借款、赊购等方式筹集所需要的资金。为满足企业日常经营活动的需要而垫支的资金，称为营运资金。因此，企业日常经营而引起的财务活动，也称为资金营运活动。

营运资金周转速度，与生产经营周期具有一致性。在一定时期内资金周转越快，相同数量的资金就越能够生产出更多的产品，取得更多的收入，获得更多的报酬。因此，加速资金周转，可以提高资产利用率，降低产品成本，节约费用开支，减少资金占用，提高资产盈利率，为提高自有资本收益率奠定坚实的基础。为满足企业日常生产、经营的需要，企业需要确定营运资金的持有政策、合理的营运资金融资政策以及合理的营运资金管理策略。企业资金营运活动主要包括现金的管理、应收账款的管理和存货的管理等内容。

1. 现金的管理

现金是指在生产过程中暂时停留在货币形态的资金，包括库存现金、银行存款、银行本票和银行汇票等。

企业在其经营过程中需要支付一定的费用，如员工工资、原材料费用等。此外，由于市场行情瞬息万变以及一些不可预知因素的存在，企业需要拥有一定数量的现金来应对这些突发情况。但企业的现金并不是越多越好，企业持有现金是需要成本的。企业现金成本包括：

① 企业保留一定现金余额会产生一定的管理费用并丧失在投资时的收益。

② 企业用现金购买有价证券以及转让有价证券换取现金时付出的交易费用，即现金同有价证券之间相互转换的成本。

③ 现金持有量不足而又无法及时通过有价证券变现加以补充而给企业造成的损失，包括直接损失和间接损失。

由此可见，企业持有的现金不能太多，也不能太少。现金管理的过程就是在现金的流动性与收益性之间进行权衡的过程，其目的是在保证企业正常经营活动对现金的需求的同时，降低闲置的现金数量，提高资金收益率。现金管理主要内容包括现金持有量的确定、现金回收管理、现金支出管理等。

2. 应收账款的管理

应收账款是指企业由于销售产品、商品、提供劳务等原因，应向购货客户或接受劳务的客户收取的款项和代垫的运杂费。

形成应收账款的直接原因是赊销，虽然大多数公司希望现销而不愿赊销，但是面对竞争，为了稳定自己的销售渠道、扩大商品销路、开拓并占领市场，降低商品的仓储费用、管理费用，企业往往不得不面向客户采用信用政策，提供信用业务。公司采用赊销，虽能给公司带来以上好处，但也要付出一定代价，给公司带来风险。例如，客户拖欠货款，应收账款收回难度越来越大，甚至收不回，最终形成坏账、呆账。所以，应收账款管理是一个企业管理的重中之重。

企业要管好应收账款，需要做好以下几点：

① 制定科学合理的应收账款信用政策，通过调查客户的品德、能力、资本、担保等，综合确定客户的信用程度，事前预防坏账的发生。

② 加强应收账款的日常管理工作，做好应收账款的账龄分析，对客户提供的每一笔赊销业务，都要检查是否超过该客户的信用期限与额度，做好事中控制。

③ 加强应收账款的事后管理，制定合理的应收账款催收程序。

五、成本控制

对于生产型企业而言，控制好成本是其取得竞争优势的重要手段之一。成本控制就是对企业生产经营过程中所发生的各种耗费进行控制，即运用一定的方法将生产过程中构成产品成本的一切耗费限定在预先确定的计划范围内，然后分析实际成本和标准成本之间的差距，找出问题，采取一定的措施以降低成本。

要想有效控制成本，必须明确成本的构成，这样才能有的放矢。生产型企业的基本生产经营活动是生产与销售企业产品。因此，在整个生产与销售过程中所有支出的总和就构成了企业的成本，一般由产品成本和经营成本两大部分构成。

1. 产品成本

产品成本是指构成产品的费用，包括直接成本和间接成本。直接成本包括直接材料费和直接人工费，其中直接材料费包括原材料、辅助材料、备品配件、外购半成品、燃料、动力、包装物及其他直接材料等；直接人工费包括企业直接从事产品生产人员的工资、奖金、津贴和补助等。间接成本是指产品的制造费用，即按一定标准分配计入产品成本的费用，如企业的各生产单位、车间为组织和管理生产而发生的各项费用，包括管理人员工资、职工福利费、房屋和机器设备折旧费、修理费、水电费、办公费、差旅费及其他费用。

2. 经营成本

经营成本是指企业行政管理部门为组织和管理生产、销售产品、提供劳务等所发生的各项费用。这类费用因与制造产品没有直接联系，因而不计入产品成本，也不构成产品成本项目。经营成本包括以下三项费用：

① 管理费用：指企业行政管理部门为管理和组织生产经营活动发生的各项费用，如业务招待费和坏账损失等。

② 财务费用：指企业为筹集资金而发生的各项费用，如利息净支出、汇兑净损失、调剂外汇手续费和金融机构手续费等。

③ 销售费用：指企业在销售产品、自制半成品和提供劳务等过程中发生的各项费用（含设置销售机构开支），如运输费、装卸费、包装费、销售部门人员的工资、职工福利费、差旅费、办公费、折旧费、修理费及其他费用等。

成本控制的各种方法中，使用最为广泛和有效的方法是标准成本控制法。所谓标准成本是指运用技术测定等方法制定的，根据产品的耗费标准和耗费的标准价格预先计算的产品成本。标准成本控制法以标准成本为基础，把实际发生的成本与标准成本相对比，揭示成本差异形成的原因与责任，采取应对措施，从而实现对成本的有效控制。标准成本控制法的主要内容包括标准成本的制定、成本差异的计算和分析、成本差异的账务处理。其中标准成本的制定是采用标准成本控制法的前提和关键，据此可以达到成本事前控制的目的。成本差异的计算和分析是标准成本控制法的重点，借此可以促成成本控制目标的实现，并据以进行经济业绩考评。

六、财务预算

财务预算是一系列专门反映企业未来一定时期内预计财务状况和经营成果，以及现金收支等价值指标的各种预算的总称，具体包括现金预算、预计利润表、预计资产负债表和预计现金流量表等内容。

财务预算是财务管理中的重要内容之一，对企业的经营管理有着重要的意义，表现在以下三个方面：

1. 财务预算可以提升企业决策水平

财务预算是把未来经费管理纳入当前视线下的一种管理方法，是企业完成任务的重要保障。财务预算管理是对企业经费使用的一种客观战略管理，可防止企业在生产投资等领域的短视行为。

2. 财务预算有助于资源的合理分配，提升企业沟通与协调能力

企业的资源是有限的，而企业的各个部门往往会根据本部门的需要提出一定的资源要求，如何合理分配有限的资源是企业管理中的重要问题。通过财务预算，可以将有限的资源优先分配给获利能力较高的部门、项目或产品，从而得到更大的产出。此外，财务预算的编制也是企业各个部门参与的公共活动，在此过程中各部门可加强横向与纵向的沟通，提升管理人员的合作意识。

3. 财务预算有助于企业运营控制及绩效评估

财务预算可以视为一种控制标准。若将实际经营成果与期初预算相比较，可以让管理人员找出差距，分析原因，改善经营。此外，通过财务预算可以帮助企业建立相应的绩效评估机制，开展绩效评估工作。

在实际企业经营过程中，需要开展多个内容的财务预算工作，其中最为常见的是现金预算（现金预算也是 ERP 沙盘模拟课程的重要内容）。现金是企业的血液，企业

不一定会因亏损而倒闭，但会由于现金断流而死亡。现金预算亦称现金收支预算，它是以日常业务预算和特种决策预算为基础所编制的反映现金收支情况的预算。如图2-3所示，企业的现金流入主要来源于产品的销售以及从资本市场筹集的资金，而企业的现金支出项目却很多。财务管理的功能不是简单的事后监督，更多的是事前、事中控制功能。然而，很多企业在经营过程中，没有做好现金预算工作，导致现金断流，企业最终走向破产。

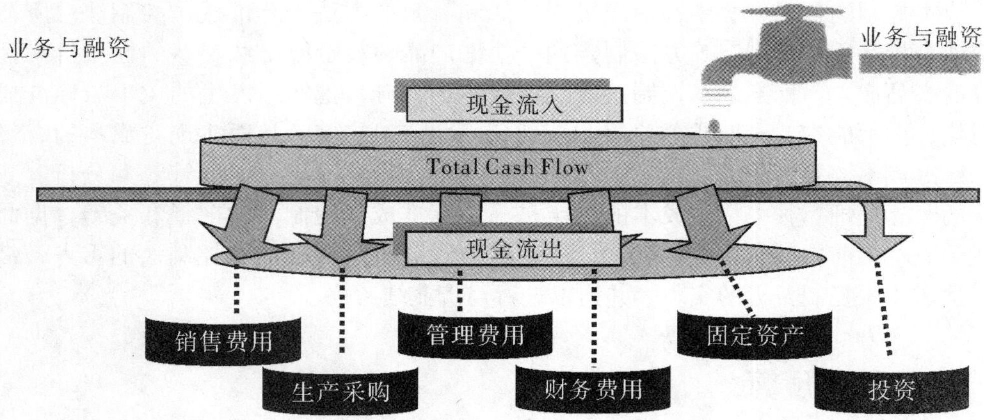

图2-3　企业现金的流入与流出

现金是企业所有资产中变现能力最强的资产，企业持有现金是为了满足交易性需要，现金流是企业生存发展的基本条件。在大多数行业，尤其是资金密集型行业，产品开发周期一般比较长，开发需投入的资金数额巨大，拥有良好的现金流对企业尤其重要。现金预算着眼于整个资金的运用，企业对预算期内的现金流入与流出及余额所作的详细预测，可以用来指导公司筹资策略制定，合理安排公司的财务结构，通过对现金持有量的安排，既可以使企业保持较高的盈利水平，又可以使企业保持一定的流动性。

此外，现金流量也是评价企业信誉、企业发展潜力和企业价值评估的重要指标。目前很多企业存在着现金管理薄弱、现金流动性不足等弊病，企业设定的目标多是资产总额和营业额，很少有人关注现金流量问题。加强现金管理，尤其是加强现金流量预算管理越来越重要。

七、资本收益分配活动

企业在经营过程中会产生利润，对外投资也会给企业带来利润，这表现为企业有了资产的增值或企业的负债减少。企业获得的利润要按规定的程序进行分配，首先要依法纳税；其次要用来弥补亏损，提取公积金、公益金；最后要向投资者分配利润，这种因利润分配而产生的资金收支便属于由利润分配引起的财务活动。

企业进行生产经营活动，必然要发生一定的生产消耗。企业财务管理必须努力发掘企业潜力，促使企业合理使用人力、物力和财力，以尽可能少的耗费取得尽可能多的经营成果，增加企业盈利，提高企业价值。利润分配关系着国家、企业、投资者、债权人和员工的经济利益，企业要制定科学的利润分配政策，合理分配所实现的利润。在利润分配时一定要从全局出发，正确处理各方面的利益关系，既要有利于投资者获得当前的投资报酬，又要有利于企业的自我积累，增强外部筹资能力，促进企业的可持续发展。

ERP 沙盘模拟对企业的资金收益分配也有着明确的要求，企业需要按照相关规定向国家缴纳所得税、弥补亏损、提取公积金等。

第四节　企业采购管理与库存控制

采购是一种常见的经济行为，无论何种组织、团体，甚至家庭和个人，都不可能达到真正的“自给自足”，必须要通过采购活动获取自己不具备生产条件而不能生产，或者虽然可以生产，但生产成本很高的各种产品或者服务。随着社会分工和经济的发展，采购已经成为组织和个人生存和发展的必要条件之一。

对于企业来说，采购同样关乎生存与发展。采购是企业使用外部资源的主要途径之一，是企业与其他企业发生联系的桥梁和纽带。同时，采购也是联系企业内部各部门的主要活动之一。在现代企业管理中，采购管理已经变得越来越重要。一般情况下，企业产品成本中，外购部分占较大的比例，为 60% ~70%。因此，采购成功与否，在一定程度上影响着企业的竞争力。

库存是现代企业一个甩不掉的烦恼。在现代市场环境中，消费者需求变化越来越快，个性化和多样化需求趋势越来越明显，产品的生命周期越来越短，再加上企业之间的竞争全球化，在错综复杂的政治、经济环境下，企业面临的不确定性越来越高，这些都要求企业持有一定的库存，来对冲这种高不确定性带来的高风险。但是，从另一面来说，高库存也必然导致企业有限的流动资金较多地积压固化下来，降低资金周转速度，带来一系列管理上的问题。因此，企业对库存是又爱又恨，库存已经成为困扰企业的一大烦恼。

一、企业采购与库存概述

1. 企业采购

采购是从目标市场获取所需要的资源的过程。采购有狭义和广义之分。狭义的采购是指以购买的方式，由买方支付对等的代价，向卖方换取物品的行为过程，即所谓的“一手交钱，一手交货”或“银货两讫”。在此概念中，货币成为交易的中介，买方若没有货币则采购行为将难以实现，这种以货币换取商品的方式是最普遍的采购途径。广义的采购是指除了以购买的方式获取商品以外，还可以通过下列途径取得商品的使用权，以达到满足需求的目的。

① 租赁，即一方以支付租金的方式取得他人物品的使用权。

② 借贷，即一方以无须支付任何代价的方式取得他人物品的使用权，使用完毕后返还原物品。

③ 交换，即以物易物的方式取得物品的所有权及使用权，无须支付货款。

企业采购是指企业根据生产经营活动的需要，通过信息搜集、整理和评价，寻找、筛选合适的供应商，并就价格、服务、质量等买方和供应商双方共同关心的问题进行谈判，达成一致，确保需求得到满足的活动过程。所谓采购管理，就是指为保障企业物资供应而对企业采购进货进行的管理活动。

在“纵向一体化”背景下，企业中的采购活动是作为一种控制资源（获取资源的所有权）的手段而存在的。企业为了达到使用资源的目的，往往通过兼并或者与供应商讨价还价的方式建立起采购与供应关系，同时采用多源供应的方式分散采购与供应风险。这种情况下建立的企业间的关系，往往是一种竞争多于合作的关系，是一种零和博弈的过程。企业间缺乏信任和沟通，无法建立持久稳定的供需关系。因此，在传统企业的眼中，控制资源是目的，而采购正是达到这一目的的主要手段。这种情况下建立的企业，“大而全，小而全”，麻雀虽小，五脏俱全，但是，同时也分散了企业有限的资源，使企业在多个行业、多个领域直面众多的竞争对手，加剧了企业间的竞争。

在“横向一体化”和供应链管理环境下，现代企业中的采购活动是作为利用外部资源（获取资源的使用权）的手段而存在的。与传统企业的采购观不同，企业认为很多情况下占有资源并不是最终目的，只要能够获得资源的使用权即可，这样既可以降低获得资源的代价，又可以发挥每个企业的比较优势，各取所需，各扬所长，通过企业之间建立长期的合作关系，可以稳定供需关系，降低企业之间的交易成本，达到双赢甚至多赢，从而提升企业的核心竞争力。

表 2-1 对传统采购与现代采购管理思想进行了简单的比较。

表 2-1　传统采购与现代采购管理思想的比较

	传统采购管理	现代采购管理
供应商/买方关系	竞争关系、互不信任	长期的战略合作伙伴，互相信任
合同期限	短期合同	长期合同
采购批量	大批量采购	小批量、多频次采购
信息沟通	沟通少，信息不对称	信息共享，频繁沟通，信息趋于对称
关注点	价格	价格、质量、提前期等
质量问题	来货必检验	逐步减少检验环节，直至取消检验环节
供应商数量	多源供应	少而精，甚至单源供应
采购驱动	填充库存	订单驱动
采购目的	控制资源	使用资源，提升核心竞争力
采购原则	价格最低	适时、适量、适质、适价、适地

2. 企业库存

库存是暂时闲置的用于将来某种目的的资源。这种资源可以存放在任何地方，可以是存放在仓库或者运输工具之中的资源，也可以是已探明储量但暂时不开采的地下自然资源。库存可以以任何形式存在，原材料、零部件、辅助材料、半成品或在制品、产成品等都可以成为库存。

按照库存在物流过程中的表现形式可以分为原材料库存、在制品库存、维修库存、产成品库存；按照客户对物品需求的重复程度分为单周期库存和多周期库存；按照需求的来源不同分为独立需求库存和相关需求库存；按照库存的作用分为周转库存、安全库存、在途库存、调节库存、投机性库存、促销性库存和沉淀库存。

企业持有一定量的库存可以使企业保证供应，保证生产、销售活动稳定持续进行，缓冲不确定性，提高客户服务水平，降低成本，调节供需差异，带来规模经济效益。但是面对现代市场复杂、动态和多变的环境，持有库存被认为是一种极大的浪费，有人说库存是“必要的魔鬼”、“离不开的魔鬼”，尤其是在实施零库存管理的企业中更是视库存为“洪水猛兽”、“万恶之源”，这是因为持有库存除了可以为企业带来好处之外，还有很多副作用，比如，占用大量资金，降低资金周转速度，增加了产品成本和管理成本，掩盖了企业管理中的各种问题，麻痹管理者的思想，使企业失去改善的动力。

3. 采购管理与库存控制的关系

若要了解采购与库存的关系，首先要先了解库存成本的构成。

企业库存总成本由购置成本、订货成本、库存持有成本、缺货成本四部分成本构成。

购置成本是指购入产品的直接成本，如果是外购物品，表现为单价和购买数量的乘积。若是自制，表现为物品的单位生产成本与生产数量的乘积。

订货成本是指向供应商发出订单发生的全部费用。包括搜寻供应商、订单处理、采购人员的差旅费、通信费用、招待费用、运输费用、装卸费用等。一般来说，订货成本与订货量没有直接关系，与订货次数成正相关关系。

库存持有成本是因保持库存而发生的成本，可以分为固定成本和变动成本。固定成本与库存数量无关，如仓库折旧、仓库人员工资等。变动成本与库存数量有直接关系，如保险费用、资金占用成本、破损和变质损失等。变动成本一般包括四部分：资金占用成本、存储空间成本、库存服务成本和库存风险成本。资金占用成本也称为利息成本或机会成本，是反映由于库存资金占用而丧失的盈利机会。这是库存持有成本的最主要组成部分。存储空间成本包括与产品运入、运出仓库有关的搬运成本及储存成本。库存服务成本主要指保险和税金。库存风险成本主要指由于企业无法控制的因素导致的库存贬值的损失。

缺货成本是指由于仓库供应中断导致的损失，包括原材料供应中断造成的停工损失、客户订不着货导致的订单流失等。一般缺货会导致下列三种损失：

延期交货：延期交货有两种形式，一种是缺货商品在下次订货时补上，另外一种是利用紧急订货来满足订单。如果用户允许前一种情况，企业没什么实际损失，但是，对企业的形象和信誉造成了不利的影响；如果客户只允许紧急订货交货，那么企业为了快速获得订单需求的产品，通常都要比平时订货付出更多的费用，而这部分费用就是延期交货带来的损失。

失销：尽管有些客户可能允许延迟交货，但是还是有一些客户由于某种原因不愿意等，从而向其他的供应商订货，那么，这时企业便失去了这个客户的订单，失去了这次销售机会，直接损失就是这次订单的金额，间接损失还包括当初为了获取这个订单而付出的时间、精力和资金。

失去客户：更为严重的情况是企业不仅失去了这次销售机会，而且永远地失去了该客户所有的订单，客户再也不向企业订货。这种情况的损失是很难估计的。丧失这个客户的结果可能只是企业失去了一个客户，也可能是一群客户。

以上就是库存成本的主要构成。了解库存成本的构成有利于了解应该从哪些方面进行库存成本控制。

采购管理最基本的职能是满足需求、保障供应。企业中的需求通常表现为两种形态：直接需求和间接需求。直接需求是需求点的需求，采购进来的物资不进仓库，直接送到需求点；间接需求是基于库存的需求，此时采购进来的物资经过仓库储存后，由仓库供应各个需求点需要的物资。无论采购管理用于满足哪种需求，都要进行库存控制。

在直接需求情况下，采购管理的任务是需要维持零库存，保证没有多余库存，这时采购管理是保证零库存的重要手段。通过与供应商建立起良好的合作关系，保证适时适量供应是采购管理的重点。在间接需求情况下，采购物资用于填充库存，库存水平过高，占用大量资金，库存风险高，库存水平过低，容易导致缺货。因此，采购管理这时的任务是使库存水平维持在合理的水平上，既能保证生产和销售需要，又不会使库存水平过高，造成库存积压。

通过上面库存成本的构成，我们可以看出，在一段时间内，企业物资需求量相对稳定的话，订货批量越大，这段时间内的订货次数就越少，订货成本也越低，但是库存持有成本会上升；反之，订货批量越小，订货次数就越多，订货成本也越高，库存持有成本却会降低。由此得知，采购管理与库存控制是密不可分的，两者相辅相成，是辩证统一的，不能完全割裂开而单独强调某一方面，应该采用系统的观点去处理二者之间的关系。

二、采购管理

采购管理的内容包括编制采购计划、供应商选择与评价、供应商关系管理、采购过程监控、货款支付与结算、采购评价、采购过程中的信息管理等。采购管理的基本目标是：

① 保障供应好，做到适时适量适质供应。

② 费用最省，降低总费用，库存最小化。

③ 供应链管理好，建立良好的沟通、协调、合作的供需关系，选择合适的合作伙伴。

④ 信息管理好，及时掌握资源市场信息，并反馈给决策层，为决策提供有力支持，与供应商之间建立良好的信息共享机制。

1．采购管理过程

为实现采购管理的目标，采购管理必须要有一系列业务活动和管理手段来保证采购顺利实施。

① 采购管理组织。采购管理组织是采购管理的最基本组成部分。采购管理中面临着错综复杂的关系、事务需要协调，需要作出各种决策，这就需要一个能够高效运作的采购组织进行计划、组织、协调和控制，要有精明强干的人员进行采购管理工作和执行工作。

② 需求分析。需求分析是制订采购计划的第一步，也是最重要的一环。需求分析就是要搞清楚企业的需求，决定企业要采购什么、采购多少、什么时间采购等基本的采购问题。

③ 资源市场分析。确定了需求之后，下一步就是要通过资源市场分析来掌握供应市场的产品品种、分布情况、供应商情况、质量、价格、运输条件及费用等。资源市场分析的重点是供应商分析和品种分析。这一步是选择良好供应商的重要的一步，初步确定供应商选择的范围。

④ 制订采购计划。制订采购计划是根据需求品种和供应商的具体情况，制订出切实可行的采购计划。包括选择供应商，确定供应品种、订货策略、运输策略以及采购进度计划等。在采购计划中，要解决什么时间订购、订什么、订多少、向谁订货、如何订、由谁负责运输、货款如何支付等计划问题。

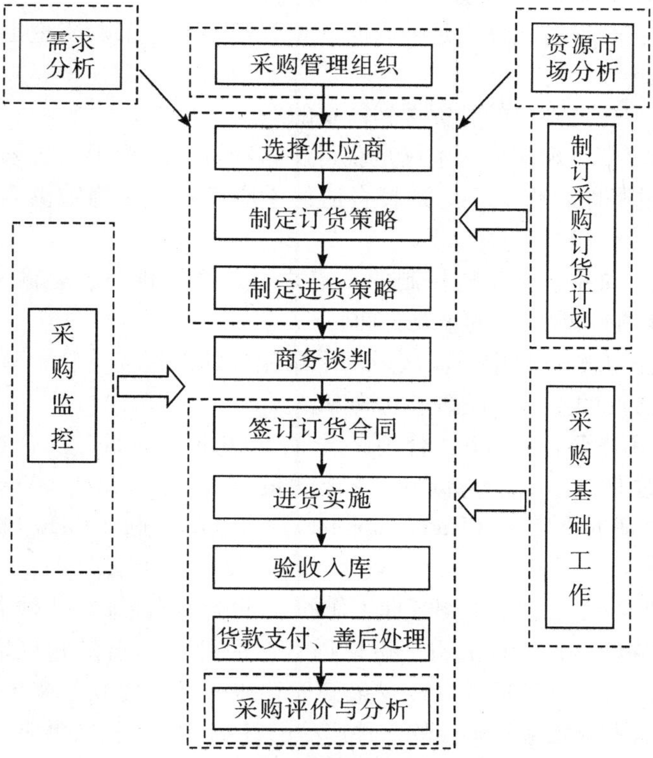

图 2－4　采购管理过程

⑤ 采购计划实施。采购计划实施是要把采购计划的各项工作落实到各部门和人，保证采购计划的顺利开展。具体包括联系供应商、合同谈判与签订、组织运输、到货检验、货款结算等工作。

⑥ 采购评价与分析。在一次采购结束之后，要对这次采购进行评估，在月末、季末、年末要对这段时间的采购工作进行总结和分析，找出采购成功的地方和需要改进的地方，总结经验教训，找出问题所在，提出改进措施。

⑦ 采购监控。在采购实施过程中，要对采购过程进行监控，保证采购目标的顺利达成。这一步是关系到采购成功与否的关键。具体包括对采购人员的监控、采购资金的管理、采购事务的监控等。

⑧ 采购基础工作。采购基础工作是保障采购活动顺利开展的必要准备工作。包括采购人员培训、采购制度制定、软件购置与系统建设、硬件添置等。

2. 采购控制

采购管理工作纷繁复杂，需要考虑很多的问题和协调多方面的关系，在采购过程中，企业的采购控制应该有所侧重。对于企业来说，企业采购控制的重点应该放在以下几个方面：

① 订货批量合适：一次订货的某种产品的数量称为订货批量。订货量大小会影响库存成本，有时，不同批量也会在供应商那里获得不同的优惠。

② 订货时间合适：订货时间应该适当，尤其在实施零库存管理的企业中显得尤为重要。物资早到会成为库存，晚到会影响正常生产和销售。

③ 质量合适：合适的质量也是采购应该重点控制的。采购质量也是衡量采购工作好坏的重要指标。

④ 地点合适：能把需要的物资送到需要的地点。

⑤ 合适的供应商：现代采购不仅是获得所需物资，还希望通过采购与其他企业建立良好的、长期的战略合作关系。选择合适的供应商有利于稳定供应源，改善采购管理工作。

⑥ 价格合适：价格也是采购控制的重点之一。物资价格、运输成本、装卸成本、包装成本等都是影响采购成本的重要方面。

⑦ 流程合理：采购过程中还应该强调采购流程的改进和优化，节约采购费用，减少采购过程中不必要的支出，提高采购效率。

总的说来，就是要做到7R：合适的产品（Right Product）、合适的时间（Right Time）、合适的数量（Right Quantity）、合适的质量（Right Quality）、合适的价格（Right Price）、合适的供应商（Right Supplier）、合适的地点（Right Place）。

3. 采购方法

确定合理的采购方法也是采购管理工作的一部分。下面介绍几种常用的采购方法：

（1）订货点采购。订货点采购是指根据各个品种的需求量和订货提前期的长短，确定每种产品的订货点、订货批量以及最高库存水平等，建立起来的一种库存检查机制，当产品库存水平降到事先确定的该种产品的订货点时，就向供应商订货。

所谓订货点，就是仓库必须发出订货信息的警戒点，否则就会造成缺货。因此，订货点也是订货的启动控制点，是仓库发出订货信息的时机。由此可以看出，订货点既是一种采购方法，也是一种库存控制的方法。因此，我们采用订货点方法安排采购时，同时也实现了库存控制。

订货点采购包括两大类采购方法，一类是定量订货采购法，另一类是定期订货采购法。

定量订货采购法是预先确定一个订货点和一个订货批量，然后随时检查库存，当库存降到订货点时，就发出订货信息，订货批量的大小每次都等于规定的订货批量的大小，这样程序化地启动订货，反复运行。定量订货采购法的关键是确定订购批量和订货点。订购批量一般采用经济订货批量（Economic Order Quantity，EOQ）。

定期订货采购法是预先确定一个订货周期和一个最高库存水平，然后以规定的订货周期为周期进行订货。订货批量的大小等于最高库存量与当时的实际库存量的差额，这也是程序化地启动订货，反复运行。定期订货采购法的关键是要确定订货周期和最高库存水平。订货周期的长短对订购批量和库存水平有决定性的影响。

订货点采购以需求分析和填充库存为目的，兼顾满足需求和库存成本控制，原理比较科学，操作比较简单。但是由于市场不确定性因素很多，订货点采购具有库存水平较高、市场响应慢的缺陷。

（2）物料需求计划（MRP）采购。MRP 采购就是利用 MRP 技术所进行的采购。生产企业根据主生产计划（MPS）和物料清单（BOM）以及库存信息逐步推导出生产主产品所需要的各种零部件、原材料等的生产计划和采购计划。运行 MRP 的结果，一方面生成生产加工计划，另一方面生成采购计划。MRP 采购，是以需求分析为依据，以满足库存为目的的。由于计划比较精细、严格，这种方法的市场响应性及库存水平要比订货点采购有所改进。

MRP 采购是针对相关需求物料的采购方法。主要运用于生产企业零部件、原材料的采购。通过运行 MRP 得到的采购计划，都是构成主生产计划中的最终项目的原材料和零部件的采购计划，对于这些物料的需求是受主生产计划的制约的。

有关 MRP 的原理参见物料需求计划相关章节和参考书。

（3）招标采购。招标采购是指通过招标的方式，邀请所有的或一定范围潜在的供应商参加投标，采购实体通过某种事先确定并公布的标准从所有投标中评选出中标供应商，并与之签订合同的一种采购方式。

按招标范围分公开招标采购、选择性招标采购和限制性招标采购。

① 公开招标采购：通过公开程序，邀请所有有兴趣的供应商参加投标。

② 选择性招标采购：要求供应商首先提供资格文件，通过资格审查的才能参加后续招标。

③ 限制性招标采购：不预先刊登公告程序，直接邀请一家或两家以上的供应商参加投标。

招标采购方式的优点：公开、公平；集中取得货源；供方开展竞争，提高采购质量、降低采购成本；了解供应来源。

招标采购方式的缺点：采购费用比较高；可能造成围标；可能造成抢标；手续烦琐；规格不一；衍生其他问题。

围标：凡金额较大的案件，供应厂商可能串通围标，做不实的报价或串通提高报价。

抢标：供应商因种种原因，做低于合理价格的报价，造成抢标，这样会带来偷工减料、交货延误等风险。

防止围标和抢标：提前制定底价，并确定合理标；招标厂商名单保密，事先不公布参加招标的厂商名单；鼓励更多的，包括国外的厂商参与报价；建立检举监督惩罚机制；评标的方法宜灵活，要考虑报价以外的因素。

招标作业的四个阶段：招标（Invitation）、开标（Opening of Bids）、决标（Award）、签约（Contracting）。

公开招标适用的条件：

① 供应来源不明或散布甚广，必须以公开的方式进行；

② 不必重视各厂商过去的表现；

③ 公开招标以标准化的产品或劳务为宜；

④ 在自由竞争情况下，获得较低的价格。

(4) 电子采购（电子商务采购、网上采购）。电子采购是指在网络平台基础上直接进行的采购，利用数字化技术将企业、海关、运输、金融、商检和税务等有关部门有机连接起来，实现从浏览、洽谈、签约、交货到付款等全部或部分业务自动化处理。

电子采购的模式：

① 网上直接采购（直接与供货商联系）；

② 网上通过第三方采购（专业采购公司）；

③ 网上招标采购。

电子采购所带来的好处：降低采购成本；缩短采购周期；提高采购质量；透明采购流程。

电子采购对供应商的好处：公平竞争排除了原有的一些供应商享有的一些优势，所有的供应商都有同等的机会；扩大的市场偏向有竞争能力的供应商；参加网络采购的供应商能看到市场验证自己的竞争能力。

位于美国波士顿著名的Mercer管理顾问咨询公司，分别就施乐、通用汽车、万事达信用卡三个极具行业代表性的企业，作了详尽的电子化采购调查，比较了其运用互联网的效益。调查显示，施乐采购成本下降83%，通用汽车采购成本下降90%，万事达信用卡采购成本下降68%。

(5) JIT采购。JIT采购也叫准时化采购，是由著名的准时化生产的管理思想演变而来。准时化生产（Just in Time，简称JIT），是起源于日本丰田汽车公司的一种生产管理思想和方法。基本思想是“彻底杜绝浪费”、“只在需要的时候，按需要的数量，生产所需要的产品”。这种生产方式的核心是追求一种无库存生产。丰田汽车为了实施准时化生产开发了一系列具体方法，其中看板管理是实施JIT的核心生产管理技术。通过看板，使生产系统能按需生产。

JIT采购是一种完全以满足需求为依据的采购方法。它要求供应商恰好在用户需要的时候，将合适的品种、合适数量的零部件和原材料运送到用户指定的需求地点。

JIT采购具有以下特点：采用较少的供应商，甚至单源供应；采用小批量、多频次的采购策略；选择合适的供应商是关键。

JIT 采购既能灵敏地响应市场需求，又能使库存水平趋于零库存，是一种比较科学和理想的采购模式。

（6）供应链采购（VMI 采购）。供应链采购是一种在供应链环境下实施的采购模式。与其他采购方式不同，这种采购方法要求供应链下游的企业放弃库存控制权，把库存补充和决策的权力交给自己的上游供应商。因此，在供应链机制下的采购不再由企业自行操作，而是由供应商代为操作。采购的企业只要把自己的库存信息和需求信息连续及时地传递给供应商，供应商就可以据此安排补货计划，同时及时调整自己的生产和采购。这样，采购企业自己实现了零库存，同时，上游供应商也可以通过共享下游需求信息降低库存水平。因此，供应链采购可以降低供应链整体库存水平，降低库存总成本。

供应链采购对信息系统、供应商管理能力和实力要求都很高。这是一种在供应链环境下的科学、理想的采购模式。

三、库存控制

企业持有库存具有二重性，持有一定的库存，可以在一定程度上提高企业客户服务水平，提高客户满意度，但也会增加企业库存和管理成本，这就是管理中常见的"两难"问题。面对这样的困境，企业只能通过确定合理的库存水平，既在一定程度上满足客户需求（很难达到100%满足），又能使库存成本维持在一个合理的范围内。这就需要进行库存控制。库存控制，就是要通过合适的方法和策略控制库存量和库存成本。一般来说，库存控制主要反映在周转库存控制上。

因此，库存控制的基本目标就是在满足客户服务水平的条件下，确定合理的库存水平和企业可接受的库存成本。换句话说，库存控制既要防止库存过高，又要防止缺货。库存过高，库存成本高，企业管理水平低下；库存过低，客户订不着货，生产中断风险加大。因此，要在客户服务水平和库存成本之间进行权衡，找到一个平衡点，确定一个合理的库存量，这就是库存控制的基本目标。

要达到这个基本目标，需要回答下面三个基本问题：

① 什么时候订货？即订货时机问题；

② 订多少？即订货批量问题；

③ 如何实施？即订货操作方法问题。

下面要介绍的库存控制方法都是通过回答以上三个基本问题来解决库存控制问题的。

按照需求的性质可以把库存控制问题分成确定性库存控制和随机性库存控制。确定性库存控制是指单位时间内的需求量均匀稳定，而且需求量已知的库存控制问题。随机性库存控制是指单位时间内的需求量随机变化的库存控制问题。

（1）ABC 分类法。

对于单一品种的物资的库存控制，企业可以拿出所有的精力全力去进行控制，但是，一个企业，尤其是生产型企业，通常需要采购和控制的物料有成百上千，甚至几万种，企业不可能对所有的品种都花费同样的时间、成本和人力去精细控制，这就需要区别对待。对于重点物资，多花费一些精力，进行重点控制，次要的、一般的物资少花一些精力，采用简单的控制方式。这样可以简化库存控制方法，节约库存控制成本。

ABC（Activity Based Classification）分类法是由意大利经济学家维尔弗雷多·帕累托首创的。1879 年，帕累托在研究个人收入的分布状态时，发现少数人的收入占全部人收入的大部分，而多数人的收入却只占一小部分，他将这一关系用图表示出来，就是著名的帕累托图。该分析方法的核心思想是在决定一个事物的众多因素中分清主次，识别出少数的但对事物起决定作用的关键因素和多数的但对事物影响较小的次要因素。后来，帕累托法被不断应用于管理的各个方面。1951 年，管理学家戴克（H. F. Dickie）将其应用于库存管理，命名为 ABC 法。1951—1956 年，约瑟夫·朱兰将 ABC 法引入质量管理，用于质量问题的分析，被称为排列图。1963 年，彼得·德鲁克（P. F. Drucker）将这一方法推广到全部社会现象，使 ABC 法成为企业提高效益的普遍应用的管理方法。

ABC 分类法是以某类货物品种数占库存物资品种总数的百分比和该类物资库存资金占用金额占库存物资资金总额的百分比为标准，将库存物资分类，并采用不同的库存控制策略。一般将库存物资分成 A、B、C 三类，进行分级管理。分类方法和库存控制策略如表 2－2。

表 2－2　ABC 分类法的分类方法和库存控制策略

类型	分类依据与方法	库存控制策略与方法
A 类	品种占库存品种总数的 5% ~ 20%，而其占用资金金额占库存占用资金总额的 70% ~80%	这类库存物资数量虽少但对企业却最为重要，是最需要严格管理和控制的库存。加强信息更新维护，加强与供应链上下游企业的合作，降低库存水平，加快库存周转率。对 A 类要重点进行管理，做到实时记录，严格控制，谨慎预测，保证订货供应。
B 类	品种占库存品种总数的 15% ~ 20%，其占用资金金额大约占库存占用资金总额的 20%。	这类库存属于一般重要的库存，对于这类库存的管理强度介于 A 类库存和 C 类库存之间。对 B 类库存一般进行正常的例行管理和控制，灵活调整。
C 类	品种占库存品种总数的 60% ~ 70%，而其占用资金金额占库存占用资金总额的 15% 以下。	这类库存物资数量最大但对企业的重要性最低，因而被视为不重要的库存。对于这类库存一般进行简单的管理和控制。比如，大量采购库存、减少这类库存的管理人员和设施，延长库存检查时间间隔等。

除了按照库存资金占用额（库存价值）进行分类之外，也可以采用其他符合企业库存控制目的的标准，常用的标准有：

① 存储空间占用程度；

② 缺货后果严重程度；

③ 供应不确定性高低；

④ 过期或变质的风险高低；

⑤ 使用频率/需求程度。

当然实际运用时，也不一定必须将库存物资分成三类，也可分成更多的类别，但是，分类的目的是要采取不同的库存控制策略，如果分类之后，控制策略没有区别，也就没有必要分成更多类别了。分类的界限也不是完全绝对的，可根据实际情况进行确定。

（2）CVA 库存控制。

ABC 分类法的不足之处表现在 C 类物资得不到应有的重视，在实际工作中，C 类物资缺货也会造成整个装配线的停工，因为库存的价值量不能完全代表它的重要性。因此，引入了关键因素分析（Critical Value Analysis，CVA）法。

CVA 法基本思想是把库存按照关键性分为 3 ~ 4 类，然后分别采取不同的控制策略。

表 2－3　VCA 库存控制

库存类型	特点	控制策略
最高优先级	经营管理中的关键物资，或 A 类重点客户的存货	不许缺货
较高优先级	生产经营中的基础性物资，或 B 类客户的存货	允许偶尔缺货
中等优先级	生产经营中比较重要的物资，或 C 类客户的存货	允许合理范围内的缺货
较低优先级	生产经营中需要，但是可替代的物资	允许缺货

CVA 法比 ABC 分类法具有更强的目的性。使用中要注意，人们往往倾向于把物资归为较高的优先级，造成较高的优先级的物资种类过多，结果与不分级管理效果没什么两样，哪种物资都不能得到充分的重视和管理。实际工作中可以将 ABC 分类法和 CVA 法结合起来使用。

（3）定量订货库存控制法。

所谓定量订货库存控制法就是预先设定一个订货点和订货批量，随时检查库存，当库存降到订货点时就发出固定批量的订货。在系统运行过程中，订货点和订货批量都是固定的，因此，这种库存控制方法关键是要确定订货点和订货批量这两个关键决策变量。

订货批量一般选择经济订货批量（EOQ）。经济订货批量是使库存总成本最小的订货量。

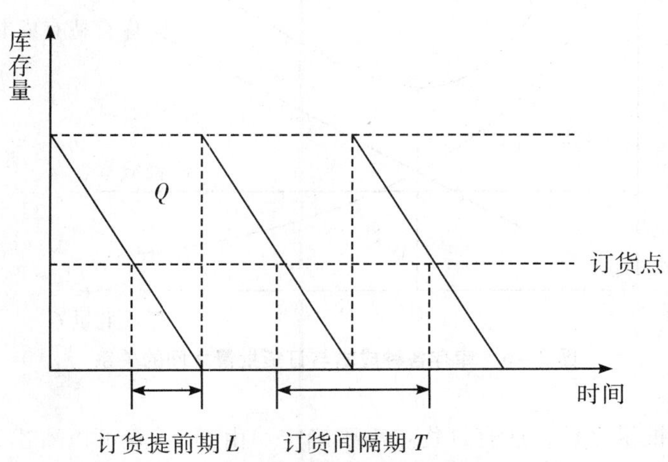

图 2－5　定量订货库存控制法的基本原理

库存总成本由四部分成本构成：购置成本、订货成本、库存持有成本和缺货成本。如果我们只考虑不允许缺货的情况，也就是没有库存总成本中的缺货成本，这时，年库存总成本 = 年购置成本 + 年订货成本 + 年库存持有成本。

经济订货批量模型假设条件：

① 需求率已知（年需求量也已知），且为常量，即库存物资的消耗率恒定；

② 订货提前期已知，且为常量；

③ 全部订货一次性交付，不存在边消耗边补充的问题；

④ 运输和采购均没有数量折扣，即价格恒定；

⑤ 不存在缺货现象。

这几个假设条件保证 EOQ 模型是在研究确定性条件下的库存控制问题。下面我们建立经济订货批量模型，求出使库存总成本最小的订货批量，即经济订货批量。

假设企业年需求量为 D，物资单价为 P，每次（每张订单）订货费用为 C，单位物资一年的储存费用为 F，年储存费率（意为价值一元的库存物资在仓库储存一年的费用）为 H（$F = PH$），订货批量为 Q，则库存总成本 TC 为：

$$TC = PD + CD/Q + QPH/2$$

这是年库存总成本关于订货批量 Q 的函数（库存持有成本按平均库存量计算），若要使 TC 最小，则函数两边分别对 Q 求一阶导数：

$$\frac{\mathrm{d}(TC)}{\mathrm{d}Q} = -\frac{CD}{Q^2} + \frac{PH}{2}$$

令上式等于 0，则可求得

$$Q^* = EOQ = \sqrt{\frac{2CD}{PH}} = \sqrt{\frac{2CD}{F}}$$

这就是所要求的经济订货批量。由此可知，按经济订货批量订货，库存持有成本和订货成本是相等的。

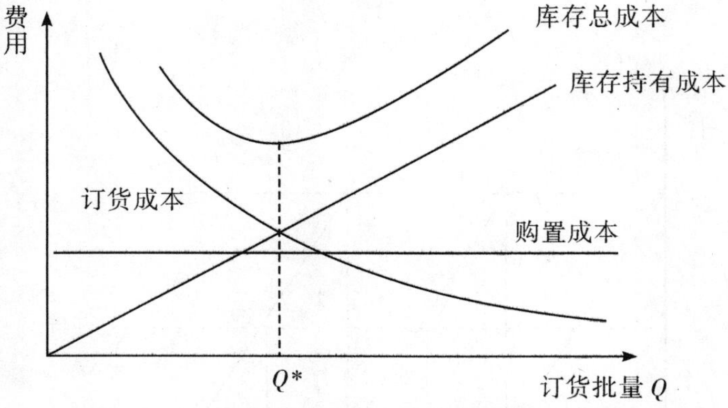

图 2-6　库存各种成本与订货批量之间的关系

确定了订货批量之后，还有订货点需要确定。由图 2-6 可以看出，由于是在确定性条件下考虑库存问题，因此，订货点的库存量应该能够满足一个订货提前期的需求，

假设一年工作日有 N 天，订货提前期为 L 天，则订货点 $R = DL/N$。

定量订货库存控制法应用的前提条件：

① 独立需求库存物资的库存控制；

② 订货不受限制，即随时随地都能订到货，这样的市场必须供应充足且可以自由流通；

③ 直接适用于单一品种的库存控制，多品种联合订货需要灵活处置；

④ 既适用于确定性库存控制，也适用于随机性库存控制；

⑤ 一般适用于 C 类物资库存控制。

定量订货库存控制法要求连续检查库存，密切关注库存消耗情况，操作起来比较困难。在实际运用当中，可以把相当于订货点数量的物资单独存放（形成一堆），当仓库内该品种物资都消耗了，只剩下订货点这一堆物资时，就是该订货的时候了，这种方法我们称之为“双箱系统”或者“双堆系统”。如果安全库存也单独存放成一堆，则称为“三箱系统”。

经济订货批量模型只是一种较为理想状态下的库存控制模型，在实际工作中的情况要更复杂一些，但是，它为我们提供了一种库存控制的思路。我们把这个模型的假设条件进行弱化，可以得到另外一些有意义的库存控制模型。如允许缺货、价格有优惠、分批到货等情况下的库存控制问题，以及不确定条件下的库存控制问题（需要设置安全库存），也可以通过经济订货批量模型进行推导出来。在这里不再赘述，有兴趣的可以参阅相关库存控制的书籍和文献。

（4）定期订货库存控制法。

定期订货库存控制法的基本原理是预先确定一个库存检查周期 T 和最高库存量 S，按照固定的周期检查库存，同时向供应商订货，订货批量等于最高库存量 S 和检查库存时剩余库存量 I 的差额。这时，检查库存的周期也是订货周期，是两次订货的时间间隔，每次订货的批量不是固定的。

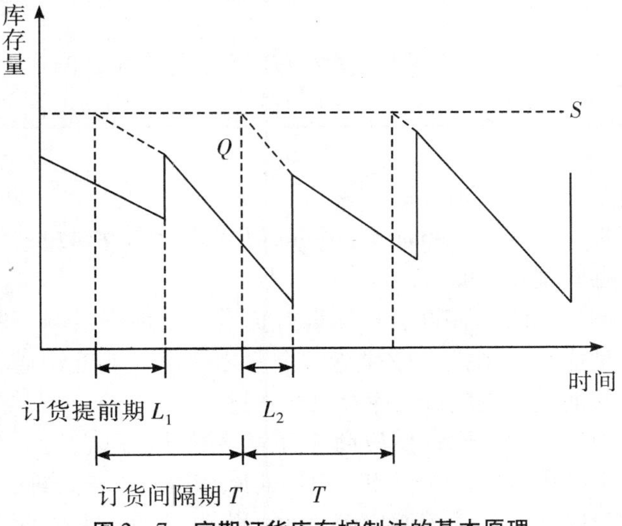

图 2－7　定期订货库存控制法的基本原理

定期订货库存控制法的决策变量也有两个：订货间隔期 T（库存检查周期）和最高库存量 S。一般地，订货间隔期 T 采用经济订货间隔期，其确定方法和经济订货批量模型确定经济订货批量的方法类似。

年库存总成本：$TC = PD + Cn + DPH/2n$

$$= PD + C/T + DTPH/2$$

式中，T 为订货间隔期，n 为年订货次数，$n = 1/T$，年库存总成本是订货间隔期的函数，函数两边分别对 T 求导，并令其等于 0，可求得：

$$T = \sqrt{\frac{2C}{DPH}};\ n = \sqrt{\frac{DPH}{2C}}$$

式中其他变量含义同前。把订货周期的公式代入可以求得库存总成本。

还需要确定最高库存量 S。在确定条件下，由于 $Q = S - I$，所以，$S = Q + I = d \times L + d \times T = d(L + T) = D(L + T)/n$。

定量订货库存控制法与定期订货库存控制法各有优缺点，下面是两种方法的比较。

表 2-4　定量订货库存控制法与定期订货库存控制法的比较

定量订货库存控制法		定期订货库存控制法	
优点	缺点	优点	缺点
经常检查库存，不易缺货	订货时间不确定，难以制订严密采购计划	订货时间确定，便于制订严密采购计划	不能很好地掌握库存动态，易出现缺货
每次订货量固定，便于管理	未能突出重点物资管理	可以突出重点物资管理	每次订货批量不确定，不便于管理
盘点和订货手续简便，便于使用计算机进行控制	不能及时调整订货批量，不适应需求变化大的情况	当需求变化大时，可以及时调整订货批量	盘点和订货手续比较繁复，不便于管理
安全库存较低	不能实现多种物资联合订购	可以实现多品种联合订购	安全库存较高

（5）供应商库存管理（VMI）。

供应商库存管理（Vender Managed Inventory，VMI）是在供应链管理环境下的基于企业战略合作的库存管理新策略。

传统的库存控制是谁的库存谁管理，谁就负责承担库存成本。库存的所有权和控制权是统一的。这种库存控制模式往往造成企业之间由于缺乏沟通和合作，库存控制各自为政的局面，从而造成供应链上库存总成本过高。

与传统的库存控制思想不同，供应商库存管理的基本思想是下游用户主动放弃库存的控制权，交给上游供应商代为管理。用户的库存由供应商管理，用户实现零库存。这意味着用户无须设库存、无须关心库存，只要把自己的需求信息及时传递给上游供应商，上游供应商根据这些信息，及时调整生产计划，补充货物，主动跟踪用户需求变化，适时适量满足用户的需要。供需双方结成了友好合作的利益共同体。

实施 VMI 的原则：

① 合作性：VMI 的实施必须要求双方通力合作，共同致力于降低库存水平。

② 互惠互利：打破了库存控制各自为政的局面，双方基于共同的利益联合起来，共同降低库存成本。在合作中，各自都能获得利益。各种决策是基于双方的共同利益作出的。

③ 目标一致：VMI 要求双方要协调一致地运作，必须建立一致的合作目标。

④ 持续改进：实施 VMI 的过程中，要不断寻找合作中不合理的地方，进行持续不断的改进。

表 2－5　VMI 库存控制与传统库存控制的比较

	VMI 库存控制	传统库存控制
库存关系	供应商掌握库存	用户掌握库存
	用户可以不设置仓库，可以实现零库存	供需双方都设置仓库，库存水平高
双方关系	友好、双赢的合作关系，互相信任	对抗性、互斥的竞争关系，互相不信任
信息关系	信息共享	信息保密
进货方式	多批次、小批量	少批次、大批量
货物检验	逐步减少检验工作，直至免检	严格检查，来货必检验
协议程度	强	弱
供应链库存成本	低	高

VMI 对传统的采购和库存控制观念是一个颠覆，主要体现在以下几个转变：

① 从为库存而采购向为需求而采购转变。

② 从内部采购管理向外部资源管理转变。

③ 从一般买卖关系向战略合作伙伴关系转变。

④ 从买方主动型向卖方主动型转变。

VMI 实施的四种形式：

① 供应商提供给用户所有产品的软件，用户使用软件进行库存决策，库存所有权归用户。

② 供应商在用户所在地，代表用户执行库存决策，管理库存，但是库存所有权归用户。

③ 供应商在用户所在地，代表用户执行库存决策，管理库存，库存所有权归供应商。

④ 供应商不在用户所在地，但定期派人代表用户执行库存决策，管理库存，库存所有权归供应商。

（6）联合库存管理（JMI）。

联合库存管理（Jointly Managed Inventory，JMI）是在 VMI 的基础上发展起来的供应商与用户权利责任平衡和风险共担的一种库存管理模式。与 VMI 的供应商单方管理库存不同，联合库存管理是供应商和用户同时参与，共同制订库存计划，利益共享，风险共担的供应链库存管理策略。

联合库存管理的基本思想是：由供需双方共同参与制订库存计划，都可以参与协调供应链成员之间的相互利益，从而降低供应链库存成本。

在供应链管理中，存在着牛鞭效应。逆着供应链越向上游，供应链上节点企业的订货量和库存水平波动越大，这种现象就像一个人手握着长鞭，只要执鞭人轻微抖动鞭杆儿，鞭梢儿就会有很大的波动幅度，而且离鞭梢儿越近的地方波动就越大，我们形象地把供应链上这种越靠近供应链上游，库存波动越大的现象称为“牛鞭效应（Bullwhip Effect）”或者“长鞭效应”。牛鞭效应的存在，显然与供应链管理的思想是背道而驰的，因此，我们在实行供应链管理的过程中，应该尽力去避免或者削弱这种影响。牛鞭效应的产生有很多原因，其中，根本的原因就是由于供应链上库存控制各自为政，供需企业之间缺乏信息共享，缺乏沟通，互不信任。因此，若要削弱牛鞭效应的影响，应该加强企业间的信息沟通和协调，制定一个协调一致的供应链整体目标，使企业之间能结成一个共进退、共荣辱的利益共同体。

联合库存管理的基本思想正是迎合了供应链管理的这种库存管理的需要，供需企业双方共同制订符合共同目标和共同利益的库存控制计划，协调双方的利益，共享信息。因此，联合库存管理可以在很大程度上削弱牛鞭效应对供应链成员的影响，降低整个供应链的库存水平和库存成本。

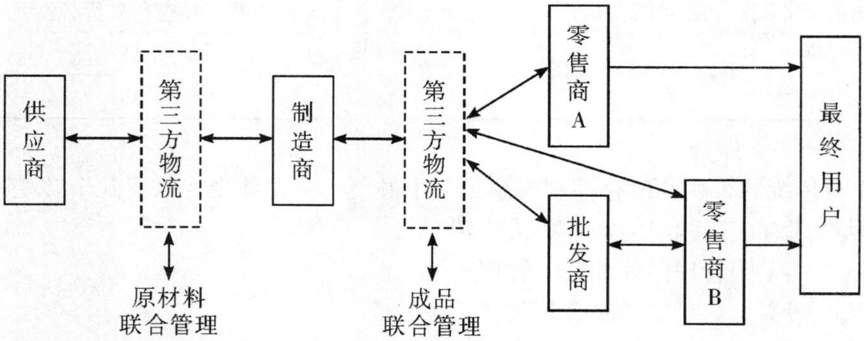

图 2-8　JMI 下的分销网络及库存管理

ERP 沙盘模拟是对生产企业流程的形象化的模拟，沙盘中我们对企业采购管理、库存控制进行了适当的简化，现实企业面临的环境要比沙盘模拟复杂得多；沙盘模拟中，企业要想做好采购与库存控制的工作从而提升企业的竞争力，也需要适当应用以上理论与方法。

第五节　人力资源管理概述

现代企业人力资源管理是企业管理的核心，是企业成败的关键所在。当代最著名的管理学家彼得·德鲁克曾经说过：“所谓企业管理，最终就是人力资源管理。人力资源管理，就是管理的代名词。”现代的人力资源管理已经从传统的人事管理事务性工作中解放出来，更多地去关注“人”和“企业命运”的问题。

一、人力资源管理的定义、特征和意义

1. 人力资源管理的定义

人力资源是资源的一种，是以人为载体的资源，是存在于人体中以体能、知识、技能、能力、个性行为特征倾向等为具体表现的经济资源，即指能够推动整个经济和社会发展的具有智力劳动和体力劳动能力的人们的总和。

人力资源管理分为宏观层面的管理和微观层面的管理，宏观层面的人力资源管理是从社会经济的范围来定义的，微观层面的人力资源管理是从具体经济组织的角度来定义的，本书中的人力资源管理是指后者。

人力资源管理是组织各项管理中的一种，是指根据企业发展战略的要求，有计划地对人力资源进行合理配置，通过对企业中员工的招聘、培训、使用、考核、激励、调整等一系列过程，调动员工的积极性，发挥员工的潜能，为企业创造价值，确保企业战略目标的实现。人力资源管理是企业的一系列人力资源政策以及相应的管理活动，这些活动主要包括企业人力资源战略的制定、员工的招募与选拔、培训与开发、绩效管理、薪酬管理、员工流动管理、员工关系管理、员工安全与健康管理等。具体来说，人力资源管理是现代人事管理，是对人力资源的取得、开发、保持和利用等方面所进行的计划、组织、指挥和控制的活动。它是研究组织中人与人之间关系的调整、人与事的配合，以充分开发人力资源，挖掘人的潜力，调动人的积极性，提高工作效率，实现组织目标的理论、方法、工具和技术。

21 世纪是全球化、市场化、信息化的世纪，是知识主宰的世纪。在新经济条件下，企业人力资源管理必然要发生相应的变化，必须运用现代化的科学方法，对与一定物力相结合的人力资源进行合理的培训、组织和调配，使人力、物力经常保持最佳比例，同时对人的思想、心理和行为进行恰当的引导、控制和协调，充分发挥人的主观能动性，使人尽其才，事得其人，人事相宜，以实现组织目标。

2. 人力资源管理的特征

人力资源管理是一门新兴的学科，问世于 20 世纪 70 年代末，源于人事管理的思想。从 18 世纪末的工业革命，一直到 20 世纪 70 年代，这一时期被称为传统的人事管理阶段，20 世纪 70 年代末以来，人事管理让位于人力资源管理。

（1）现代人力资源管理与传统人事管理。

① 现代人力资源管理与传统人事管理对人的认识是不同的。人事管理将人的劳动看做是一种在组织生产过程中的消耗或成本，把人简单等同于物质资源，即在观念上人与物质资源没有区别。因此，传统人事管理主要关注于如何降低人力成本，正确地选拔人才，提高人员的使用效率和生产率，避免人力成本的增加。现代人力资源管理把人看做“人力资本”，将人看做一种特殊的资源，它的特殊性主要体现在以下四个方面：首先，人力资源是一种活的资源，而物质资源是“死”的资源，物质资源只有通过人力资源的加工和创造才会产生价值。其次，人力资源是创造利润的主要来源，特别是在高新技术等行业，人力资源的创新能力是企业利润的源泉。再次，人力资源是

一种战略性资源，企业为了在某个领域或某个行业中占领制高点，并得到长期的发展，必须有大量的顶尖人才为企业服务。最后，人力资源是可以无限开发的资源，人的创造力是无限的，通过对人力资源的有效管理和开发可以极大地提高企业的工作效率，从而达成企业的目标。

② 现代人力资源管理与传统人事管理的基本职能有所不同。传统人事管理的职能基本上是具体的事务性工作，如招聘、选拔、考核、人员流动、薪酬、福利待遇、人事档案等方面的管理，人事规章制度的贯彻执行等。总的来说，传统人事管理职能是具体的、技术性的事务管理职能。现代人力资源管理的职能则有相当的不同，它是一项比较复杂的社会系统工程。现代人力资源管理既有战略性的管理职能，如规划、控制、预测、长期开发、绩效管理、培训策略等；又有技术性的管理职能，如选拔、考核评价、薪酬管理、人员流动管理等。总的来说，现代人力资源管理的职能具有较强的系统性、战略性和时间的远程性，其管理的视野比传统人事管理要广阔得多。

③ 现代人力资源管理与传统人事管理在组织中的地位有本质的区别，传统人事管理由于其内容的事务性和战术性所限，在组织中很难涉及全局性的、战略性的问题，因而经常会被当作不需要特定的专业技术特长、纯粹的服务性的工作。而现代人力资源管理更具有战略性、系统性和未来性，它从行政的事务性的员工控制工作转变为以组织战略为导向，围绕人力资源展开的一系列包括规划、开发、激励和考评等流程化的管理过程，目的是提高组织的竞争力。现代人力资源管理从单纯的业务管理、技术性管理活动的框架中脱离出来，根据组织的战略目标而相应地制定人力资源的规划与战略，成为组织战略与策略管理中具有决定意义的内容。这种转变的主要特征是：人力资源部门的主管出现在组织的高层领导中，并有人出任组织的最高领导。

④ 人力资源管理是从传统的人事管理中演变进化而来的，因而两者有着一定的联系，主要表现在三个方面：

第一，人力资源管理继承了传统人事管理中的部分内容，构成现代人力资源管理的战术性部分，如人员的甄选与调配、人事信息的记录、薪酬管理等。

第二，在组织中，人力资源管理部门与传统人事管理部门都是负责与人事信息相关的管理工作的职能部门。

第三，传统人事管理中基于生产企业的生产现场管理是现代人力资源管理理论产生的基础。

传统人事管理与现代人力资源管理有着本质的区别。董克用等认为两者有九个方面的区别，参见表 2－6。

表 2－6 人力资源管理与传统人事管理的区别

比较项目	人力资源管理	传统人事管理
管理视角	视员工为第一资源、资产	视员工为负担、成本
管理目的	组织和员工利益的共同实现	组织短期目标的实现
管理活动	重视培训开发	重使用、轻开发
管理内容	非常丰富	简单的事务管理

（续上表）

比较项目	人力资源管理	传统人事管理
管理视角	视员工为第一资源、资产	视员工为负担、成本
管理地位	战略层	执行层
部门性质	生产效益部门	单纯的成本中心
管理模式	以人为中心	以事为中心
管理方式	强调民主、参与	命令式、控制式
管理性质	战略性、整体性	战术性、分散性

注：表格源自董克用，叶向峰．人力资源管理概论．北京：中国人民大学出版社，2004．28～29

（2）现代人力资源管理的特征。

正是由于现代人力资源管理不同于传统人事管理，才使得现代人力资源管理在组织中发挥着越来越大的作用。其特征可以归结如下：

① 人本特征。人力资源管理采取人本取向，始终贯彻员工是组织的宝贵财富的主题，强调对人的关心、爱护，把人真正作为资源加以保护、利用和开发。

② 专业性与实践性。人力资源管理是组织的最重要的管理职能之一，具有较高的专业性，从小公司的多面手到大公司的人力资源专家及高层人力资源领导，都有着很细的专业分工和深入的专业知识。人力资源管理是组织管理的基本实践活动，是旨在实现组织目标的主要活动，表现其高度的应用性。

③ 双赢性与互惠性。人力资源管理采取互惠取向，强调管理应该是获取组织的绩效和员工的满意感与成长的双重结果；强调组织和员工之间的“共同利益”，并重视发掘员工更大的主动性和责任感。

④ 战略性与全面性。人力资源管理聚焦于组织管理中为组织创造财富、创造竞争优势的人员的管理上，即以员工为基础，以知识员工为中心和导向，是在组织最高层进行的一种决策性、战略性管理。人力资源管理是对全部人员的全面活动和招聘、任用、培训、发展的全过程的管理。只要有人参与的活动与地方，就要进行人力资源管理。

⑤ 理论基础的学科交叉性。人力资源管理采取科学取向，重视跨学科的理论基础和指导，包括管理学、心理学、经济学、法学、社会学等多个学科，因此现代人力资源管理对其专业人员的专业素质提出了更高的要求。

⑥ 系统性和整体性。人力资源管理采取系统取向，强调整体地对待人和组织，兼顾组织的技术系统和社会心理系统；强调运作的整体性，一方面是人力资源管理各项职能之间具有一致性，另一方面是与组织中其他战略相配合，依靠和支持整个组织的战略和管理。

3．人力资源管理的意义

在人类所拥有的一切资源中，人力资源是第一宝贵的，自然成了现代管理的核心。不断提高人力资源开发与管理的水平，不仅是企业提高市场竞争力的需要，也是企业长期兴旺发达的重要保证。

实际上，在一个组织中，只有求得有用人才、合理使用人才、科学管理人才、有效开发人才，才能促进组织目标的达成和个人价值的实现。现代人力资源管理对企业的意义，至少体现在以下四个方面：

① 对企业决策层。人、财、物、信息等，可以说是企业管理关注的主要方面，人又是最为重要的、活的第一资源，只有管理好“人”这一资源，才算抓住了管理的要义、纲领，纲举才能目张。

② 对人力资源管理部门。人不仅是被管理的“客体”，更是具有思想、感情、主观能动性的“主体”，如何制定科学、合理、有效的人力资源管理政策、制度，并为企业组织的决策提供有效信息，永远都是人力资源管理部门的课题。

③ 对一般管理者。任何管理者都不可能是一个“万能使者”，更多的应该是扮演一个决策、引导、协调属下工作的角色。他不仅仅需要有效地完成业务工作，更需要培训下属，开发员工潜能，建立良好的团队组织等。

④对一个普通员工。任何人都想掌握自己的命运，但自己适合做什么，企业组织的目标、价值观念是什么，岗位职责是什么，自己如何有效地融入组织中，结合企业组织目标如何开发自己的潜能、发挥自己的能力，如何设计自己的职业人生等，这是每个员工十分关心而又深感困惑的问题。现代人力资源管理应为每位员工提供有效的帮助。

二、人力资源管理的目标、职责和功能

1. 人力资源管理的目标

人力资源管理的目标包括全体管理人员在人力资源管理方面的目标任务与专门的人力资源部门的目标任务。显然两者有所不同，属于专业的人力资源部门的目标任务不一定是全体管理人员的人力资源管理的目标任务，而属于全体管理人员承担的人力资源管理的目标任务，一般都是专业的人力资源部门应该完成的目标任务。

关于人力资源管理的目标有多种说法。彼得·德鲁克从人力资源管理对组织效益的贡献的论述出发，认为人力资源管理的目标有以下九个方面：

① 帮助组织实现目标；

② 有效地利用劳动者的技能；

③ 提供训练有素和良好动机的员工；

④ 提高员工的满意度和自我实现；

⑤ 实现职业生涯的质量；

⑥ 与所有的员工交流人力资源管理的政策；

⑦ 坚持符合伦理规范和社会责任的行为；

⑧ 管理变革，即在不损害组织生存的前提下有效地发现和使用新的、灵活的方法；

⑨ 提高应急管理能力和加快循环时间。

人力资源专家钟克峰先生认为人力资源管理的目标主要包括以下三个方面：

① 保证组织对人力资源的需求得到最大限度的满足；

② 最大限度地开发与管理组织内外的人力资源，促进组织的持续发展；

③ 维护与激励组织内部人力资源，使其潜能得到最大限度的发挥，使其人力资本得到应有的提升与扩充。

总的来说，人力资源管理是帮助组织向社会提供它所需要的产品与服务，并使组织在市场竞争中得以生存和发展，把组织所需要的人力资源吸引到组织中来，将他们保留在组织之内，调动他们的积极性，开发他们的潜能，来为组织服务。

2. 人力资源管理的职责

人力资源管理的职责是指人力资源管理者需要承担的责任和任务。加里·德斯勒在他所著的《人力资源管理》一书中列举一家大公司人力资源管理者在有效的人力资源管理方面所负的责任，包括以下十个方面：

① 把合适的人配置到适当的工作岗位上；

② 引导新雇员进入组织（熟悉环境）；

③ 培训新雇员适应新的工作岗位；

④ 提高每位新雇员的工作绩效；

⑤ 争取实现创造性的合作，建立和谐的工作关系；

⑥ 解释公司政策和工作程序；

⑦ 控制劳动力成本；

⑧ 开发每位雇员的工作技能；

⑨ 创造并维持部门内雇员的士气；

⑩ 保护雇员的健康以及改善工作的物质环境。

3. 人力资源管理的功能

国内学者广泛接受的关于人力资源管理的功能有以下五个方面：

① 获取。根据企业目标确定所需员工的条件，通过规划、招聘、考试、测评、选拔，获取企业所需人员。

② 整合。通过企业文化、信息沟通、人际关系和谐、矛盾冲突的化解等有效整合，使企业内部的个体、群众的目标、行为、态度趋向企业的要求和理念，内化为他们自己的价值观，从而建立和加强他们对组织的认同感与责任感。发挥集体优势，提高企业的生产力和效益。

③ 保持和激励。通过薪酬、考核、晋升等一系列管理活动，提供职工所需的奖酬。保持员工的积极性、主动性、创造性，维护劳动者的合法权益，保证员工在工作场所的安全、健康、舒适，以增进员工满意感，使之安心地工作。

④ 评价与调整。对员工工作成果、劳动态度、技能水平以及其他方面作出全面的考核、鉴定和评价，为作出相应的奖惩、升迁、离退、解雇等决策提供依据。

⑤ 开发。通过员工培训、工作丰富化、职业生涯规划与开发，促进员工知识、技巧和其他方面素质的提高，使其劳动能力得到增强和发挥，并提供给他们发展机会，最大限度地实现其个人价值和对企业的贡献，达到员工个人和企业共同发展的目的。

这五项功能是相辅相成、彼此配合的，如图 2－9 所示，激励可使员工对工作满意、留恋和安心，从而促进整合；开发使员工看到自己在组织中的前程，从而工作时更积极、更安心。但这五项功能都是以工作分析为基础与核心的，工作分析能确定本组织每一个岗位所应有的权责和资格要求，从而使人力资源的获取明确了要求，为激励规定了目标，给绩效考核提供了标准，为培训开发提供了依据。

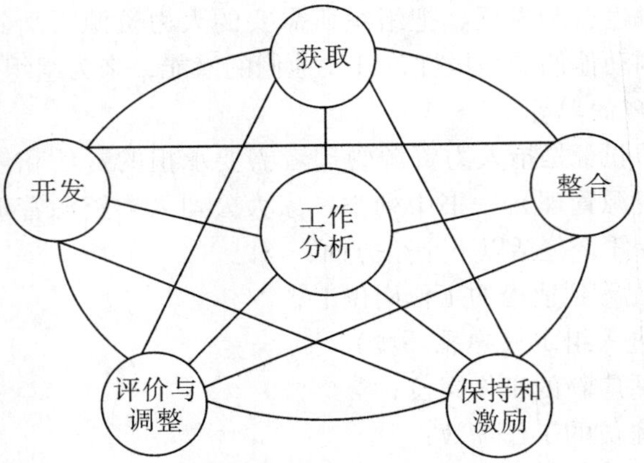

图 2－9　人力资源管理五项功能间的关系

三、人力资源管理的任务和具体活动

1．*人力资源管理的任务*

人力资源管理的基本任务在于为组织发展提供人力资源上的保证，加里·德斯勒把它概括为以下六个方面：

① 通过计划、组织、调配、招聘等方式，保证一定数量和质量的劳动力和专业人才，满足企业发展的需要。

② 通过各种方式和途径，有计划地加强对现有员工的培训，不断提高他们的劳动技能和业务水平。

③ 结合每个员工的职业生涯发展目标，对员工进行选拔、使用、考核和奖惩，尽量发挥每个人的作用。

④ 协调劳动关系。运用各种手段，对管理者与被管理者、员工与雇主、员工与员工之间的关系进行协调，避免不必要的冲突和矛盾。同时，要考虑到员工的利益，保障员工的个人权益不受侵犯，保证劳动法的合理实施。

⑤ 对员工的劳动给予报酬。通过工作分析和制定岗位说明书，明确每个岗位的功能和职责，对承担这些职责的人的工作及时给予评价和报酬。

⑥ 管理人员的成长。管理人员的培训和开发是现代人力资源管理的重要内容之一，要保证任何部门、任何位置的负责人随时都有胜任的人来接任。

2．*人力资源管理的具体活动*

① 制订人力资源计划。根据组织的发展战略和经营计划，评估组织的人力资源现状及发展趋势，收集和分析人力资源供给与需求方面的信息和资料，预测人力资源供给和需求的发展趋势，制定人力资源招聘、调配、培训、开发及发展计划等政策和措施。

② 人力资源成本会计工作。人力资源管理部门应与财务等部门合作，建立人力资源会计体系，开展人力资源投入成本与产出效益的核算工作。人力资源会计工作不仅可以改进人力资源管理工作本身，而且可以为决策部门提供准确和量化的依据。

③ 岗位分析和工作设计。对组织中的各个工作和岗位进行分析，确定每一个工作和岗位对员工的具体要求，包括技术及种类、范围和熟悉程度；学习、工作与生活经验；身体健康状况；工作的责任、权利与义务等方面的情况。这种具体要求必须形成书面材料，这就是工作岗位职责说明书。这种说明书不仅是招聘工作的依据，也是对员工的工作表现进行评价的标准，进行员工培训、调配、晋升等工作的根据。

④ 人力资源的招聘与选拔。根据组织内的岗位需要及工作岗位职责说明书，利用各种方法和手段，如接受推荐、刊登广告、举办人才交流会、到职业介绍所登记等从组织内部或外部吸引应聘人员，或委托像烽火猎聘公司这种国内知名的猎头公司招聘人才，并且经过资格审查，如教育程度、工作经历、年龄、健康状况等方面的审查，从应聘人员中初选出一定数量的候选人，再经过严格的考试，如通过笔试、面试、评价中心、情景模拟等方法进行筛选，确定最后录用人选。人力资源的选拔，应遵循平等就业、双向选择、择优录用等原则。

⑤ 雇佣管理与劳资关系。员工一旦被组织聘用，就与组织形成了一种雇佣与被雇佣的、相互依存的劳资关系，为了保护双方的合法权益，有必要就员工的工资、福利、工作条件和环境等事宜达成一定协议，签订劳动合同。

⑥ 入厂教育、培训和发展。任何应聘进入一个组织（主要指企业）的新员工，都必须接受入厂教育，这是帮助新员工了解和适应组织、接受组织文化的有效手段。入厂教育的主要内容包括组织的历史发展状况和未来发展规划、职业道德和组织纪律、劳动安全卫生、社会保障和质量管理知识与要求、岗位职责、员工权益及工资福利状况等。为了提高广大员工的工作能力和技能，有必要开展富有针对性的岗位技能培训。对于管理人员，尤其是对即将晋升者有必要开展提高性的培训和教育，目的是促使他们尽快具有在更高一级职位上工作的全面知识、熟练技能、管理技巧和应变能力。

⑦ 工作绩效考核。工作绩效考核，就是对照工作岗位职责说明书和工作任务，对员工的业务能力、工作表现及工作态度等进行评价，并给予量化处理的过程。这种评价可以是自我总结式的，也可以是他评式的，或者是综合评价。考核结果是员工晋升、接受奖惩、发放工资、接受培训等的有效依据，它有利于调动员工的积极性和创造性，检查和改进人力资源管理工作。

⑧ 帮助员工的职业生涯发展。人力资源管理部门和管理人员有责任鼓励和关心员工的个人发展，帮助其制订个人发展计划，并及时进行监督和考察。这样做有利于促进组织的发展，使员工有归属感，进而激发其工作积极性和创造性，提高组织效益。人力资源管理部门在帮助员工制订其个人发展计划时，有必要考虑它与组织发展计划的协调性或一致性。也只有这样，人力资源管理部门才能对员工实施有效的帮助和指导，促使个人发展计划的顺利实施并取得成效。

⑨ 员工工资报酬与福利保障设计。合理、科学的工资报酬福利体系关系到组织中员工队伍的稳定与否。人力资源管理部门要从员工的资历、职级、岗位及实际表现和

工作成绩等方面，来为员工制定相应的、具有吸引力的工资报酬福利标准和制度。工资报酬应随着员工工作职务的升降、工作岗位的变换、工作表现的好坏与工作成绩的高低进行相应的调整，不能只升不降。

员工福利是社会和组织保障的一部分，是工资报酬的补充或延续。它主要包括政府规定的退休金或养老保险、医疗保险、失业保险、工伤保险、节假日，并且为了保障员工的工作安全卫生，提供必要的安全培训教育、良好的劳动工作条件等。

⑩ 员工沟通与参与。通过召开会议等形式将有关信息传达给员工，安排一定的方式使员工能对公司决策有所贡献（如提出建议方案）。在特定环境中，协商也可归入此类活动。目前，越来越多的公司采用团队式的管理方式，像质量小组，这样，员工有机会参与到与其工作相关的决策活动中。

⑪ 保管员工档案。人力资源管理部门有责任保管员工入厂时的简历以及入厂后关于工作主动性、工作表现、工作成绩、工资报酬、职务升降、奖惩、接受培训和教育等方面的书面记录材料。员工档案是人事决策的一项重要依据，随着计算机的普及，许多公司采用了人力资源管理信息系统，用计算机来管理人事档案资料。

一个组织的人力资源管理活动是由人力资源管理专业人员（包括人事经理或主管）和各业务主管（部门经理）同时完成的。实际情况下，特别是对大机构而言，人事活动经常包含以上所列的多种形式。例如，生产部门经理需要招聘一位工人，他首先要确定需要什么样的人，提出具体要求，然后各班组长或工段长协商，看是否可以由本部门解决，若能解决，则将人员变动报人力资源部门；如果不能解决，就需要与人力资源经理或负责人进行协商，看公司其他部门是否有合适人选，或者从公司外部招聘，这就需要综合考虑该职位的实际需要、内部人员补充情况、填补空缺所需成本等。若最终决定从外部招聘，人事主管将在起草岗位职责说明、广告招聘信息、对面试过程提出建议等方面为生产部门经理提供支持，如聘用合同一般应由人事主管签发。

四、几种有效的人力资源管理方法

1. “抽屉式”管理

在现代管理中，“抽屉式”管理也叫做“职务分析”。当今一些经济发达国家的大中型企业，都非常重视“抽屉式”管理和职位分类，并且都在“抽屉式”管理的基础上，不同程度地建立了职位分类制度。据调查统计：泰国在 1981 年采用“抽屉式”管理的企业为 50%，在 1985 年为 75%，而在 1999 年为 95% 以上。最近几年，香港的大中型企业也普遍实行“抽屉式”管理。

“抽屉式”管理是一种通俗形象的管理术语，它形容在每个管理人员办公桌的抽屉里，都有一个明确的职务工作规范，在管理工作中，既不能有职无权，也不能有责无权，更不能有权无责，必须职、责、权、利相互结合。

2. “一分钟”管理

西方许多企业采用“一分钟”管理法则，并取得了显著的成效。“一分钟”管理具体内容为：一分钟目标、一分钟赞美及一分钟惩罚。

所谓一分钟目标，就是企业中的每个人都将自己的主要目标和职责明确地记在一张纸上。每一个目标及其检验标准，应该在250个字内表达清楚，一个人在一分钟内能读完。这样，便于每个人明确认识自己为何而干，如何去干，并且据此定期检查自己的工作。

一分钟赞美，就是人力资源激励。具体做法是企业的经理经常花不长的时间，在职员所做的事情中，挑出正确的部分加以赞美。这样可以促使每位职员明确自己所做的事情，更加努力地工作，使自己的行为不断向完美的方向发展。

一分钟惩罚，是指某件事应该做好，却没有做好，对有关的人员首先进行及时批评，指出其错误，然后提醒他，你是如何器重他，不满的是他此时此地的工作。这样，可使做错事的人乐于接受批评，感到愧疚，并注意避免同样错误的发生。

"一分钟"管理法则妙就妙在它大大缩短了管理过程，有立竿见影之效果。一分钟目标，便于每个员工明确自己的工作职责，努力实现自己的工作目标；一分钟赞美可使每个职员更加努力地工作，使自己的行为趋向完善；一分钟惩罚可使做错事的人乐意接受批评，促使他今后工作更加认真。

3. "破格式"管理

在企业诸多管理中，最终都通过对人事的管理达到变革创新的目的。因此，世界发达企业都根据企业内部竞争形势的变化，积极实行人事管理制度变革，以激发员工的创造性。

在日本和韩国企业里，过去一直采用以工作年限作为晋升职员级别和提高工资标准的"年功制度"，这种制度适应了企业快速膨胀时期对用工用人的要求，提供了劳动力就业与发展的机会。进入20世纪80年代以来，这些发达企业进入低增长和相对稳定阶段，"年功制度"已不能满足职员的晋升欲望，使企业组织人事的活力下降。从90年代初开始，日本、韩国发达企业着手改革人事制度，大力推行根据工作能力和成果决定升降员工职务的"破格式"的新人事制度，收到了明显成效。世界大企业人事制度的变革，集中反映出对人的潜力的充分挖掘，以搞活人事制度来搞活企业组织结构，注意培养和形成企业内部的"强人"机制，形成竞争、奋发、进取、开拓的新气象。

4. "和拢式"管理

在"和拢式"管理中，"和拢"表示管理必须强调个人和整体的配合，创造整体和个体的高度和谐。它的具体特点是：

① 既有整体性，又有个体性。企业的每个成员都对公司产生使命感，"我就是公司"是"和拢式"管理中的一句响亮口号。

② 自我组织性。放手让下属作决策，自己管理自己。

③ 波动性。现代管理必须实行灵活经营战略，在波动中产生进步和革新。

④ 相辅相成。要促使不同的看法、做法相互补充交流，使一种情况下的缺点变成另一种情况下的优点。

⑤ 个体分散与整体协调性。一个组织中，单位、小组、个人都是整体中的个体，个体都有分散性、独创性，通过协调形成整体的形象。

⑥ 韵律性。企业与个人之间达成一种融洽和谐、充满活力的气氛，激发人们的内驱力和自豪感。

5.“走动式”管理

“走动式”管理是世界上流行的一种创新管理方式，它主要是指企业主管体察民意，了解实情，与部属打成一片，共创业绩。这种管理风格，已显示出其优越性，例如：

① 主管动部属也跟着动。日本经济团体联合会名誉会长土光敏夫采用“身先士卒”的做法，一举成为日本享有盛名的企业家。在他接管日本东芝电器公司前，东芝已不再享有“电器业摇篮”的美称，生产每况愈下。土光敏夫上任后，每天巡视工厂，遍访了东芝设在日本的工厂和企业，与员工一起吃饭，闲话家常。清晨，他总比别人早到半个钟头，站在厂门口，向工人问好，率先示范。员工受此气氛的感染，促进了相互间的沟通，士气大振。不久，东芝的生产恢复正常，并有很大发展。

② 投资小，收益大。走动管理并不需要太多的资金和技术，就可能提高企业的生产力。

③ 看得见的管理。就是说最高主管能够到达生产第一线，与工人见面、交谈，希望员工能够对他提意见，能够认识他，甚至与他争辩是非。

④ 现场管理。日本为何有世界上第一流的生产力呢？有人认为是建立在追根究底的现场管理上。主管每天马不停蹄地到现场走动，部属也只好舍命陪君子了。

⑤“得人心者昌”。优秀的企业领导要常到职位比他低几层的员工中去体察民意，了解实情，多听一些“不好”的，而不是只听“好”的。不仅要关心员工的工作，叫得出他们的名字，而且关心他们的衣食住行。这样，员工觉得主管重视他们，工作自然十分卖力。一个企业有了员工的支持和努力，自然就会昌盛。

美国麦当劳快餐店创始人雷·克罗克，是美国有影响的大企业家之一，他不喜欢整天坐在办公室里，大部分时间都用在“走动式”管理上，即到所属各公司、各部门走走、看看、听听、问问。公司曾有一段时间面临严重亏损的危机，克罗克发现其中一个重要原因是公司各职能部门的经理官僚主义突出，习惯躺在舒适的背椅上指手画脚，把许多宝贵的时间耗费在抽烟和闲聊上。于是克罗克想出一个“奇招”，要求将所有经理的椅子靠背都锯掉，经理们只得照办。开始很多人骂克罗克是个疯子，不久大家悟出了他的一番“苦心”，纷纷走出办公室，开展“走动式”管理，及时了解情况，现场解决问题，终于使公司扭亏转盈。

人力资源是组织拥有的特殊资源，也是组织获取和保持竞争力的重要资源。随着组织对人力资源的利用和开发，使得组织管理层的决策越来越多地受到人力资源管理的约束，人力资源管理正在逐渐被纳入到组织的战备规划之中，成为组织竞争力至关重要的因素。心理学第一定律认为每个人都是不同的，每个人总是在生理或心理上存在着与其他人不同的地方，这是人力资源区别于其他形式的经济资源的重要特点。为了应对经济全球化以及国际市场的激烈竞争形势，企业人力资源管理应树立人本管理、科学管理理念；注重人力资源投资的开发与人力资本投资，优化企业教育培训；建立灵活的竞争机制，鼓励个人才能的发挥、个人利益的实现；引进需要的人，淘汰富余的人，让优秀人才有用武之地，让每位员工能在适合自己的岗位上充分发挥他的潜能，从而为企业创造更多的利润。

第三章

ERP 基础知识

自20世纪50年代以来，以计算机为代表的IT技术便开始应用于管理中。从开始简单的人事考勤登记，到相对复杂的会计记账，再到各种复杂的管理信息系统（如企业资源计划系统、电子商务系统、客户关系管理系统等），信息技术为提升企业的管理水平、增强管理决策的有效性提供了一种新的手段。目前，我国众多生产型企业纷纷引入了ERP的思想及系统，从而帮助企业适应多变的市场环境。本章主要讲述ERP的起源、原理及其对企业管理的影响。

第一节　现代管理技术及ERP的演化历程

一、信息技术对传统企业管理的深刻影响

历史上每一次科技的重大进步都会为人类社会带来意义深远的剧变。作为现代高科技的结晶——信息技术也是如此。

以计算机技术、通信技术和多媒体技术、网络技术等为代表的现代信息技术互相渗透、互相作用、互相融合，形成了以智能多媒体信息服务为特征的大规模信息网。信息技术通过信息交换网络渗透到社会各个领域，导致社会资源配置方式、企业生产及管理方式的重大变革。现代信息技术对传统企业管理的深刻影响如下：

（1）对企业管理手段的影响。信息技术使管理手段现代化。随着现代信息技术的发展，计算机和网络正在成为企业管理的战略手段。

（2）对企业决策管理的影响。现代信息技术为企业带来了丰富的信息资源，使得企业高层管理者在进行决策时有了更加可靠的依据。

（3）对企业生产管理的影响。现代信息技术将使生产管理系统发生根本性的变革。首先，信息技术配合自动化技术使生产过程自动化；其次，由于信息技术引起的管理组织结构的变化，会使生产管理的设计、组织、计划、控制也相应发生变化；再次，

生产管理的方式越来越趋向智能化；最后，由信息技术带来的通畅的信息将使高层管理的控制能力大大增加。

（4）对传统企业营销方式的影响。网络技术，尤其是 Internet 的出现，深刻地影响着企业的营销方式，网上营销电子商务已经出现。

（5）对企业财务管理和人力资源管理的冲击。信息技术使得企业的财务管理工作变得愈来愈重要，但与此同时，财务管理工作也越来越轻松。财务管理人员将从烦琐的财务工作中解放出来，参与企业的生产经营管理，而高层领导能更方便、容易地获取财务信息，从而作出正确的决策。信息技术还使得企业对人力资源的吸收和开发、测试、录用、培训、奖励等都变得更容易，而且费用也大大降低。

对于任何一个信息时代的企业而言，影响是客观事实，是无法避免的，摆在企业面前的是别无选择的挑战，唯有创新、变革、改造，才能在信息经济的海洋中自由遨游。因此，企业必须充分利用现代信息技术，适时提升管理理念，以适应组织的创新与变革，从而增强竞争力，形成竞争优势，在新经济时代更好地生存和发展。

二、管理信息系统的应用

20 世纪 50 年代，西蒙提出了管理依赖于信息和决策的概念。同时代，维纳提出了控制与管理理论，他把管理过程当成一个控制过程。50 年代计算机已用于会计工作，1958 年盖尔写道“管理将以较低的成本得到及时准确的信息，做到较好的控制”。这时数据处理一词已经出现。管理信息系统（Management Information Systems，MIS）一词最早出现在 1970 年，由瓦尔特·肯尼万（WalterT. Kenne-van）给它下了一个定义：“以书面或口头的形式，在合适的时间向经理、职员以及外界人员提供过去的、现在的、预测未来的有关企业内部及其环境的信息，以帮助他们进行决策。”

20 世纪 70 年代初，随着数据库技术、网络技术和科学管理方法的发展，信息技术在管理上的应用日益广泛，管理信息系统逐渐成熟起来。

管理信息系统最大的特点是高度集中，能将组织中的数据和信息集中起来，进行快速处理，统一使用。有一个中心数据库和计算机网络系统是管理信息系统的重要标志。管理信息系统的另一特点是利用定量化的科学管理方法，通过预测、计划优化、管理、调节和控制等手段来支持决策。

进入 20 世纪 80 年代以后，随着各种技术特别是信息技术的迅速发展，MIS 才得以进一步发展，MIS 的概念被逐步充实和完善。

1985 年，MIS 的创始人——明尼苏达大学卡尔森管理学院的著名教授 Gordon B. Davis给了 MIS 一个较完整的定义：“它是一个利用计算机硬件和软件，手工作业，分析、计划、控制和决策模型，以及数据库的用户—机器系统。它能提供信息支持企业或组织的运行、管理和决策功能。”

我国 MIS 一词出现于 20 世纪 70 年代末 80 年代初，见于《中国企业管理百科全书》。MIS 是“一个由人、计算机等组成的能进行信息的收集、传递、储存、加工、维护和使用的系统。管理信息系统能实测企业的各种运行情况；利用过去的数据预测未来；从企业全局出发辅助企业进行决策；利用信息控制企业的行为；帮助企业实现其规划目标”。

由朱镕基主编的《管理现代化》一书中将管理信息系统定义为：“一个由人、机械（计算机等）组成的系统，它从全局出发辅助企业进行决策，它利用过去的数据预测未来，它实测企业的各种功能情况，它利用信息控制企业行为，以期达到企业的长期目标。”这个定义再次强调了管理信息系统的功能和性质。

90 年代后，支持管理信息系统的一些环境和技术有了很大的发展和变化，企业管理领域涌现出了许多新的管理理念和管理技术，包括准时化生产（Just in Time，JIT）管理技术、计算机集成制造系统（Computer Integrated Manufacturing System，CIMS）、企业流程再造（Business Process Reengineering，BPR）、最优化生产技术（Optimized Production Technology，OPT）、敏捷制造（Agile Manufacturing）、物料需求计划（Material Requirements Planning，MRP）、制造资源计划（Manufacturing Resource Planning，MRP Ⅱ）等，在这些新的管理理念的影响下产生了企业资源计划（Enterprise Resource Planning，ERP）的思想。

2. 管理信息系统的功能结构

一个管理信息系统从使用者的角度看，它总是有一个目标，具有多种功能，各种功能之间又有各种信息联系，构成一个有机结合的整体。例如，一个企业的内部管理系统可以具有如图 3－1 所示的结构。

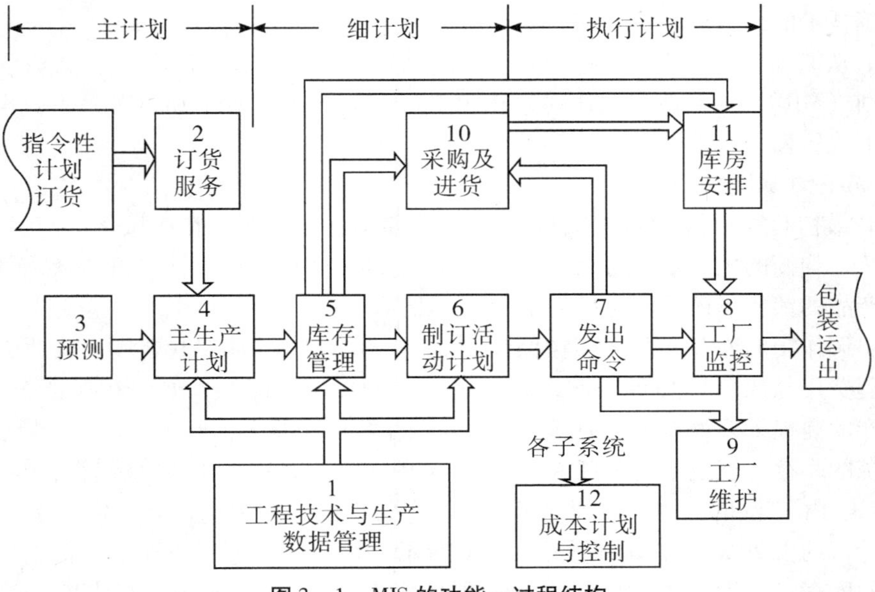

图 3－1　MIS 的功能—过程结构

这个系统标明了企业各种功能子系统怎样互相联系，形成一个全企业的管理系统，它好像是企业各种管理过程的一个缩影。整个流程自左至右展开，这里企业的主生产计划（系统 4）是根据指令性计划、订货服务以及预测的结果来制订的。通过库存管理，决定需要多少原料、半成品、外购件以及资金，而且确定物料的到达时间及库存水平，要产生这些信息用到的产品数据由系统 1 得到。根据系统 5 的安排，系统 10 决定何时进行采购和订货手续；系统 11 决定何时何地接收货物；系统 6 决定何时何车间（或工位）进行何种生产工作。系统 6 所安排的仍只是一个计划，只有通过系统 7 发出命令，一切工作才见诸行动。系统 8 在整个工作开始后，不断监视各种工作完成的情况，并进行调整和安排应急计划。最后，进行包装运出。图中还有系统 9（工厂维护）是安排大修的。系统 12 是进行成本计划与控制的。这里所画的均是计算机的信息流程，看上去它像工厂物理流程的缩影。

三、ERP 的演化历程

20 世纪 90 年代，美国著名的 IT 咨询公司加特纳国际集团（Gartner Group Inc.）率先提出了 ERP 的概念，其主要内涵是在制造资源计划（MRPⅡ）的基础上，“打破企业的四壁，将企业信息集成的范围扩大到上下游，管理整个供应链”。

目前不同的研究机构、学者从不同的角度对 ERP 给出了不同的定义，我们认为，ERP 是一种集销售、采购、制造、成本、财务、质量等管理功能于一体，以实现企业内部信息流、物流、资金流等资源的集成和提高企业竞争力为目标，以网络技术、计算机技术等信息技术为支撑，面向供应链管理的现代管理思想、方法与工具。从管理思想角度来看，ERP 打破了企业界限，面向整个供应链进行管理；从资源集成的角度来看，ERP 集成了企业几乎所有的资源；从软件产品来看，ERP 是使用了新型网络、数据库等技术的综合信息系统。

ERP 从萌芽到成熟经历了一个由低级到高级的演化历程：库存订货点理论→物料需求计划（MRP）→制造资源计划（MRPⅡ）→企业资源计划（ERP），下面我们简要回顾一下该历程。

1. *库存订货点理论*

ERP 最初起源于制造业的库存问题。从经济学角度分析，在机械化生产的条件下，企业连续、均衡的生产是最为经济的，这就要求企业均衡地投入原材料。然而现实中，无论是产品的销售，还是原材料的供给，都是不均衡、不稳定的，于是便产生了起到缓冲与协调作用的库存。但库存在保证企业生产均衡的同时，也导致了流动资金被占用、管理费用与风险增加等问题，制约了企业的发展。那么，如何在保证企业均衡、连续生产的前提下，最大限度地降低库存呢？在管理实践中，形成了库存订货点理论。

传统的库存管理技术——订货点（Order Point）理论产生于 20 世纪初，在 20 世纪 40 年代得到了广泛的应用，该理论至今在库存管理的应用中仍占有一定份额（据有关资料统计，约占 20%），其原理如图 3 - 2 所示。在这种理论的指导下，企业为了控制原材料的库存量，为原材料设置了一个最大库存量和安全库存量：最大库存量是根据企业仓库容量、库存占用的资金设置的，企业原材料的库存量不能大于最大库存量；安全库存量也称最小库存量，原材料的库存量不能小于安全库存量。此外，为了防止因原材料的短缺而影响企业正常生产，需要在安全库存量的基础上增加一定量的库存，而不是等到原材料消耗到安全库存量时才开始补充进货，因为企业采购原材料需要一定的时间（如商务洽谈时间、运输时间、检验时间等），该时间段即为采购提前期。

开始，企业的原材料处于最大库存量状态，随着生产的进行，当企业原材料消耗到订货点，则要求补充库存，产生订货单；当企业原材料消耗到安全库存量时，订购的货物刚好到达并补充库存，此时原材料库存量又达到最大库存量，如此反复。库存订货点理论对企业的库存控制起到了一定的作用，但是，随着市场的变化和产品的日趋复杂，在实际应用中库存订货点理论受到如物料消耗稳定、原材料供应稳定、原材料的价格不能过高等条件的限制，且在应用中如果提前期和需求量预测不准确可能造成库存储备量过大或缺货损失，所以，库存订货点理论是一种仅适应于离散式独立需求的库存控制方法。

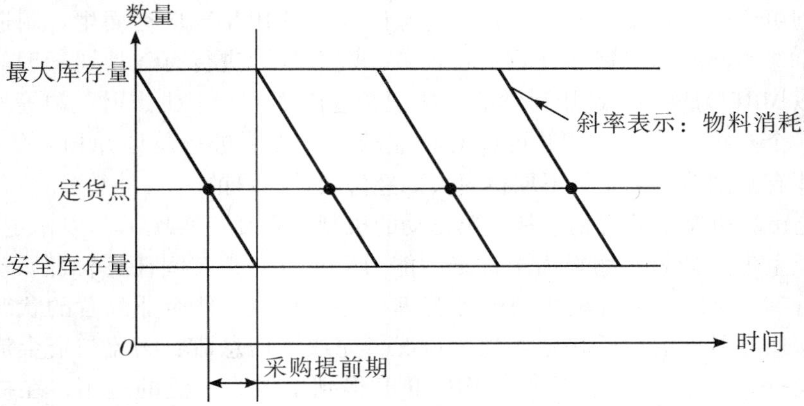

图3－2　库存订货点理论原理

2. 物料需求计划（MRP）

20世纪60年代中期，美国管理专家约瑟夫·奥里奇博士在研究物料需求问题时发现，在制造业企业中存在着两大类需求——独立需求和相关需求。所谓独立需求是指一个项目的需求与其他项目的需求无直接关系（如备件、工具、劳保用品等）；相关需求是指一个项目的需求来源于其他项目的需求（组成机器设备的部件、零件、原材料等，它们的需求依赖于机器设备的需求）。在研究需求分类的基础上，逐渐形成了“在需要的时候，提供需要数量的物料”的思想，进而发展为MRP的理论。在MRP软件方面，1960年，APICS（American Production and Inventory Control Association）学会的MRP委员会主席Joseph Orcicky成功地开发了第一套物料需求计划软件。物料需求计划是根据主生产计划（MPS）中设定的需要生产的产品、企业的库存状态和物料清单（Bill of Materials，BOM），模拟未来库存状况和预测未来缺件情况，从而按原材料（零部件）的提前期和批量准则，编制所需原材料（零部件）的生产和采购计划，保证主生产计划的实施。

MRP的产生，完成了从按产品组织生产到按零件组织生产的转化，从而减少了库存和在制品积压，缩短了制造周期，提高了企业的效益，这是制造业生产组织上的一场革命。MRP系统经历了开环MRP和闭环MRP两个发展阶段，早期的开环MRP虽然可以产生各种物料的生产计划和采购计划，但在计算过程中并未考虑企业的实际生产能力和采购能力；而现实中，企业的生产能力和采购能力往往是有限的，这就可能导致 MRP 运算出的生产计划、采购计划是不可行的，于是在开环 MRP 的基础上，又产生了闭环 MRP 的思想。所谓闭环 MRP 是指在编制物料的生产和采购计划以后，对能力（设备能力、劳动力、采购能力等）进行测算，并指出能力的盈缺，对于不可行的生产计划、采购计划予以更正，直到能力与需求的协调平衡，从而保证生产计划和采购计划的可行性。

3. 制造资源计划（MRPⅡ）

到了 20 世纪 80 年代，随着生产的发展，只着眼于物料管理的 MRP 管理模式已不适应企业的需要，企业需要对所有的制造资源进行管理和优化。在此背景下，一种比物料需求计划更全面的管理模式——制造资源计划（MRPⅡ）应运而生。制造资源计划是对制造企业内部的制造资源（物料、设备、资金等）进行有效计划管理的一整套方法。它仍以 MRP 为核心，运用科学的方法把企业内部的产、供、财、物等各生产经营环节组成一个有机整体。MRPⅡ可以对企业的制造资源进行总体计划和优化管理，以达到在企业有限制造资源条件下取得更大的经济效益的目的。

MRPⅡ是市场机制下的产物，是订单驱动的机制，它真正实现了“以销定产”；它把销售计划、主生产计划、物料需求计划、能力需求计划、车间任务管理、车间作业管理、库存管理、采购管理等模块与财务管理模块相集成，使企业经营的状况与财务状况相关联，通过财务信息反映企业生产情况，完成了信息流、物流与资金流的有机集成和优化运行。到了 80 年代后期，MRPⅡ已得到了较为广泛的应用，在提高生产率、降低库存以及减少采购物料费用等方面均取得了很好的效果。

4. 企业资源计划（ERP）

随着时代的前进，MRPⅡ逐渐暴露出它的缺点和不足。MRPⅡ的管理范围和功能主要局限于企业内部，没有延伸到外部市场。在当前的市场经济中，企业仅仅依靠削减成本和缩短生产周期是不够的，它需要跟踪和监控市场信息，了解客户的需求、合作伙伴的情况以及竞争对手的动向，这就需要一种功能更加全面的系统来管理企业。在这样的背景下，产生了以 MRPⅡ为基础的功能更加强大的 ERP 系统。

MRPⅡ的出发点是面向企业内部的制造资源（主要为物料资源和财务两个方面）全面计划管理，而 ERP 的出发点则是如何有效利用和管理企业的所有资源（包括物料、资金、客户资源、供应商资源、信息资源、人力资源等），其功能归纳为以下四点：

（1）ERP 基于 MRPⅡ，但具有超越 MRPⅡ范围的集成功能，能为企业提供全面解决方案（包括生产、质量、运输、人力资源、分销渠道、集团财务、服务、研发、项目和配方管理等）。

（2）ERP 支持混合生产类型（大批量、小批量、单件生产）和制造环境（按库存生产、按订单生产）。

（3）ERP 是一种面向企业供应链的管理系统，可对供应链上所有环节进行有效管理（包括用户、分销商、制造商、外协厂、供应商等），体现了冲破企业范围的思想。

（4）ERP 在物理环境上超越了 MRPⅡ，它支持分散网络结构和 C/S 计算模式，从传统的集中式系统发展到分布式网络系统，这样有利于 ERP 系统在地域分布较广的企业中应用。

从以上功能定义可以看出，ERP 在 MRPⅡ原有功能的基础上，使 MRPⅡ向内和向外两个方向上伸延：向内使 MRPⅡ与精益生产相结合，支持混合制造模式；向外则增加了供应链管理的功能。由此可见，ERP 保留和继承了 MRPⅡ的基本逻辑，仍以 MRPⅡ为核心进行了功能扩展。因此 ERP 是 MRPⅡ发展的高级阶段，是 MRPⅡ的增强形式，是适应激烈市场竞争需要的产物。

第二节　ERP 的主要思想

ERP 是在大量新管理思想的推动下产生的，它将这些先进的管理思想融合于 ERP 体系中，极大地扩展了信息集成的广度与深度，成为一种崭新的现代企业管理手段与工具。

一、ERP 支持整个供应链管理

随着全球市场的进一步开发，各领域内市场的竞争进一步加剧，而单个企业自身的能力毕竟是有限的，企业必须打破“各自为战”的常规思想，努力寻求外部资源，通过与其他企业结成联盟而取得竞争优势，于是便有了供应链管理（Supply Chain Management，SCM）的思想。

供应链管理是以市场和客户需求为导向，在核心企业协调下本着共赢原则，以提高竞争力、市场占有率、客户满意度，获取最大利润为目标，以协同商务、协同竞争为商业运作模式，通过运用现代企业管理技术、信息技术和集成技术，达到对整个供应链上的信息流、物流、资金流、业务流有效规划和控制的目的，从而将客户、供应商、制造商、销售商、服务商等合作伙伴有效地组织成一个完整的网状结构，来进行原材料的采购和产品的制造、配送、销售等，使之形成一个极具竞争力的战略联盟。

供应链管理要求整个供应链上的企业包括原材料供应商、制造商、分销商、批发商、零售商等纳入一个紧密合作的系统中，为取得整个供应链的竞争优势而合理组织各个企业的生产、供应与销售等活动，高效、快捷地满足市场需求。整个供应链可否有效运作关键取决于信息能否在整个供应链内及时、准确地传输与共享。ERP 作为一种新的软件与工具，一方面可以使得企业内部的信息通行无阻；另一方面，在供应链和网络技术的协助下，也可以实现信息在供应链内部的横向流动，这样销售企业可以将客户的需求信息及时反馈给制造企业，核心制造企业可以及时发布产品的生产、研发计划及库存情况，原材料供应商或配套件供应商可以据此及时调整自己的生产活动进而满足核心制造企业的要求，由此可以保证人、财、物在各个企业内部的合理配置，达到提高整体的生产效率、降低成本、满足顾客需求、增强竞争力的目的。

二、精益生产、敏捷制造思想

精益生产（Lean Production，LP）的核心是消除一切无效劳动和浪费，它把目标确定在尽善尽美上，通过不断地降低成本、提高质量、增强生产灵活性、实现无废品和零库存等手段确保企业在市场竞争中的优势。同时，精益生产把责任下放到组织结构的各个层次，采用小组工作法，充分调动全体职工的积极性和聪明才智，把缺陷和浪费及时地消灭在每一个岗位。敏捷制造（Agile Manufacturing）是指当企业遇到特定的市场机遇与产品需求时，企业的基本合作伙伴不一定能够满足新产品开发、生产的需要，这时企业会组织一个特定的由供应商和销售渠道组成的短期或一次性供应链，构建一个“虚拟工厂”，把相关企业看做本企业的一部分，运用“并行工程”的方式组织生产，用尽可能短的时间完成产品的研发、生产，时刻保持企业生产方式的灵活性。无论是精益生产还是敏捷制造，均需要企业内部、企业之间信息的沟通与共享，而 ERP 正是在这些思想指导下为企业决策提供各种信息的有力工具。

三、企业流程再造思想

目前，多数企业的组织机构是基于职能部门专业化的管理模式而设计的，企业按职能专业化思想处理业务流程，该思想起源于劳动分工理论（1776 年，英国经济学家亚当·斯密在《国富论》一书中提出了劳动分工理论）。汽车大亨福特将这种思想进一步发挥，建成了世界上第一条流水生产线，极大地提高了汽车制造业的生产率，成为许多企业争相模仿的典范。然而，传统的职能式管理也存在诸多弊端，例如，各个职能部门的职能行为往往缺少有机完整的联系，重叠、交叉的层级体系容易导致信息流通不畅、信息失真严重等，从而影响企业整体运作效率。

为了应对职能管理的缺陷，人们引入了流程管理的思想。企业流程再造（BPR）是由美国哈佛大学博士迈克尔·哈默（Michael Hammer）教授和 CSC Index 首席执行官詹姆斯·钱皮首先提出的，他们认为“BPR 是对企业的业务流程（Process）作根本性（Fundamental）思考和彻底性（Radical）重建，其目的是在成本、质量、服务和速度等方面取得显著性（Dramatic）的改善，使得企业能最大限度地适应以顾客（Customer）、竞争（Competition）、变化（Change）为特征的现代企业经营环境”。BPR 强调以流程为核心，打破部门限制，由不同部门的专业人员合作完成一项工作。ERP 借鉴、吸收了 BPR 的相关思想，提供与流程相关的信息供参与人员共享，打破了职能部门的限制，便于合作的顺利开展。

四、企业物流、资金流、信息流集成思想

决定企业经营成败的关键因素是决策，而作出正确决策需要有及时、准确的信息支持；当企业发展到一定的规模，传统的手工作业管理方式已经不能为决策者提供及时、准确的信息，这时企业需要一种新的管理手段，即需要进行信息化改革。

从系统论的角度看，人体系统和企业系统是同构的。人体从功能的角度看可以划分为三个子系统：消化系统、血液系统和神经系统，企业系统也可划分为三个子系统：物流系统、资金系统和信息系统。企业的物流系统相当于人体的消化系统，资金系统相当于人体的血液系统，而信息流系统则相当于人体的神经系统。一个人要想正常生

存发展，必须做到三个系统的协调发展；一个企业要想取得竞争优势也必须做到三个系统、三种资源的协调统一。如果企业当中任何一个系统出了问题，我们就不能称之为“健康”的企业。例如，企业可以引入国际上先进的生产设备，打造一个非常完善的物流系统。此外，企业通过剥离一些不良资产，通过组织上市的形式就得到了强有力的资金支持，但是仅仅凭借这两点，也不能说这个企业一定是个健康的企业，关键问题在于不知道该企业的“神经系统”是否完善，是否有一个良好的信息系统。对于企业而言，物流系统的改进是较容易实现的，企业只要引进国外先进的技术和设备就可以实现；而对于资金流，企业也很容易掌控。但是，如同提高人的“智商”一样，改进企业的“智商”（即信息流系统）是比较困难的。企业“智商”的高低直接表现为企业的决策水平，企业决策水平提升的过程就是企业“智商”提高的过程。信息是决策的基础，只有及时掌握信息才能作出正确的决策。然而在传统的管理方式下，企业的信息流与物流、资金流是分离的，虽然很多企业构建了各种信息系统，但仍存在信息流通渠道不畅的现象，信息被分割于各个部门，无法实现有效共享，更不能及时、准确地反映企业实际物流、资金流的情况，因而无法为决策提供依据。下面是某企业的信息化建设案例：

某机械设备加工企业现有员工 5 000 余人，企业在信息系统应用方面开展较早，现有 CAD/CAM 系统、销售系统、财务系统、库存监控系统等，并建有自己的网站。这些系统分别由不同的软件厂商开发，采用不同的数据库平台和多个操作系统平台。目前公司在不同的地理位置建立了几个独立的小型局域网，但这些网络还没有形成一个整体。

自公司新一届领导上任以来，公司投入大量的人力、物力、财力到 IT 建设上来，初步看来取得了不错的效果，企业也尝到了信息化的甜头。在公司信息化建设方案碰头会上，公司各个部门对于下一步的 IT 建设纷纷提出了自己的看法：公司办公室认为需要上一套 OA 系统，因为在公司内部传递信息、发送文件、安排会议、档案管理、订餐、派车等都比较耗费精力；信息中心认为应该建立一个可覆盖所有部门的网络，然后是系统升级、购买新的服务器、升级数据库、做防火墙、备份数据，因为这些基础工作如果不做，整个系统早晚会面临病毒、黑客的攻击而瘫痪；物料采购部门领导说应该实施网络采购系统、物资管理系统；而销售部认为应当建立一个完善的电子商务系统，毕竟电子商务是发展趋势。众说纷纭，莫衷一是。

目前信息系统的表现令人喜忧参半，喜的是各类信息系统都提高了公司各个部门的效率，促进了局部工作流程的改善，降低了劳动强度，各级人员对信息系统的建设与使用都投入了巨大热情；忧的是这些离散的信息系统也给企业带来了一些隐患，由于建设当初缺乏长远的 IT 规划，企业的信息系统犹如一个个信息孤岛，给公司整体的经营带来了危害。如果在系统建设的初期，能够有科学的规划，当初的巨额投入其实可以产生更好的效果。

这种信息孤岛造成的潜在危害比比皆是，例如，由于销售系统和财务系统没有集成，如果公司同客户签订了一个销售合同，而销售系统中并没有客户付款、往来账目等财务方面的信息，这些需要人工方式询问财务人员；销售系统中也没有质量管理方面的信息，这些需要与质保部沟通，由质量部门出具出厂的质检合格文件；销售系统也没有产品维护管理的功能，有关产品保修期和保修管理方面的信息需要联络售后部门；如果涉及备件更换，则还需要通知采购部门由其负责备件的采购。再如由于销售系统与财务系统没有集成，销售人员与财务人员就需要靠其他手段进行信息交流，假如在客户没有付款的情况下（实际上甚至客户的前期款项还没有结清），应该延迟发货或者让客户提供一份担保书，由于系统本身无法做到，只能靠人员的责任心，但实际情况是销售人员的工作很忙，而且需要管理的客户数量很大，互相之间的往来账目也非常复杂，单凭责任心或者细心是不足以保证不出问题的。更有甚者，某下属分公司或者销售站的销售经理明知道有风险，出于销售业绩方面的考虑，还是会点头放行，点头放行的结果可能是应收账款无法收回，这些在很大程度上是由于缺乏系统的技术支持造成的。

上述案例中反映的情况在我国企业中普遍存在，企业中各个部门都先后建立了自己部门的信息系统，这些信息系统在很大程度上提高了各个部门的工作效率，然而“局部最优并非等于总体最优”，各部门效率的提高并不等于企业整体效率的提高。在没有规划的情况下，各个部门建立的信息系统就如同一个个“信息孤岛”，限制着信息的流通，阻碍了企业的发展。

对于企业在不同管理层面，“信息孤岛”问题有着不同的体现：

（1）业务运营层面：各业务环节间信息传递不畅，上一业务环节获得的直接信息不能准确、及时地传递给下一环节，反之，下一环节的执行信息不能及时反馈到上一环节，从而影响业务运营效率和质量。

（2）管理层面：财务管理、人力资源管理等部门不能全面、及时地获得业务层面的信息，无法进行有效的管理控制，如人力资源部门不能及时获得（较多的情况是完全得不到）业务信息，如业务数据、财务指标完成情况等，因而无法进行全面的绩效考核和及时制订人力资源发展计划。

（3）战略层面：公司在进行重大的战略决策时，无法获得系统、全面的业务历史信息，如详细的产品成本构成信息、客户信息、流程绩效等，无法合理审视组织和能力现状，导致企业在进行战略选择时更多是依据对外部环境的分析评价，而较少能有效结合自身能力进行选择，使得战略实施的难度和风险加大。这一层面的问题在集团企业的总部层面表现得尤为突出。

“信息孤岛”问题产生的重要原因在于各系统、部门的“独立运行”，缺乏有效的集成。而ERP则体现了信息集成的思想，当前的ERP系统几乎囊括了企业所有的部门与流程，实现了信息的横向与纵向的流通，可以真实地反映企业物流与资金流的状况，实现了信息流、资金流和物流的合一。在此基础上，改变过去手工管理中的习惯，改变落后的管理模式，做到企业业务流程的无缝链接，全面分析企业的问题，作出正确的决策，最终提高企业的管理水平，提升企业的核心竞争力。

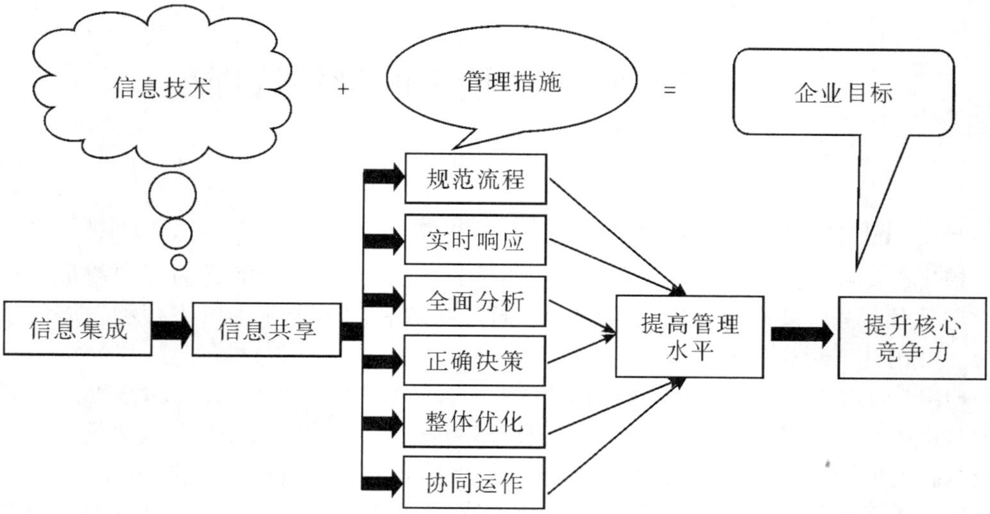

图 3－3 信息化推动企业进步

五、事前计划、事中控制、事后反馈思想

ERP 系统中的计划体系主要包括主生产计划、物料需求计划、能力需求计划、采购计划、财务预算、人力资源计划等，而这些计划与控制功能已经完全集成到整个供应链系统内。得益于信息的实时性与集成性，ERP 可以实时掌控核心业务环节（如销售订单审核、原材料供应商的选择等），为管理者作出正确决策提供依据，有效防止错误决策的发生，做到事中控制。此外，ERP 还具备了信息反馈功能，如可收集投入、产出及物料消耗等信息并将其反馈给主生产计划，为修正计划与实际情况的偏差、下达新的生产作业计划提供依据。

ERP 沙盘与 ERP 系统软件要实现的目的是一致的，均体现着精益生产、敏捷控制、信息集成和供应链管理等管理思想，都以提高管理效率和现代化水平为终极目标。党的十七大报告中要求必须认清信息化深入发展的新形势、新任务，这正反映了当前社会发展的趋势——信息化。在这种新趋势下，我国为数众多的企业纷纷实施以 ERP 为代表的信息系统以提高竞争力。ERP 涉及众多复杂的管理与技术问题，而我国 ERP 专业人才相当匮乏，这使得我国企业应用 ERP 系统的步伐缓慢，即使已经应用 ERP 系统软件的企业也可能存在这样或那样的问题，导致系统应用的效果并不理想。因此，培养 ERP 专业人才已经成为我国高等教育的当务之急。ERP 沙盘是 ERP 思想的经典凝练，是学习、应用、理解 ERP 软件的铺路石，因此，ERP 沙盘的应用在提高学生综合素质和业务水平的同时，也在一定程度上解决了 ERP 专业教育的问题。

第三节　ERP环境下的销售管理

一、ERP中销售管理模块的主要功能

销售部门在供需链中处于市场与企业的接口位置，主要职能是为客户或最终用户提供产品及服务，实现企业的资金转化，通过获取利润为企业提供生存和发展的动力源泉，并由此实现企业的社会价值。

ERP中销售管理模块逻辑功能如图3－4所示，可帮助企业的销售人员完成客户档案管理、销售报价管理、销售订单管理、客户信用管理、发货单及销售发货处理、客户退货及货款处理等一系列销售管理事务，可以为管理人员提供大量多角度的统计分析报表。

销售管理模块是以订单（合同）为核心来管理整个销售业务，通过它可以及时了解到销售过程中每个环节的准确数据。同时，通过减少订单准备时间，降低出错率及迅速解答客户的咨询来提高企业的服务水平。作为企业运作中的一个重要部分，销售管理模块与库存、财务、生产、质量等模块有着紧密的联系，一起共同组成完整的ERP系统。具体而言，ERP中销售管理的功能包括①：

1．销售预测

销售和制造活动的有效管理，始于对市场需求的准确理解和预测。企业的一切计划活动都以满足客户的未来需求为目的，所以企业各个部门的活动都与销售预测有关。销售预测就是使用过去的数据预测未来需求量的过程，良好的销售预测有助于销售人员安排销售任务，有助于企业安排产品研发、资金预算、生产进程等活动。ERP系统中记录了过去一段时间大量的销售数据，借助于定量、定性的预测方法即可预测企业未来一段时间的销售情况。

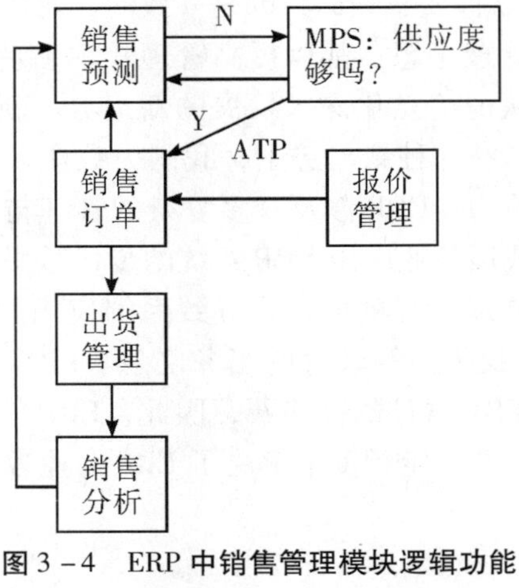

图3－4　ERP中销售管理模块逻辑功能

① 不同的ERP软件产品，各个模块功能会有所不同，但主体思想是一致的。

2. 制订销售计划

销售计划是各项计划的基础，除了公司的经营方针和经营目标需要详细的商品销售计划外，其他计划，如未来发展计划、损益计划、资产负债计划等都需要以销售计划为基础。ERP 中的销售计划内容包括商品计划、渠道计划、销售成本计划、销售总额计划等内容。

3. 产品报价管理

在客户正式下销售订单之前，通常要求企业提供相关信息，如价格、交货方式、交货期、保险等。手工管理的报价方式可能产生许多问题，如无法查询客户以前的交易资料以供参考，价格计算错误，对于重要的客户报价情况无法进行有效的跟踪作业，报价单无法进行有效的审核等。ERP 系统中的报价单可协助销售人员记录、跟踪及审核报价信息，客户确认后的报价单可转为销售订单。

4. 销售订单管理

销售订单是销售管理模块中最主要的业务单据，是出货、退货管理的依据，也是企业各种计划，如生产计划、采购计划、委外计划等的准绳。ERP 中销售订单管理可管理客户订单生命周期的全过程，包括销售订单的录入、审核、信用控制、出货追踪、订单关闭等，并提供整个过程相关的管理信息，以达到掌控订单状态、加强客户信用监控、提高客户服务水平的目的。

5. 出货管理

出货管理用于处理出、退货作业相关的业务，包括出（退）货单的录入、客户信用控制、出货单客户回执管理、自动更新库存、应收账款结转等。

6. 服务管理、催收销售货款

销售服务管理包括售前、售中、售后服务并进行追踪。销售部门通过系统跟踪销售订单、了解交货情况、掌握客户对产品（服务）的满意程度，协调安排售后服务支持活动（如产品安装、调试、维修等），并记录服务管理的相关信息，同时记录应收账款及催收情况。

7. 进行销售分析

销售分析是将销售订单及出货作业过程中收集的数据自动汇总，提供各种管理信息的过程，ERP 中销售分析功能可以提供销售统计表、销售达成率分析表、成长率分析表、销售排名表等。

二、ERP 环境下的销售管理的转变

实际企业经营过程中，容易出现产销脱节的情况，市场需要的产品生产不出来，而生产出来的产品则不符合市场需求，销售乏力。ERP 为市场、销售部门和生产部门提供了密切合作的平台与机会，改善了企业传统管理模式下的产销脱节情况。

企业要想提高其市场竞争力，既要有好的产品质量，又要有高水平的客户服务。只有在市场部门了解生产部门能够生产什么、生产多少，同时生产部门也了解市场需

要什么的情况下，企业才能够生产出适销对路的产品，迅速响应、满足客户需求，而做到这一点则需要市场销售和生产制造两个部门的协调与配合。但是在传统手工管理下，销售人员很难对客户作出准确的供货承诺，其主要原因就是销售人员无法得到企业实际生产信息。由于销售部门的供货承诺只能凭经验作出，所以按时供货率也得不到保证，有可能出现拿到订单而无法按时、按质、按量供货的情况，降低了企业的市场竞争力。

有了 ERP，供货承诺问题可以得到很好的解决，客户服务水平、客户满意度大幅度提升。其原因在于，ERP 环境下市场销售和生产制造部门既可以在决策级又可以在日常活动中有效地进行通信协调，通过 ERP 系统中相关的信息查询功能，市场销售部门可以清楚地了解生产制造情况，从而面对顾客提出的各种订货请求，迅速、准确地作出交货日期承诺。

ERP 还可以帮助企业有效解决价格管理的难题。产品价格策略的制定是一个复杂的问题，企业会根据季节、客户、订货量、交货期限、竞争策略等因素确定其产品的标准价格，而实际成交价格往往由销售人员综合以上因素最终确定。手工管理下，价格的确定具有很强的主观性，管理上往往存在一定漏洞，销售部门（人员）可能为了本部门（本人）的利益而损害企业利益。有了 ERP，企业的价格管理将更加简便、有效，管理人员可以方便地设置、调整价格、折扣等项目，销售人员需要根据 ERP 中设置的规则确定最后的成交价格，从而有效防止徇私舞弊情况的发生。

此外，ERP 还有强大的预测与模拟功能，可以根据以往的市场、销售等数据预测企业未来一段时间的需求情况并模拟企业的运营，帮助企业制订销售计划，安排生产。在制造企业中，管理人员往往想知道在主生产计划中当某些因素（如人力需求、设备需求、零部件需求、产品库存、产品交付时间以及未完成的订单等）改变会产生什么样的结果，具体如“要改变产品的某种配置（配方），最短需要多长时间？能否按时完成某个客户的订单？”“这些改变对企业的销售与运作规划以及公司高层领导所关心的获利能力有何影响？”借助于 ERP 的预测、模拟功能，可以回答这些问题，从而验证计划的有效性。

ERP 能够提供一个工具，使得市场销售部门、生产部门、财务部门能作为一个整体而更好地工作，以应对多变、复杂的客户需求。正是由于 ERP 提供了可靠的生产、财务、物料供应等信息，市场销售部门才得以制定正确的市场策略。

第四节　ERP 环境下的生产与控制管理

一、ERP 中生产与控制管理的主要内容

生产与控制管理模块是 ERP 的核心，它是以客户需求和市场预测等为主要依据，

通过主生产计划（MPS）和物料需求计划（MRP）两个层次的运算，自动生成生产计划、采购计划和委外计划，经过有关部门审核后成为正式的订单（Order），而后，下达给相关部门执行，并控制执行情况，主要内容如图 3－5 所示①。

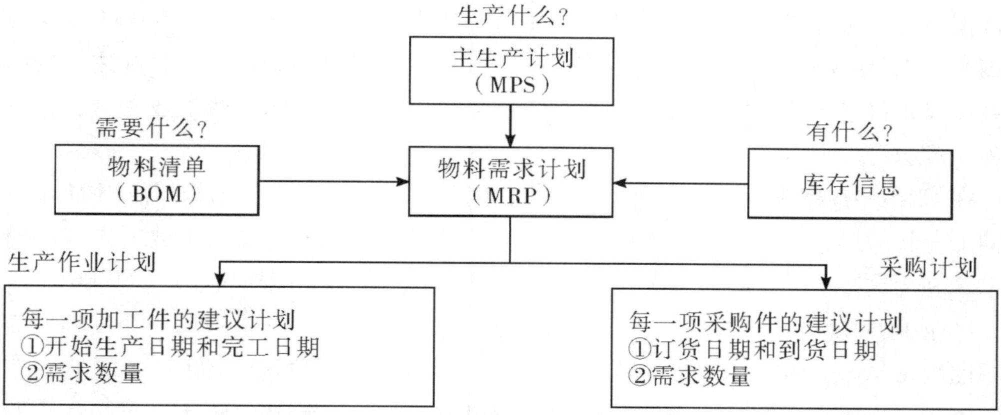

图 3－5 ERP 中生产与控制管理模块逻辑框

1. 主生产计划（MPS）

主生产计划（MPS）是 ERP 中一个重要的计划层次，是传统的生产运作管理中没有的新概念。

MPS 根据客户订单和市场预测，将销售计划或生产规划具体化，是确定每一个具体的产品在每一个具体的时间段的生产数量。计划的对象一般是最终产品，即企业的销售产品（它要具体到产品的品种、型号），但有时也可能是组件（重要的组件、采购周期较长的组件）的 MPS 计划，然后再生成最终装配计划。

主生产计划是一个详细的进度计划，它必须平衡物料和能力需要，解决优先度和能力的冲突。MPS 在制造业中广泛应用，它驱动了整个生产和库存控制系统，是 ERP 不可缺少的输入。可以说 ERP 系统计划的真正运行是从主生产计划开始的，企业的物料需求计划、车间作业计划、采购作业计划等均来源于主生产计划，即先由主生产计划驱动物料需求计划，再由物料需求计划生成车间作业计划与采购作业计划。所以，主生产计划在 ERP 系统中起着承上启下、从宏观计划到微观计划过渡的作用。

在 ERP 中，主生产计划是起到驱动作用的一套计划数据，解决了三个重要问题：生产什么、生产多少和什么时候生产。主生产计划可以看做是对企业销售计划或生产规划的细化，用以协调生产需求与可用资源之间的差距。显然，MPS 的依据是市场需求，这主要来源于客户订单和销售预测，还可能包括备品、备件、客户选择件、附加件、维修件等。将以上所有的需求汇总后，统称为需求大纲，当然在不同类型的企业

① 实际 ERP 产品中，生产与控制管理部分是非常复杂的，本小节只作概要性介绍，详细情况可参考专业 ERP 书籍。

中，需求大纲的编制策略是有所不同的。

2. 物料清单（BOM）

采用计算机辅助企业生产管理，首先要使计算机能够读出企业所制造的产品构成和所有要涉及的物料。为了便于计算机识别，需要把用图示表达的产品结构转化成某种数据格式，这种以数据格式来描述产品结构的文件就是物料清单（Bill of Materials，BOM）。它是定义产品结构的技术文件，表明了产品→部件→组件→原材料之间的结构关系，以及每个部件所包含的下属部件的数量和提前期等，在某些工业领域，也可能称为“配方”、“要素表”等。

在 ERP 中，物料清单是一种树型结构，因此，又称之为产品结构树。BOM 是以自顶向下分解的形式，或是以自底向上跟踪的形式提供信息。它反映了数据之间的组织关系，利用这些数据之间的层次关系可以作为 ERP 中很多功能模块设计的基础。

一个 BOM 文件，至少应包括 3 个数据项：物料代码、需求量（每一个父项所需该子项的数量）、层次码（该物料在结构中相对于最终产品的位置）。图 3－6 是自行车的 3 层 BOM，表示自行车由车把、车架和车轮组成，其中车轮又由辐条、车圈和轮胎组成。实际 ERP 软件中，BOM 往往是以表格形式展现和存储的，BOM 中既保存了各种物料在产品中所处的层次信息，又囊括了各物料的提前期与数量信息。

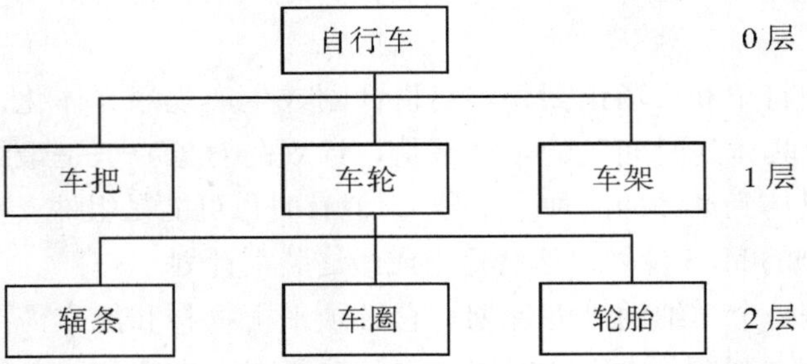

图 3－6　自行车的三层 BOM

3. 物料需求计划（MRP）

MPS 模块初步解决了从市场需求出发，如何安排产品生产的问题。但还有许多细节问题 MPS 模块尚未回答：首先，为了生产产品所需的自制零部件的生产安排尚未做出；其次，与 MPS 相配套的采购计划没有给出。MPS 计划的对象是最终产品，但从 BOM 中我们知道产品的结构是多层次的，一个产品可能包含成百上千种需要制造或外购的零部件（原材料），而且所有物料的提前期（采购提前期或生产提前期）各不相同，投产顺序也有差别，但所有物料的产出必须是均衡的，才能满足 MPS 的需求。

物料需求计划（MRP）是 ERP 管理层的计划，是在主生产计划（MPS）驱动下，协调生产的物料需求和库存之间的差距。MRP 是 MPS 需求的进一步展开，也是实现 MPS 的保证和支持，它根据 MPS、物料清单和物料可用量，计算出企业要生产的全部加工件和采购件的需求量；按照产品出厂的优先顺序，计算出全部加工件和采购件的需求时间，并提出建议性的计划订单。

MRP 的基本原理式：首先，企业根据已经接到的客户订单和销售预测情况会制订主生产计划（MPS），这个主生产计划就决定了企业在某一段时间内要生产什么、生产多少；物料清单中保存有产品的结构信息，通过物料清单可以计算出每一种原材料（零部件）的毛需求量；然后，查看仓库中已经有的原材料（零配件）的信息，从而算出各种原材料（零配件）的净需求量（净需求量 = 毛需求量 - 仓库中已有的量）。如果需要的原材料（零配件）是采购件，则根据采购的提前期、生产进度等生成一个采购计划，告诉采购人员需要采购的原材料的数量、订货的日期和到货的日期等信息；如果需要的原材料（零配件）是需要企业自己生成的，则生成一个生产作业计划，给出每一个需要加工件的需求数量、开始生产日期和完工日期等信息。MRP 通过上述计算、分解的过程，将主生产计划排产的产品分解成各自制零部件的生产计划和采购件的采购计划，从而帮助企业摆脱旧的按台、套组织生产的管理方式，提供给企业一套全新的、科学的管理方式。

物料需求计划的计划周期可以是周、日，也可以细到小时，它主要解决以下五个问题：

① 要生产（含采购或制造）什么？生产（含采购或制造）多少？（这些数据从 MPS 获得。另外，对于上个时期内没有按时完成的采购订单、生产订单、委外订单等也需要考虑追加）

② 要用到什么？（这些数据根据 BOM 表获得）

③ 已经有了什么？（这些数据根据物料库存信息，即将到货信息或产出信息获得）

④ 还缺什么？缺多少？（这些数据根据 MRP 计算结果获得）

⑤ 何时安排（包括何时开始采购制造、何时完成采购制造）？（这些数据通过 MRP 计算获得）

4. 能力需求计划

能力需求计划（CRP），是对物料需求计划所需能力进行核算的一种计划管理方法。具体地讲，CRP 就是对各生产阶段和各工作中心（工序）所需的各种资源进行精确计算，得出人力负荷、设备负荷等资源负荷情况，并做好生产能力与生产负荷的平衡工作，保证 MPR 所生成的各种计划的可行性。

能力需求计划中的能力是指在一定条件下（如人力、设备、面积、资金等），单位时间内企业能持续保持的最大产出，能力需求计划的对象是工作中心。

能力需求计划旨在通过分析比较 MRP 的需求和企业现有生产能力，及早发现能力的瓶颈所在，从而为实现企业的生产任务提供能力方面的保障。能力需求计划把 MRP 的计划下达生产订单和已下达但尚未完工的生产订单所需求的负荷小时，按工作日历转换为每个工作中心各时区的能力需求，而后与工作中心在该时段的可用能力进行比较，生成能力需求报表。

能力需求计划可以解决以下三个问题：

① 各个物料经过哪些工作中心加工？

② 各工作中心的可用能力和负荷是多少？

③ 工作中心的各个时段的可用能力和负荷是多少？

二、ERP 环境下生产与控制管理的转变

传统管理方式下，生产部门面临的一个棘手问题，就是向其他人员，特别是市场销售人员提供准确的有关生产计划、进度等方面的信息。而通过使用现代的 ERP，可以事先对各种生产计划及其调整情况进行模拟，保证生产可以满足市场需求，并且当市场情况发生改变时，可以回答“如果……将会怎样”的问题。下面给出一个例子进行说明。

在一家生产压缩机的企业中，总经理问生产部门能否在 5 月 20 日之前紧急制造并发运一批用于汽车空调的压缩机（因为这个订单的利润相当可观，所以老板要求必须承接下来并推迟其他的生产任务，首先保证该订单的按时完成）。在使用 ERP 之前，生产部门往往会因为缺乏工艺、物料准备、供应商、机器设备等详细、准确的信息，很难给出准确的答案。而在使用了 ERP 之后，可以借助 ERP 的事前模拟功能，在承接订单之前做一次模拟运算，对所提出的追加紧急订单的问题及其产生的影响进行模拟运行，模拟结果显示需要额外采购哪些物料，需要增加什么能力，再把这些结果和企业现有情况相比较。通过 ERP 模拟运行，生产部门得出了结论，要完成此项新任务，必须减少 2 月份家用空调压缩机的生产计划 2 000 台；此项紧急订单将使一个数控机床超负荷，企业可以通过转包某些零部件的加工任务来解决，也可以通过购置一台新的数控机床来解决；5 月 15 日左右可以恢复原先制定的家用空调压缩机的生产任务。

在这个例子中，该企业使用 ERP 的模拟功能来事先模拟改变生产计划会发生的后果，使得生产部门可以根据市场需求的变化迅速调整生产计划。同时，ERP 还有助于把改变计划的影响局限在某个范围之内。当然，没有 ERP，这项紧急任务也可以完成，但可能不只是把家用空调压缩机的生产计划推迟，还可能影响到许多产品的生产计划。运用 ERP 的模拟功能可以把必要的影响范围减至最小，使企业以最小的代价，应对变幻莫测的市场环境，这一点对生产部门来说是非常有意义的。

此外，ERP 环境下企业还可以加强对生产过程成本的控制。目前，多数 ERP 系统提供次品率和物料消耗控制的功能。用户可以在系统中预设各种产品的标准次品率（即计划指标），在实际生产过程中可以收集相关信息并与标准次品率相比较，从而明确哪个时间段内、哪个工作中心产生了额外的次品，增强生产人员的责任心。有了物料需求计划，各个工作中心便有了明确的物料清单，从而知道什么时间、领取什么物料、领取多少、生产出多少产品（零部件），可以有效避免生产环节的物料浪费。

第五节　ERP 环境下的采购管理

一、ERP 中采购管理的主要内容

采购管理就是对整个采购业务过程进行组织、实施与控制，从而适时、适量、适质、适价地为生产部门提供生产所需要的原材料（或外加工件）的管理过程。从我国制造业的整体情况来看，物料成本占整个产品成本的比重是较大的，例如，石油炼油企业的原材料成本可占销售额的 70%；对于原材料费较少的制药业，其原材料成本也占了近 30%。因此任何生产型企业均需要重视其采购管理环节，而 ERP 是帮助企业管理好采购的有效工具。

ERP 中采购管理模块的逻辑功能如图 3－7 所示，其主要功能包括：

1. 接受采购指令

采购指令是指需要采购的品种、数量、质量要求以及到货期限。ERP 中采购指令大多来源于物料需求计划模块计算得出的采购计划，对于临时性采购、非应用于生产过程的物料（如办公用品、设备等）则可以在采购管理模块中手工录入采购指令，而后由采购部门统一执行。

2. 寻找潜在的供应商

在采购活动中，供应商的选择是十分重要的，理想的供应商能保证所供应的物资的质量和交货期，并使企业以较合理的价格获得所需要的各种原材料（零配件）。ERP 中记录了大量与供应商有关的信息，如：

① 供应商代码、名称、地址、电话、联系人。

② 商品名称、规格，供方物料代码。

③ 价格、批量要求、折扣、付款条件、货币种类。

④ 发货地点、运输方式。

⑤ 供应商信誉记录，包括按时交货情况、质量及售后服务情况。

⑥ 供应商技术水平、设备和能力。

一种原材料（零配件）可以由多个供应商提供，也可以由单个供应商提供。企业可以根据供应商目录向供应商提出供货申请（口头或书面），要求其提供价格、交货期限、付款条件等信息。

3. 选择供应商

一个好的供应商是确保供应物料的质量、价格和交货期的关键。因此，在采购管理中，供应商的选择以及如何保持与供应商的关系是一个核心问题。根据用户提供的资料，按照企业的要求进行审核，最终选择合适的供应商。

4. 采购订单的处理

根据采购请求和供应商的报价，做一份正式的采购订单，包括采购物料品种、数量、交货期等。

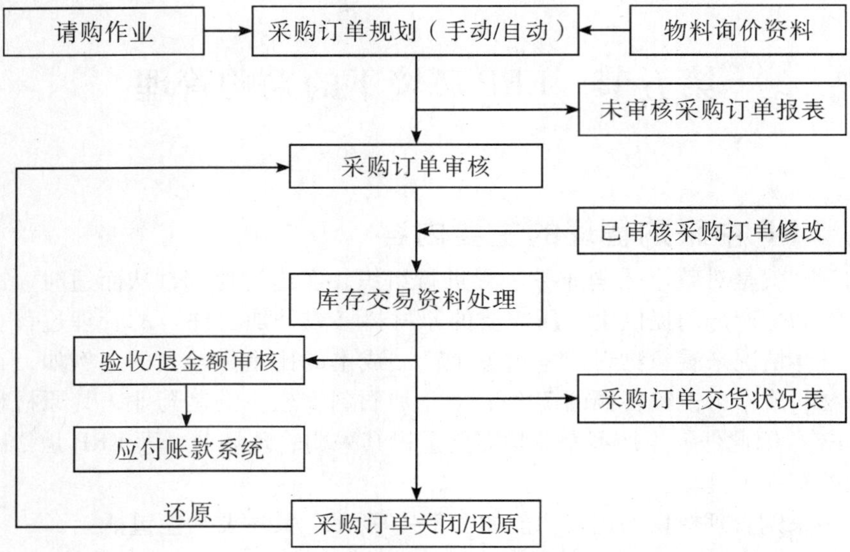

图 3－7　ERP 中采购管理模块的逻辑功能

5．采购订货的跟踪

订货跟踪主要是指订单发出后的进度检查、监控、联络等日常工作，其目的是防止到货延误或出现数量、质量上的差错。订货跟踪工作较为琐碎，却是必需的，因为物料供应的延误或差错将影响生产计划的执行，进而可能导致企业生产中断，不能按时向顾客供货，最终失去顾客信誉和市场机会。采购执行过程中，采购部门需要经常与供应商保持沟通，随时了解采购订单的执行情况，如质量、进度等。

6．验收入库

验收入库也是采购部门的职责之一，包括检验合格的物料、办理入库手续等。当然，该过程可能也需要质量检验等部门的配合。在验收的过程中，如果发现采购的原材料（零配件）有质量问题或者不符合协议要求，可以进行相应的处理，如降低原材料的等级、退货、追加罚款等。

7．采购订单完成

这项工作包括费用结算、费用差异分析、供应商评价并登录、维护采购提前期数据、维护订货批量调整因素。一次采购活动结束后，需要进行总结、评价，对于出色完成采购合同的供应商，企业可以提升其信用等级或建立长期的合作关系，从而进一步拉近与该供应商之间的关系，对于未完全履行合同内容的供应商则可以考虑降低其信用等级直至结束合作关系。

二、ERP 环境下采购管理的转变

传统的管理模式下，采购部门的职能包括采购计划和采购执行两大部分，而这种管理模式有很大的弊端。一方面，由于市场变化快、企业生产的产品多，采购部门需要耗费大量的人力、物力用于制订和调整采购计划，而疏于对供应商的开发与管理，以及对采购订单的跟踪管理。另一方面，企业的生产计划与采购计划分别由生产部门和采购部门负责制订、执行，两个计划很容易出现采购的物料品种、数量、到货时间等方面的不一致，出现生产部门所需要的物料无法按时供给，采购到的物料并非生产所需的情况，两个部门可能相互推诿责任，难以解决问题。因此，在很多企业中，采购部门往往是最为繁忙的部门，但采购成效一般，成为限制企业生产的瓶颈环节。

传统管理方式下，采购部门为了应对生产计划的波动，往往会在正常需求的基础上增加采购量，同时会要求供应商在正常的需求前供货（即人为地延长采购提前期）。其导致的结果是：一方面，采购量大于需求量，造成物料的积压；另一方面，供应商无法得到真正有效的交货日期，进而无法制订合理的生产计划，而企业也需要耗费大量精力跟供应商进行协调，导致供货效率低下。

ERP 引入企业后，采购计划职能从采购部门剥离出来，生产计划职能从生产部门分离出来，两者合并到专职的计划部门，由计划部门全盘负责企业的 MPS、MRP 的制订，统筹考虑两大计划，做到采购、生产的同步执行。另外，采购部门无须为多变的采购计划烦恼，可全力关注于采购执行功能；而采购人员则可以从烦琐的事务中解脱出来，使他们有更多的时间去选择供应商，进行合同谈判、价值分析和工程部门讨论标准化问题等，从而帮助他们把采购工作提高到一个前所未有的水平上。这是把 ERP 用到采购管理的重要结果之一。

此外，利用 ERP 系统还可以有效地控制采购成本，把整个采购过程公开化、透明化、制度化。在 ERP 系统中，可以把不同供应商的报价信息收集起来，管理人员可以很容易调出对于某一物料不同供应商的报价，从而选择对企业最为有利的供应商。同时，还可以建立不同供应商的同一产品的质量统计分析。

第六节　ERP 环境下的库存管理

一、ERP 中库存管理的主要内容

从狭义角度来看，库存是指暂时处于存储状态的物料，是静态的。而从广义的角度看，库存是动态的，是指一个企业为支持生产、维护、客户服务等目的而存储的各种物料的统称，包括原材料、在制品、维修件、成品等。库存可以是企业主动储备的各种物品，也可以是被动超储或积压的各种物料，就这些物料停滞的位置而言，可以是在仓库、车间内，也可以在运输途中。

ERP 中库存管理除了要解决传统库存问题（即何时订货和订多少货，旨在“保障供应而存货最小”），同时要解决诸如在“哪里存货、存什么货、货物种类及仓库如何搭配、库位如何管理”等新内容，其根本目的是谋求“通过适量的库存达到合理的供应，使得总成本最低”。因此，现代企业管理者必须保证企业物料的供应和产品的分配像流水线一样顺畅，又不占用过多的企业资金。

ERP 中库存管理可帮助管理人员对库存物品的入库、出库、移库、盘点、补充订

货和生产补料等操作进行全面的控制和管理，还可以从级别、类别、货位、批次、单件、ABC 分类等不同角度来管理库存物品的数量，统计库存成本和资金占用情况，以便用户可以及时了解和控制库存业务各方面的准确情况和数据，做到账、物相符。ERP 中库存管理模块的逻辑功能如图 3-8 所示，其主要业务包括：

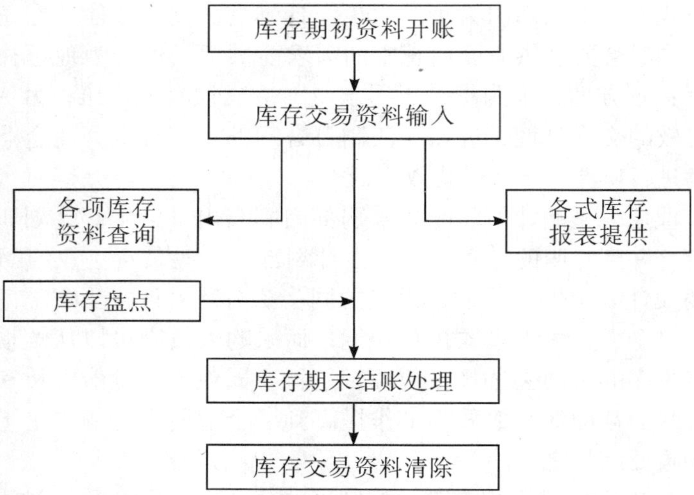

图 3-8　ERP 中库存管理模块的逻辑功能

1．物料入库、出库与调拨管理

物料入库根据采购订单来接受物料，办理入库手续，开收料入库单，分配材料库存货位，同时监督来料是否与订单相符。此外，物料入库任务还包括生产完工入库、生产剩余物料入库、销售退货入库等，不同类型的入库在 ERP 中有不同的处理流程。

物料出库包括生产领料、非生产领料与销售提货。对于生产领料，各工作中心根据 ERP 中 MRP 模块生成的生产订单（指令）执行领料，而对于非生产领料（包括行政办公、后勤保障、研发、测试等所需物料）的需求通常在 MRP 中没有反映，因此系统中不会自动产生领料单，而是执行“申请→审批→领料”的流程。

物料调拨是指物料从一个仓库转移到另一个仓库，或从一个仓位转移到另一个仓位。例如，物料由采购环节首先进入检验仓位，检验合格后转移到合格品仓位。

2．库存物料盘点

理论上，库存管理中每一笔出入库业务均需要记载，因此记录的物料的库存数量和物料的实际数量应当是一致的。但在实际管理中，误差与错误总是难以避免的，如某些物料由于超期存放而失效、某些物料发生丢失现象、某些出入库单据登记错误等。经过一段时间，各种因素积累，库存账面数据与实际库存情况会有一定的误差，进而影响企业的生产、经营活动，因此库存盘点是库存管理中一项重要的内容。

库存物料盘点是对库存物品的清查，是对每一种库存物料进行清点数量、检查质量及登记盘点表的库存管理过程，其目的主要是为了清查库存的实物是否与账面数相符，检查库存物资的质量情况。ERP 中可以为物料设置盘点周期，当盘点时间到达时，自动输出需要盘点的物料列表，要求仓库管理人员进行盘点；对于盘盈、盘亏的物料，需要在 ERP 中记载实际数量，并登记具体原因；经过相关人员审核后，完成库存量账面数据的修订。

3. 库存信息分析

运用 EPR 管理库存的一大优势就是系统中存储了大量与库存相关的数据，用户可以根据实际需要从各个角度进行分析，如库存占用资金、来源和去向、构成、库龄、周转情况。此外，通过信息分析，可以对库存和企业的其他管理工作起到监督和促进作用，同时是确定库存控制策略的重要依据。

二、ERP 环境下库存管理的转变

库存控制问题一直是企业管理中较为复杂的问题，很多企业都面临这样的疑惑：对于形形色色的众多物料，如何给它们设置合理的安全库存量与订货批量，使得物料既可以满足需求又能最大限度地节约流动资金与采购成本？

针对这个问题，人们把实际情况抽象为数学模型（如经济订货模型等），对复杂的条件进行简化，希望通过模型计算解决问题。然而，过于抽象的模型实际应用的效果一般，复杂的模型计算量又太大，难以应用于实践。ERP 环境下，每一个产品所需的各种物料的数量、时间、订购成本等数据都是较为确定的，企业可以把 MRP 计算得出的需求与经济订货等数学模型相结合，可最大限度地降低制造过程的成本。

第七节　ERP 环境下的财务管理

一、ERP 中财务管理的主要功能

企业的财务管理不单单是财务部门的工作，它涉及企业的各个职能部门。采购部门根据采购执行计划下采购订单，采购合同接受财务部门的监督；供应商根据采购订单和合同送货，企业采购部门根据订单和供应商的送货单组织货物验收（需要质检等部门的协助），签收收货单并交财务；来料检验合格后入库，仓库将出入库单交给财务部门，财务部门记入应付账款、库存原材料等信息，并按协议与供应商结算，记入应付账款、银行存款和现金科目。生产部门负责将生产工时、物料耗费、废品情况和产品产量等报给财务部门，财务部门根据各个部门和岗位的工资卡片计算应付工资和结转人工成本等，并根据生产部门上报的物料消耗等信息计算产品的生产成本。销售部门销售产品或提供服务时，由库存部门开出货单交给财务部门，销售部门将销售发票交财务部门处理，财务部门根据有关原始凭证等记入（或结转）销售收入、应收账款、销售成本和产成品等科目，所有科目汇入总账，月末财务进行结转利润和费用等，每

个季度或年终进行综合汇总。

财务管理是 ERP 系统中重要的组成部分，通过系统中财务模块，企业的各级管理人员可以随时得到经营成果信息，进而控制各项业务，保证目标的实现。ERP 中，销售、生产计划、采购、库存、人力资源等各子系统得到了有效集成，这些子系统的交易数据，成为财务管理中成本会计、应收/应付账款和总账会计的数据源。如果各种数据均明确定义其对应的会计分录，会计凭证则可在实际业务发生的同时自动生成，会计人员不必手工逐一录入，各种数据便可实时、准确地表达在财务报表中，手工作业下各种数据不连贯、疏漏、错误等情况完全可以避免。

企业的财务管理是基于企业再生产过程中客观存在的财务活动和财务关系产生的。ERP 中生产型企业的财务管理一般包括应收账款管理、应付账款管理、总账管理、财务报表、固定资产管理、工资管理、银行对账管理和成本管理等内容。

1. 应收账款管理

ERP 中应收账款是财务会计与销售管理之间的接口，即应收账款不仅是财务会计的一部分，同时通过与销售管理模块集成，接收销售管理模块在出货时发生的应收账款数据，并向销售模块提供有效的客户信用管理方面所需的资料，从而在销售管理模块中严格审核销售订单，降低销售坏账风险。

应收账款模块负责处理应收账款的生成、冲销及分析，适时提醒应收账款催收及客户信用控制，并可根据应收账款到期的情况，规划现金的来源。应收账款管理的逻辑功能如图 3－9 所示。

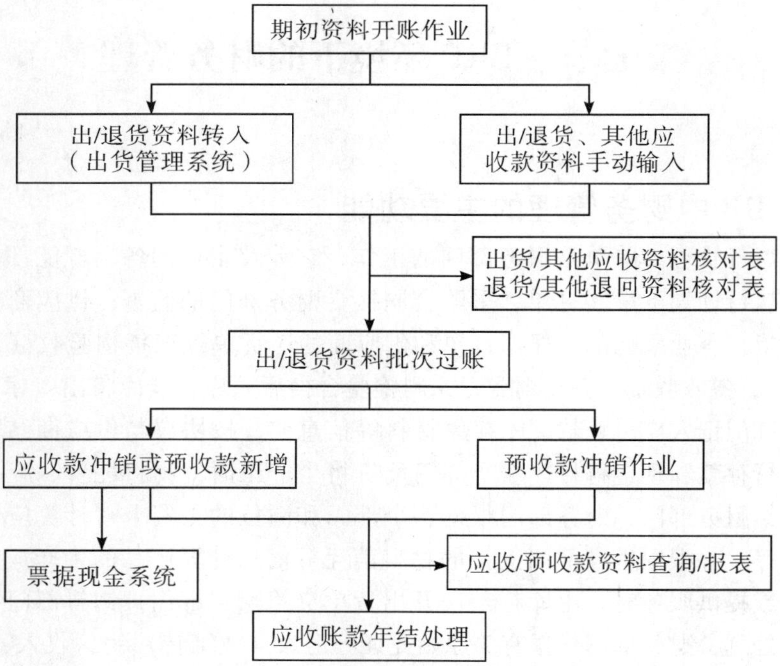

图 3－9　ERP 中应收账款的逻辑功能

2. 应付账款管理

ERP 中应付账款记录和管理供应商、委外商的核算资料，应付账款模块是采购管理、委外管理与总账会计间的接口与桥梁。该模块接收来自采购管理、委外管理产生的应付账款数据，并将这些数据汇入总账会计模块中。

应付账款的来源主要有三类，即采购收货业务所发生的应付账款、委外收货所产生的应付加工费（含委外商垫付的其他费用）和本模块中直接输入的各种应付账款。应付账款模块可以处理应付账款的生成、冲销及分析，为管理人员提供各种应付账款资料，其主要流程如图 3－10 所示。

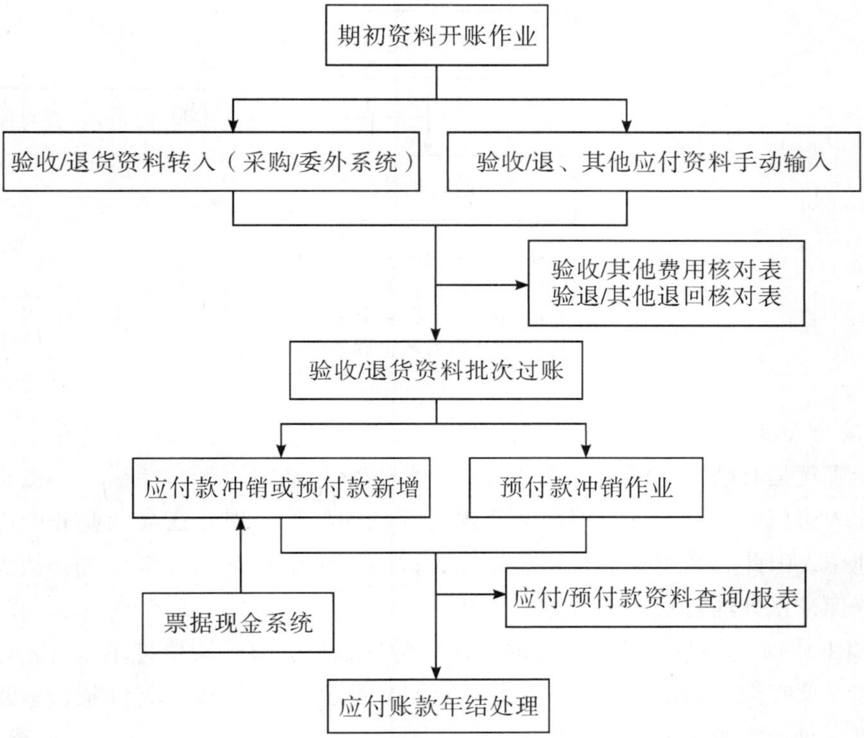

图 3－10　ERP 中应付账款的逻辑功能

3. 总账会计

就本质而言，总账是企业所有业务的完整记录。ERP 中总账模块是财务会计子系统最为核心的部分，它以凭证处理为核心，进行账簿报表的管理。该模块的主要功能包括凭证录入、凭证审核、科目分摊处理等，其主要业务流程如图 3－11 所示。

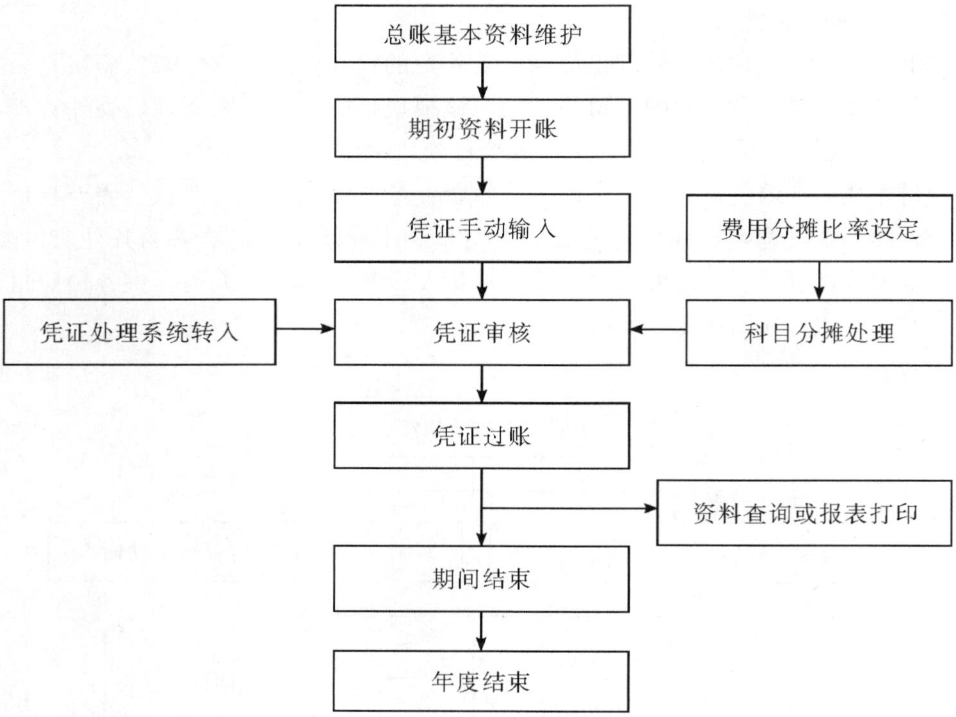

图 3－11　ERP 中总账管理的逻辑功能

4. 现金管理

现金管理是对硬币、纸币、支票、汇票和银行存款的管理的统称，其主要任务是对现金流入流出的控制以及零用现金及银行存款的核算。现金在会计业务中占有极其重要的地位，因此必须建立健全管理制度，以防止现金被挪用甚至被盗，从而保证账款相符，保证正常经营和日常支付。

在 ERP 中应提供票据维护、票据打印、付款维护、银行清单打印、付款查询、银行查询和支票查询等和现金有关的功能。此外，它还和应收账、应付账、总账等模块集成，可以自动生成凭证，导入总账。

二、ERP 环境下的财务管理的转变

传统手工管理模式下，企业的财务会计部门大多仅仅起着记账的作用，通过记账可以给管理人员反馈企业过去一段时间的经营情况，因此，其工作仅仅是面向历史的。虽然企业也试图通过财务管理对生产、库存等加以控制，然而效果一般，其主要的问题在于，生产、库存等使用的各种数据是不准确的，而财务人员又必须使用这些数据，因而自然导致更大程度的失真。

例如，在企业库存盘点过程中，经常发现账上记录的库存物料根本不存在或者严重短缺，其主要原因并不是仓库管理不够完善致使物料被盗，而是在于不能及时地收

集、传递和记录物料运动的信息。实际情况往往是财务部门使用一套账，而生产、库存部门使用另外一套账，这两套账的数据很有可能存在不一致的情况。商场如同战场，要想在市场上取胜，必须知己知彼，胸中有“数”。但是，如果生产、库存等部门提供的数据根本不准确，那么财务人员只得另搞一套。过去，财务人员常常不得不重新编制某些数据，或者推算某些数据，工作强度可想而知，而数据准确性却得不到保证。

财务数据与实际业务分离的危害远不止如此，在很多企业，各种业务信息被人为地分割于各个部门，信息得不到共享，形成了一系列的信息孤岛，对企业的管理产生了巨大的危害。我们不妨看个简单的例子：

10 月 1 日，A 公司的采购部向 B 公司订购了一批原材料，价值 100 万。当月 10 日，B 公司依据合同将原材料送到 A 公司指定的仓库，A 公司仓管员检验无误后在库存管理系统中办理了入库手续，并开出了物料进仓单交给 B 公司货运人员。10 月 11 日，B 公司货运人员将 A 公司开具的物料进仓单交回 B 公司销售部门，B 公司据此开出发票，并于 16 日送达 A 公司采购部。20 日，A 公司采购部携采购订单、进仓单、发票到财务部门报账，财务部门据此在会计信息系统中记账。次月 15 日，A 公司财务部按照合同，即采购订单的协定向供应商 B 支付货款。

从传统管理角度看，上述场景似乎没有多少管理问题。但仔细考虑就可发现这个看似平常、合乎常理的场景存在着诸多问题：

① 数据冗余：同一个订单信息，需要在采购系统、库存系统、财务系统重复录入，造成数据冗余。从技术角度看，数据冗余浪费了存储空间；从管理角度看，数据冗余造成了数出多门，给数据更新带来不便，容易造成系统间数据不一致。

② 浪费人力：同样的订单数据需要多个部门重复录入，显然增加了管理人员的负担，降低了工作效率。

③ 会计信息不及时：A 公司在办理完原材料入库手续的一刻，100 万元的应付账款便同时产生了。但在 10 月 10 日至 20 日的 10 天内，在 A 公司的会计信息系统内，并没有该应付账款的记录，即会计信息严重滞后于物流。A 公司的管理者无法及时、准确地得到财务信息。推而广之，A 公司的管理者在任何时刻，都无法得到准确反映企业经营情况的信息。如果决策者依靠这些不准确的信息进行决策，其后果可能是灾难性的。

在新型的管理工具 ERP 中，企业的财务与其他业务是同步的，企业在发生某些业务的同时，将相关数据传递到财务系统内，实现了财务与其他业务的统一，例如，仓库管理人员在登记原材料入库的同时，对应的应付账款信息同时在财务中反映出来。我国中医认为“通则不痛，不通则痛”，企业犹如人体，信息渠道不畅则可能导致机能失调，效率低下；而 ERP 则打通了企业原先阻塞的信息渠道，真正实现了企业的物流、信息流、资金流的同步，全面提高了企业的运作效率，这也是信息化建设的核心理念。

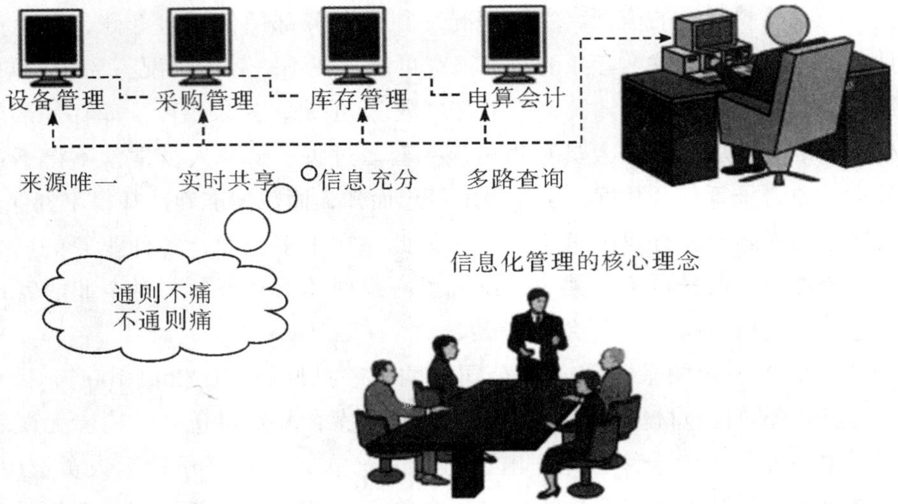

图3－12　信息化管理核心理念

第八节　ERP的效益、局限及发展趋势

一、ERP的效益、局限

在激烈的竞争环境中，对于制造型企业而言，无论是流程型企业还是离散型企业，无论是单件生产、多品种小批量生产还是标准产品大量生产，企业内部管理都可能会遇到一些管理问题：企业可能拥有优秀的销售队伍，他们对产品的推广工作卓有成效，然而，生产部门却无法按时生产出产品，因此无法按期交货。一方面，生产部门抱怨采购部门没有及时供应生产所需要的原材料；另一方面，采购部门效率过高，仓库中原材料堆积如山，仓库库位饱和，占用了大量的流动资金，且仓库资金回转很慢，有的材料几年都用不完；许多企业要用6～13周的时间计算其物料需求情况，而客户的订单周期只有两个月；由于仓库管理混乱，企业无法得知库存量的准确值，因此作出的采购计划很多情况下不符合生产要求；财务部门不相信仓库管理部门的数据，不用它们计算制造成本……

不可否认，以上情况是我国大多数生产型企业所面临的严峻问题。这些问题，从微观角度来看，粗放式的生产与管理导致了企业的效率低下；从宏观角度看，粗放式管理导致了整个社会效率低下、资源浪费现象严重。针对这些问题，如何解决？ERP思想及软件的引入与推广，为解决粗放式管理问题提供了一个全新的思路。事实上，ERP确实为很多企业带来了巨大的效益。根据美国生产与库存控制学会统计，使用ERP系统一般可以为企业带来如下经济效益：

1. 降低库存投资

（1）降低库存量。使用ERP系统之后，由于有了好的需求计划，使得企业可以在恰当的时间得到恰当的物料，从而不必保持很多的库存。根据统计数字，在使用ERP系统之后，库存量一般可以降低20%～35%。

（2）降低库存管理费用。库存量的降低还使得库存管理费用降低。其中包括仓库维护费用、管理人员费用、保险费用、物料损坏和失盗等。库存管理费用通常占库存总投资的25%。

（3）减少库存损耗。一方面，由于库存量减少，库存损耗也随之减少；另一方面，ERP对库存记录的准确度有相当高的要求，为了保证库存记录的准确性，就要实行循环盘点法。因而能够及时发现造成库存损耗的原因，并及时予以消除，从而可以使库存损耗减少。

2. 降低采购成本

ERP把供应商视为自己的外部工厂，通过采购计划法与供应商建立长期稳定、双方受益的合作关系。这样，既保证了物料供应，又为采购人员节省了大量的时间和精力，使其可对采购工作进行有价值的分析。采购计划法既提高了采购效率，又降低了采购成本。使用ERP，可以使采购成本降低5%。

3. 提高生产率

（1）提高直接劳力的生产率。使用ERP之后，由于减少了生产过程中的物料短缺，从而减少了生产和装配过程的中断，使直接劳力的生产率得到提高。生产线的生产率平均提高5%～10%，装配线的生产率平均提高25%～40%。

（2）提高间接劳力的生产率。以ERP作为通信工具，减少了文档及其传递工作，减少了混乱和重复的工作，从而提高了间接劳力的生产率。间接劳力的生产率可以提高25%。

（3）减少加班。过多的加班会严重降低生产率，还会造成过多的库存。使用ERP可以提前制订能力需求计划，从而减少加班。加班时间可以减少50%～90%。

4. 提高客户服务水平

要提高市场竞争力，既要有好的产品质量，又要有高水平的客户服务。要提高客户服务水平，就必须得到产销部门的有效配合。ERP系统作为计划、控制和通信的工具，使得市场销售和生产制造部门可以在决策级以及日常活动中有效地相互配合。从而可以缩短生产提前期，迅速响应客户需求，并按时交货。

当然，我们也应当注意到ERP系统的一些局限性。例如，ERP起源于制造行业，主要应用于制造型企业，对于其他类型的企业（金融业、服务业）则难以“伸展拳脚”。在知识经济时代，知识资本称为凌驾于物质资本、金融资本之上的首要资本，越来越多的企业开始关注知识管理。然而，目前ERP如何融入知识管理尚未给出明确答案。此外，信息技术发展推动了许多新思想的出现，如客户关系管理、电子商务等，如何融入这些新思想也是ERP面临的问题。

二、ERP 的发展趋势

进入 21 世纪以来，随着 Internet 的深入发展，网络经济时代已经到来，这就要求企业能够利用信息技术获得新的价值、新的增长、新的商机、新的管理模式。而传统的 ERP 要应对这些挑战，就必须构建一种新型的管理模式，这种管理模式要求除了进一步丰富原有 ERP 和供应链管理的功能之外，还需要与客户关系管理（Customer Relationship Management，CRM）、商业智能（Business Intelligence，BI）和电子商务等思想有机融合，这是目前 ERP 发展的新趋势。

1. ERP 与 CRM 的集成

CRM 是一种旨在改善企业与客户之间关系的新型管理机制，它实施于企业的市场营销、销售、服务与技术支持等与客户有关的领域。CRM 的目标是一方面通过提供更快速和周到的优质服务吸引和保持更多的客户；另一方面通过对业务流程的全面管理降低企业成本。CRM 既是一种管理理念，又是一种新的管理软件与技术。CRM 的出现促进企业从“以产品为中心”的模式向“以客户为中心”的模式转移，把企业的注意力从企业内部运作上转移到客户关系上来，使企业为客户提供更加个性化的产品和服务。CRM 实质上是对供应链管理的进一步发展，它使企业供应链下游，即销售市场的管理更加细化，CRM 把与客户打交道的一切功能进一步集成起来，突出了以客户为中心的思想。

在竞争激励的市场经济时代，企业经营的理念已经由原来的以“产品为中心”转为“以客户为中心”，于是产生了关系营销、服务营销等新型营销理念。与此同时，近年来信息技术飞速发展也为企业加强客户关系管理提供了有力的技术支撑。ERP 在以供应链为核心的管理基础上，集成客户关系管理后，可以改进、优化销售、市场营销、客户服务等与客户直接接触的领域的业务流程。客户关系管理可以帮助企业最大限度地挖掘客户资源，将有限的资源应用于企业现有（或潜在）的客户身上，从而降低营销成本和缩短销售周期，提升企业的客户满意度与忠诚度，增强企业的盈利能力。

2. ERP 与 BI 的集成

ERP 系统几乎集成了企业的所有资源，包含了一段时期内大量的经营数据，在这些数据背后隐含着大量有用的信息。而 BI 则是在大量的、杂乱无章的数据中发现规律的信息技术，目前 ERP 的发展趋势之一便是与 BI 的集成。

BI 可以以 ERP 中的数据库为基础资源，应用决策分析工具，进行财务分析、市场预测及销售分析、采购决策分析、质量分析、投资分析等经营决策分析。传统的 ERP 集成了大量的信息，这些信息用人工是难以处理的，为了加强信息的利用程度，在新的模式中必须增强智能化处理功能，才能帮助企业完成各项管理工作。新一代 ERP 软件中的 BI 功能主要体现在以下几个方面：

（1）智能化业务过滤和处理功能：管理系统自动识别什么是普通业务，什么是特例业务，对普通业务能按事先设定好的方法进行处理，过滤出的特例留给人来处理，还能够通过用户的设置不断地学习新的普通业务特征及其处理方法。

（2）智能化计划优化功能：管理工作实际上就是不断寻找各项工作的平衡点。随着企业外部环境的复杂化，企业的计划工作就变得日趋困难，以往的管理系统中制订的计划往往都是单约束条件的，新型管理系统在制订计划时必须考虑多维约束条件和多种目标任务的同时并存，实现智能化的计划优化功能。

（3）智能化数据分析功能：所谓智能化数据分析就是管理系统能够自动对大量数据信息的分析结果作出判断，对于超出正常值范围的异常状况给出解释说明，并分析异常情况将会产生的影响，给出应对措施。

3. ERP与电子商务的集成

电子商务是一种基于网络的、以银行支付和结算为手段的、处理交易双方业务的新的商业模式。电子商务相对传统的商务模式而言有着巨大的优势，充分体现了计算机网络的时空优势，提供了商务的效率、减少了中间大量的交易环节、缩短了交易周期、降低了交易成本、密切了企业与客户之间的关系等。除了对原有的商业环节有显著增值外，电子商务还延伸出许多新的交易方式，如全天候的网上服务、个性化的产品与服务组合、虚拟店铺等。近年来，纯粹的电子商务企业发展迅速，这些企业依靠低廉的运营成本、掌握大量客户信息等优势，在激烈的竞争环境中开辟了一块全新的领域。

目前，企业间的电子商务是主流，至少占电子商务总量的80%，说明当今电子商务的发展重点仍在企业，而不是个人消费。企业间的电子商务重构了企业的供应链，使企业供应链管理才真正成为可能，如何把现有的ERP系统与电子商务系统集成在一起也是目前的核心问题。电子商务不仅仅关注于企业的前端，它更应是一个贯穿企业内外、连接前后端的集成应用系统。具体来说，ERP新的发展趋势是与Internet及电子商务技术相结合，从而进一步提高企业的竞争力，主要表现在以下三个方面：

（1）通过Internet进行高效的市场运作，从而达到吸引潜在客户和提高客户满意度的目的。

（2）使企业商业流程自动化，并连接其供应商和事业伙伴，从而减少企业运营成本，提高运作效率。

（3）使企业的供应链、制造、采购系统更为畅通，保证企业在最短的时间里将优秀的产品和服务提供给客户；获取并分析客户、供应商、雇员以及合作伙伴的相关信息，并通过共享商业智能系统来帮助企业作出更好的商业决策。

下　编

ERP 沙盘模拟训练

沙盘是一种用于展示的模型、道具，作为一种重要的仿真手段，沙盘在人们日常生活、工作中扮演了越来越重要的角色。例如，我们非常熟悉的房地产公司售楼处的楼房及小区的沙盘，房地产开发商为了宣传商品房，在房子建成前通过沙盘向消费者展示房屋结构及小区环境，使消费者有一个较为直观的印象，从而吸引消费者购买房子。沙盘模拟推演源于军事，为了培养军事指挥人才和验证战略战术，除了可以借助实战演习外，更多的是采用沙盘模拟的方式，军事沙盘采用各种模型来模拟战场的地形及武器装备的部署情况，结合战略与战术的变化来进行推演，并依此制订有效的作战方案，这种方法克服了传统军事演习的成本障碍和时空限制，在军事上获得了极大的成功。借鉴沙盘推演在军事上的成功经验，欧美知名商学院和管理咨询机构开始投入大量经费对沙盘模拟进行广泛的借鉴和研究，最终开发出企业沙盘模拟培训这一新型现代培训模式：以沙盘为载体，通过在沙盘上的模拟经营实现对学生管理知识的培训。

ERP 沙盘是基于 ERP 思想的企业经营过程的可视化模型展示。ERP 模拟训练课程的基础背景设定为一家已经经营若干年的生产型企业，将参加训练的学生分成多个组，每组 5 ~7 人，每组各代表一个不同的虚拟企业，每个小组的成员将分别担任公司中的重要职位：CEO（执行总裁）、CFO（首席财务官）、市场总监、生产总监、采购总监、人力资源总监等，每组要亲自经营一家拥有一定资产的，销售良好、资金充裕的企业，连续从事 5 ~6 个会计年度的经营活动，最终根据每个企业的所有者权益的多少评出优胜企业。学生们通过模拟企业运行状况，在制定战略、分析市场、组织生产、整体营销和财务结算等一系列活动中体会企业经营运作的全过程，认识到企业资源的有限性，在各种决策的成功和失败的体验中，学习、巩固和融会贯通各种管理知识，掌握管理技巧，从而深刻理解 ERP 的管理思想，领悟科学的管理规律，提升管理能力和综合素质。

本实训教程针对用友公司的 ERP 沙盘编写。

第四章

实训课程准备

经营企业需要在遵纪守法的条件下竞争发展，同样沙盘模拟中的企业也需要遵守相关规则，这些规则就是我们模拟企业要遵守的法律法规；为保证模拟企业经营的成功，学生首先应明各自的角色定位和职责，了解企业现状和环境，并且需要熟悉企业的市场竞争规则和劳动规则。

第一节　实训课程的组织管理

一、实训的目的和任务

ERP 沙盘模拟的主要目的是通过直观的沙盘，模拟企业实际运行状况，其中涉及企业整体战略、产品研发、生产、市场、销售、财务管理、团队协作等多个方面，让学生在分析市场、制定战略、组织生产、整体营销和财务结算等一系列活动中达到以下目的：

（1）深刻体会 ERP 核心理念：感受管理信息对称状况下的企业运作；体验统一整合的信息平台下企业运作管理功能的提升；学习依靠客观数字评测与决策的意识与技能；感悟准确及时集成的信息对于科学决策的重要作用；训练信息化时代的基本管理技能。

（2）了解制造行业生产型企业经营所涉及的各方面因素：包括企业物流运作规则，企业财务管理，资金流向控制规则，企业生产、采购、销售和库存管理的运作规则以及企业面临的市场竞争、发展机会分析和企业组织结构与岗位职责等问题的解决。

（3）了解企业经营的本质：通过演示资本、资产、损益的流程，对企业资产、负债与权益的结构和企业经营的本质——利润和成本的关系形成更为深刻的认识。进一步理解企业增加利润的关键因素和影响企业利润的因素，掌握企业成本控制需要考虑的因素和影响企业利润的因素以及扩大销售需要考虑的因素等。

(4) 深入理解确定企业市场战略和产品、市场的定位需要考虑的因素：涉及产品产供销三者内在关系的分析、产品销售价位与销售毛利分析、市场开拓与品牌建设对企业经营的影响分析、市场投入效益分析以及产品盈亏平衡点预测等。

(5) 掌握企业生产管理与成本控制的关键：通过模拟采购订单的控制，让学生深刻理解以销定产、以产定购的基本管理思想；通过模拟库存控制，让学生充分理解JIT与准时生产的思想；通过控制生产成本，让学生理解生产线改造和建设的意义；通过模拟产销流程管理，帮助学生掌握根据销售订单制订生产计划与采购计划等工作方法。

(6) 掌握预算管理在企业中的实施要点：理解如何制定企业经营财务预算；掌握现金流控制策略；加深对如何进行高效益的融资管理等问题的理解。

(7) 掌握企业人力资源的统筹管理：了解如何合理配置不同职能的管理岗位；掌握如何对各岗位任职者进行绩效衡量与评估；理解“岗位胜任符合度”的度量思想。

(8) 在经营点评环节学习企业经营成果分析和战略思想的表达技巧：根据实际数据进行分析推理；利用综合材料理解局部管理与整体效益的关系；了解优胜企业与失败企业的关键差异，等等。

二、实训方式与课程安排

ERP沙盘模拟课程共由6个阶段组成：

1. 准备工作

ERP沙盘模拟课程开展前需要做大量的准备工作，首先，学生们要明确沙盘模拟的目的与任务，进行扎实的理论准备，模拟六年商业实战阶段的学习紧张而艰辛，在这里可以看到激烈的市场竞争、部门间的密切协作、新经营理念的迅速应用、内部的热烈讨论、团队的高度团结，每位同学都应诚信待人和亲力亲为，学生在模拟经营过程中，不要怕犯错误，学习过程中犯的错误越多收获也越大。其次，根据参与沙盘模拟的学生的人数进行分组，每个小组5~7人，这样在模拟的环境中形成了相互竞争的同样性质、同样规模的企业，各小组内部成员根据自己的专业、性格、喜好等因素讨论决定自己模拟公司的名称以及每个小组成员所担当的角色（岗位职责），根据ERP沙盘模拟的需要设置了5个必需的职位：首席执行官（CEO）、营销总监、生产总监、财务总监和采购总监，当参与沙盘模拟的学生较多时还可以增设人力资源总监、财务助理、商业间谍等角色。在模拟企业经营的过程中，根据实际情况可以进行角色互换，从而使学生体验不同的角色，学会换位思考。

2. 了解模拟企业概况

对于企业经营者来说，接手一个企业时首先需要对企业的股东期望、财务状况、盈利情况、产品、生产线、市场等基本情况有所了解。

3. 初始状态设置

在沙盘模拟课程中，学生接手的模拟企业并不是一个新组建的企业，而是一个经营多年的企业。为了让各个小组在公平的环境下进行模拟竞争，需要为各个小组设置统一的初始状态。初始状态包括企业现金数、应收账款数、成品数、原材料等，这些初始状态的设置最好由各个小组的成员按照角色各司其职，从而进一步熟悉自己的职责。

4. 企业运营规则

现实中，各个企业要想长远发展就必须遵守一定的法律法规和行业规范等；在沙盘模拟过程中，各个模拟企业（小组）也要遵守一定的运营规则，这些运营规则包括：

① 市场开拓规则；

② 订单争取规则；

③ 生产运营规则；

④ 产品研发与质量认证规则；

⑤ 资金筹集规则等。

5. 分组模拟竞争

学生学习并熟悉自己的模拟企业、运营规则后，便进入了分组模拟竞争环节，模拟六年的经营，这也是ERP沙盘模拟课程的主体部分。首先由市场部门（由教师担任此角色）通过行业协会发布各产品的市场预测资料，该资料对各个市场各产品的需求量、价格、趋势等给出一个较为准确的预测。而后每一个模拟企业（小组）在学习市场预测的基础上讨论企业战略和具体执行策略，在模拟企业CEO的统一指导下按照本课程规定的程序开展各项经营业务。

需要注意的是，为减少出错，在经营的过程中，CEO要控制模拟企业其他成员严格按照课程规定的流程执行，不得提前或推迟某些业务活动；小组成员要各司其职，不得越俎代庖，当小组成员就某些经营决策产生争执时，CEO有最终决策权。

6. 教师现场点评

授课教师现场点评是本课程的精华，起到画龙点睛的作用。各小组在每年经营结束后，都需要进行及时的经营结果分析，深刻反思企业成败的原因、市场竞争情况、对手的发展情况，以及企业的战略是否需要调整。授课教师要结合各个小组的实际情况，针对各小组普遍存在的问题与困惑，进行现场点评、剖析，让学生充分认识到自己所学的知识与现实的差距，找出自己努力的方向。

ERP沙盘模拟中，教师的角色更多地定位为“引导师”，而不是课程的主角，沙盘模拟课程主角是学生，他们在课程的指导下，相互学习，相互分享，以讨论的形式学习新知识，并发表自己的感想。教师更像是一名“导游”，带领着“游客”（学生）在风景秀美的山间游览，他的主要责任不是将美景说出来，而是将游客带到每一个应该到的景点，让每个游客看到他应该看到的景色，并由游客发表对景色的评论与感想。所以教师在课堂上，不要以讲授为主，其主要的职责是：

① 建立分享学习的氛围（如分组、各组述职、案例解析等）；

② 展示课程内容；

③ 引导学生讨论并进行控制；

④ 点评各个年度的经营。

ERP沙盘模拟课程中，不同阶段教师与学生所扮演的角色如表4-1所示。学生在掌握了制造企业的主要业务流程的基础上，自主经营企业，在这一过程中，教师只是起到辅助作用，经营过程中的决策（例如如何营销、如何生产、如何采购、如何进行财务管理等）由各个团队自己作出，各个团队有充分的经营自主权，老师只是顾问，只是针对某些问题发表意见，对于老师提出的意见或建议，各个团队可以自主决定是否采纳。

表 4－1　课程的不同阶段教师、学生所扮演的角色

课程阶段	具体任务	教师角色	学生角色
组织准备工作		引导者	分配角色
基本情况描述		企业旧任管理层	新任管理层
企业运营规则		企业旧任管理层	新任管理层
初始状态设定		引导者	新任管理层
企业经营竞争模拟	战略制定	商务、媒体信息发布	扮演各个角色
	融资	股东、银行家、高利贷者	扮演各个角色
	订单争取、交货	客户	扮演各个角色
	购买原料、下订单	供应商	扮演各个角色
	流程监督	审计	扮演各个角色
	规则确认与讲解	咨询顾问	扮演各个角色
现场案例解析		评论家、分析家	扮演各个角色

总之，该课程涉及整体战略、产品研发、生产流程、市场与销售、财务、团队协作与沟通等多个方面，几乎囊括了经管类大学生所学的各类知识，要做到学以致用、在运用中学习，具体知识包括：

整体战略方面：

① 评估内部资源与外部环境，制定长、中、短期策略；

② 预测市场趋势，调整既定战略。

产品研发方面：

① 产品研发决策；

② 必要时修改研发计划，甚至中断项目决定。

生产流程方面：

① 选择获取生产能力的方式（购买或租赁）；

② 设备更新与生产线改良；

③ 作出生产流程调度的决策，匹配市场需求、交货期和数量及设备产能；

④ 库存管理及产销配合；

⑤ 必要时选择清偿生产能力的方式。

市场营销与销售方面：

① 市场开发决策；

② 新产品开发、产品组合与市场定位决策；

③ 模拟在市场中短兵相接的竞标过程；

④ 刺探同行敌情，抢攻市场；

⑤ 建立并维护市场地位，必要时退出市场。

财务方面：

① 制订投资计划，评估应收账款金额与回收期；

② 预估长、短期资金需求，寻求资金来源；

③ 掌握资金来源与用途，妥善控制成本；

④ 洞悉资金短缺前兆，以最佳方式筹措资金；

⑤ 分析财务报表，掌握报表重点与数据含义；

⑥ 运用财务指标进行内部诊断，协助管理决策；

⑦ 如何以有限资金转亏为盈、创造高利润；

⑧ 编制财务报表，结算投资报酬，评估决策效益。

团队协作与沟通、人力资源方面：

① 实地学习如何在立场不同的各部门间沟通协调；

② 培养不同部门人员的共同价值观与经营理念；

③ 建立以整体利益为导向的组织；

④ 岗位设置与员工招聘；

⑤ 员工绩效考评。

三、实训要求

在正式展开模拟实训前，要充分做好知识储备和思想准备，具体要求如下：

1. 理解沙盘模拟课程的内容

① 了解企业与企业的组织架构，认清沙盘模拟与真实企业之间的关系。

② 熟练掌握竞赛规则；了解各角色的任务和作用；深刻认识所担任角色的作用和职责，从而激发专业学习的兴趣与爱好。

③ 按照企业运行流程，履行所担负的职责；团队协作，努力争取竞赛的胜利。

④ 做好实训总结，获得最大的收获；总结不仅是沙盘模拟课程的回顾与理性思考，更是学生进行新一轮学习的开始。

⑤ 激发学习专业课的兴趣，理论联系实际，学以致用。

2. 把握规则，方可游刃有余

ERP 沙盘模拟的规则是课程的基础，是模拟企业运营所必须遵守的“法律”，要想使企业生存并发展壮大，小组成员就必须认真学习规则（虽然规则的学习有时候比较枯燥）。需要指出的是，课程中各个小组是模拟经营一个企业，为方便起见，我们把企业经营的内外环境简化为一系列的规则。需要说明的是，这些规则与企业实际经营环境肯定会有一些差距。

3. 认真对待，方可有所收获

沙盘模拟虽然是模拟经营，但是切不可把沙盘模拟当成简单的游戏，要有“争强好胜”的斗志，要有“假戏真做”的经营态度，只有这样才能学以致用，才能发现自己以前理论学习中的不足，才能有所收获，从而促进日后的学习。

4．积极参与，方可分享成就

正确对待自己的角色，在一个企业里每个人都会担当不同的角色，每个角色也都有其他角色所不可替代的作用，因此每个角色都是重要的，都值得重视和珍惜，都应该用心做好。笔者从多轮沙盘模拟指导经验来看，实际模拟中总会有个别学生不能真正参与到经营中，主要原因是这些学生对自身所承担的角色的认可度不高，认为企业中只有 CEO、CFO 等才是至关重要的，认为经营成果的好坏与自己的工作无关紧要等，这些思想是错误的，企业中任何一个角色都是必需的，都会直接影响企业的经营成果。沙盘模拟中，只有积极参与，才能分享成就，才能有所提高。

5．经营过程规范，记录完整

课堂内要求以小组为单位提交六年经营过程的模拟记录，小组每个成员按角色记录运作步骤以及经营成果，包括运营记录表、订单登记表、产品核算统计表、综合费用明细表、利润表、资产负债表等，这些表格的填写时间、格式都有一定的要求，例如与财务有关的表格要求用钢笔填写，从而培养 CFO 的准确性、严肃性和专业性。

课堂外要求撰写个人总结和小组总结：个人总结要求每一位学生撰写沙盘模拟训练总结报告，统一在模拟训练结束后提交，主要总结自己在模拟过程中的感受和体会，以及存在的疑惑；小组总结是以小组为单位总结各自的经营成果，通过与竞争对手的优势和劣势进行对比分析，评价本企业在经营过程中的成功与失误，提出进一步的修改意见以及通过评价经营过程中的团队合作状况，明确团队建设的误区和收益，指出下一步的执行措施等。

四、实训课程中需要思考的问题

ERP 沙盘模拟课程是一门综合性较强的课程，融合各个专业的知识，适用于经管类各个专业，但“病万变，药亦万变”，经管类各个教学专业的侧重点是不一样的，各个专业的学生在参与沙盘模拟时，应当带着与本专业相关的思考投入模拟中，这样才能取得更大的收获，下面简要介绍几个相关专业建议思考的问题，以期对参与沙盘模拟的学生有所帮助。

1．会计、财务管理专业学生的思考

根据会计、财务管理专业的特点，围绕沙盘模拟中有关会计、财务的内容，要求学生不但能顺利编制本企业的资产负债表、利润表、现金流量表，而且能够对财务报表进行深入的专业分析，能够运用专业课程中的知识使用企业固定资产的分摊、盈亏平衡预测、毛利润、销售回报率、资产周转率、投资回报率、企业运营能力、企业盈利能力、企业发展能力、杜邦分析等工具分析企业的经营状况。

在进行沙盘模拟前，会计、财务专业的学生可以重点思考以下问题：沙盘模拟中如何筹措企业发展所需的资金？如何制订商业计划？如何监控企业的现金流，保证企业现金不断流（这也是企业生存的前提条件）？如何制订投资方案？如何分析企业的财务状况？如何调整企业的经营预算？如何计算各种财务指标？如何体现会计、财务对企业经营的监控与指导？

2. 市场营销、国际贸易专业学生的思考

市场是企业盈利的源头，市场营销的核心任务是利用消费者的需求和市场所提供的机会，调动企业内外一切可以利用的资源为消费者提供产品或者服务，从而获得利润，进而实现企业发展、壮大的目标。在激烈的市场竞争中，哪家企业能够选择最适合自己的目标市场并为该市场提供合适的市场营销组合，哪家企业就是竞争中的赢家。根据市场营销、国际贸易的专业的特点，在沙盘模拟中可以把市场营销、国际贸易中的贸易知识应用到实际中。

在进行沙盘模拟前，市场营销、国际贸易专业的学生可以重点思考以下问题：企业的目标市场是哪些？如何进行市场的细分？如何制订企业的营销计划？如何有效利用企业的资源占领目标市场？如何同其他的企业展开贸易合作，构成战略合作伙伴从而共同发展，避免不必要的竞争，实现双赢？

3. 工商管理、企业管理专业学生的思考

沙盘模拟课程体验了情景教学的新方式，企业经营的各个方面均在沙盘中得以体现，经营决策的制定——实施——检验——反馈的整个过程得以体现。在瞬息万变的复杂环境中，学生需要制定战略，作出产品与市场决策、生产决策、采购决策、人力资源决策，充分锻炼学生的沟通能力与团结协作能力。

在进行沙盘模拟前，工商管理、企业管理专业的学生可以重点思考以下问题：如何制定企业的战略？如何进行战略分析？如何进行企业内部、外部环境的分析，从而做到知己知彼？如何实现企业各个部门的协作，体现团队精神？

4. 信息管理、电子商务等专业学生的思考

信息、物质、资金、人力是目前企业经营的重要资源。在经济全球化、网络化的今天，信息大量涌现，然而对决策者有用的信息却湮没其中，如何甄别信息、掌握信息进而利用信息是困扰企业经营者的重要问题。商场如战场，战场上取得情报的一方往往占得先机，商场上取得准确情报的企业则更容易取得经营上的成功。在世界500强企业中，90%以上的企业已经建立了较为完善的情报系统，根据资料统计，美国企业情报的贡献率：微软为17%，摩托罗拉为11%，IBM为9%，而我国真正完善的情报系统不多，情报对企业的贡献率就更低了。

在进行沙盘模拟前，信息管理、电子商务等专业的学生可以重点思考以下问题：企业经营需要作出大量的决策，如何为决策者提供有价值的信息？如何实现生产、供应、销售的协调？ERP沙盘模拟主要是手工模拟企业的经营，如何把手工作业转变为计算机运作？如何利用信息系统这种先进的管理手段实现管理水平的提升？如何利用电子商务、ERP系统等为企业取得竞争优势？

5. 人力资源专业学生的思考

人力资源是企业最为宝贵的资源，人力资源管理是企业管理的又一项重要内容。

过去，我国常称人力资源部门为人事部门，其主要职责是维护人事档案、进行员工考核、调整工资福利等。而人力资源管理的范围要比过去广泛得多，除了以上职能外还包括人员的招聘、雇佣，岗位设置，员工绩效考评，工作分析，员工的培养与发展，员工健康等。实际上，人力资源管理贯穿了人员雇佣的整个生命周期。在沙盘模拟课程中，同样体现了人力资源管理的各个方面。

在进行沙盘模拟前，人力资源管理专业的学生可以重点思考以下问题：沙盘模拟企业经营需要设置哪些职位？每一个职位的任务是什么？每一个职位需要招聘什么样的员工？如何进行员工的绩效评价？

6. 物流专业的思考

供应链是 ERP 的重要的理论来源和组成部分。随着全球市场竞争的加剧，只能管理企业内部制造资源的 MRPⅡ系统已不适应新的形势。ERP 突破了企业界限，把销售市场的资源、供应市场的资源与企业内部的制造资源结合在一起。通过供应链管理把企业的各个合作伙伴有机地结合在一起，在供应链中建立相关业务协调的动态联盟，使每个企业发挥自己的优势，共享联盟的资源，共同创造财富。

在进行沙盘模拟前，物流管理专业的学生可以重点思考以下问题：如何保证生产所需的物料的供应？如何降低整个供应链上企业生产的成本，从而获得更多的竞争优势？如何开展企业间物料供应的协作？如何降低整个采购过程的成本？

以上是 ERP 沙盘模拟课程中，根据几个专业学生的实际情况与目标定位进行的专业方面的思考，当然还有很多其他专业的并未提及，这些专业的学生进行沙盘模拟前也可以根据自己所学的专业进行一些思考。总之，每个参与沙盘模拟的学生都要带着自己的专业或工作中的问题投入沙盘模拟中，这样才能有更多的收获！

第二节　对实训环境的认识

一、认识 ERP 沙盘

1. 用友 ERP 沙盘简介

用友 ERP 沙盘由用友软件股份有限公司首创并自主研发，目前全国范围内有较多院校使用。此教程主要是以用友实物沙盘与电子沙盘相结合，作为实训道具和环境，学生通过直观的实物沙盘，来模拟企业运行状况。让学生在分析市场、制定战略、组织生产、整体营销和财务结算等一系列活动中体会企业经营运作的全过程。教师利用电子沙盘记录企业模拟竞争过程，收集各企业每年广告投入、成本费用、财务状况、经营成果等信息；协助完成选单过程；对各组经营情况进行销售分析、成本分析、财务分析等，电子沙盘减轻了教师的授课难度，便于基于大量数据的分析、对比工作。

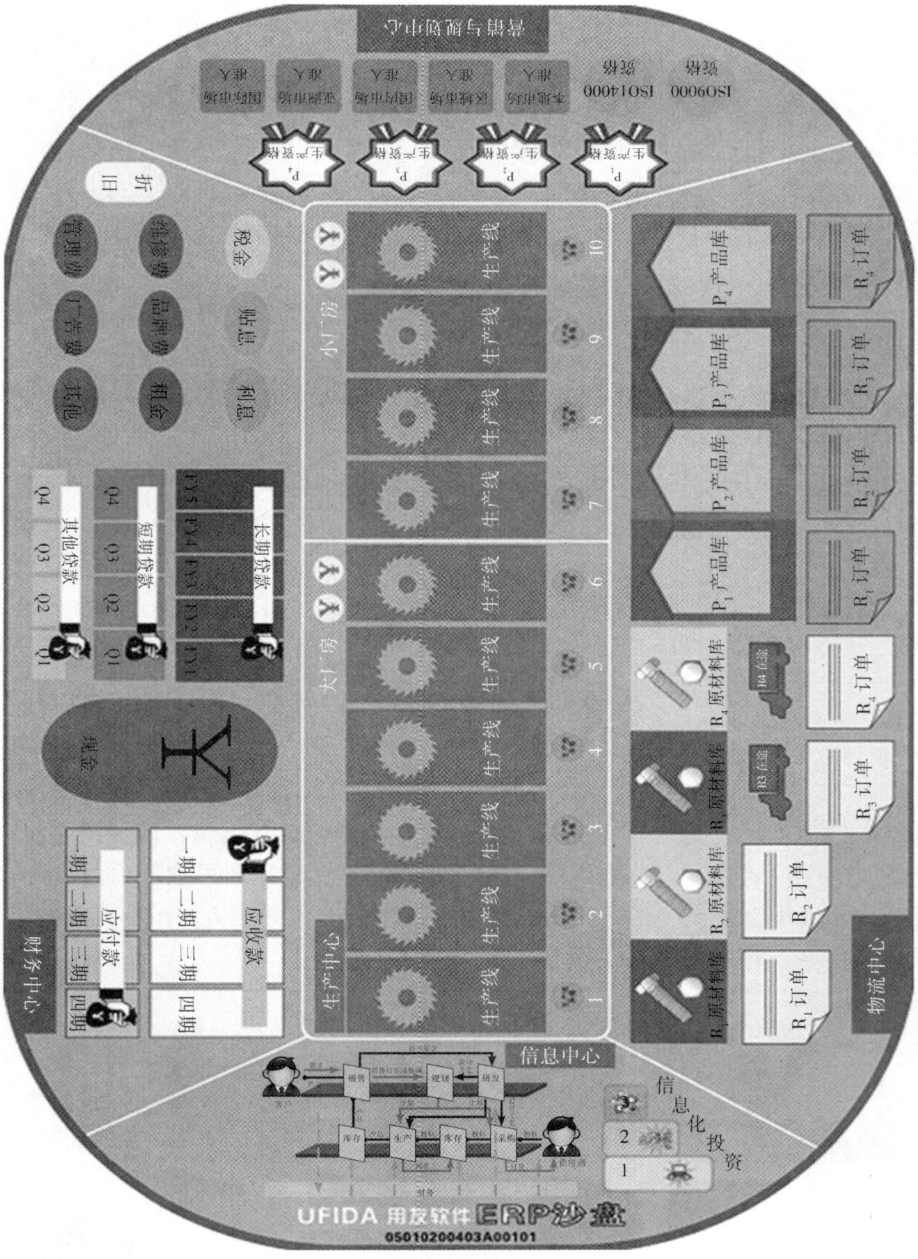

图 4-1　用友 ERP 沙盘盘面

沙盘作为本课程的道具，是企业的缩影。用友公司开发的 ERP 沙盘盘面如图 4-1 所示，系统概括地体现了企业管理的主要内容、流程和组织结构。

根据沙盘模拟企业的需要，沙盘道具共分成 5 个区域，不同的角色坐落在不同的区域，如图 4-2 所示。其中左侧为“制造业运营流程”，该区域从整体的角度反映了制造型企业从营销到采购、制造、财务等的运营过程；上方为“财务中心”，与财务密切相关的综合费用、折旧、现金、贷款、应收账款等均在该区域；下方为“物流中心”，企业原材料、产成品、各种订单等均在该区域体现；中间大片区域为“生产中心”，反映了企业的厂房、生产线、设备价值等情况；右侧为“营销与规划中心”，企业的生产资质、市场等情况均在该区域。

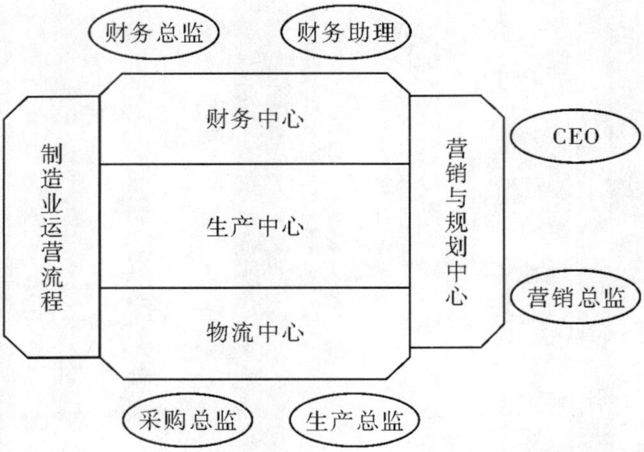

图 4－2　ERP 沙盘模拟职能定位

2. 制造业运营流程

图 4－3 反映了制造业运营的整体流程：首先客户与销售人员进行商务洽谈，然后双方签订销售订单（合同），企业根据已经接到的销售订单和销售预测情况安排采购原材料计划、生产计划和新产品的研发，采购人员根据采购计划采购原材料，生产部门根据生产计划安排生产，产品完工后入库，按照订单给客户发货。在生产经营过程中，所有发生的与财务有关的业务由财务部门处理。

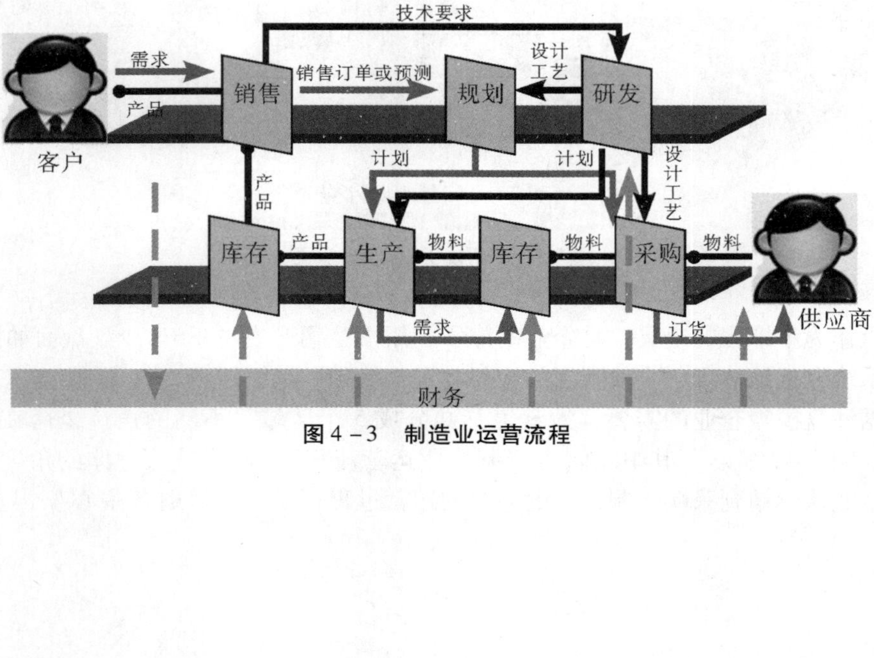

图 4－3　制造业运营流程

3. 财务中心

财务中心包括资金筹措、资金使用等过程，如图 4－4 所示。

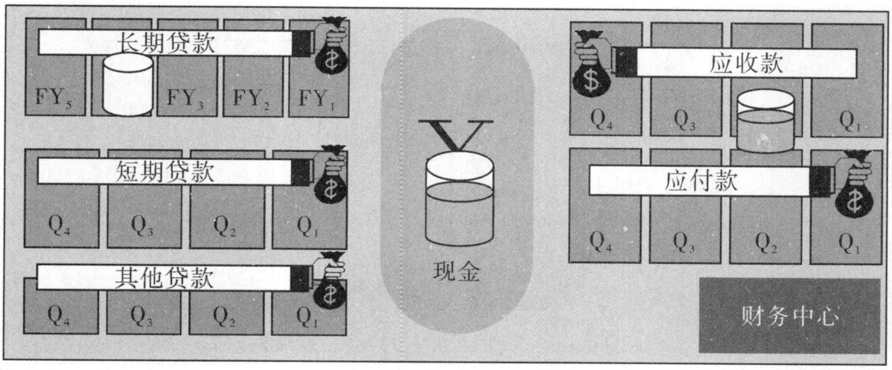

图 4－4　沙盘财务中心

沙盘模拟中，财务运作中的资金用模拟货币表示，一个货币（灰色币）表示 1M（100 万）的资金。沙盘盘面的财务中心由企业贷款（包括长期贷款、短期贷款和其他贷款）、应收账款、应付款、现金等四个部分组成。企业贷款用空桶（一个空桶表示 20M 的贷款）表示，并把空桶放到相应的位置，如图 4－4 中，企业长期贷款 20M，需要 4 年后偿还（长期贷款最高期限为 5 年）。企业的现金直接放在现金区，一桶灰色币共有 20 个，其价值为 20M。企业的应收（付）款按照应收（付）账期放到相应的位置。

4. 生产中心

沙盘模拟中生产中心包括厂房、生产线和在制品。厂房是生产活动的主要场所，是企业的主要建筑物和固定资产之一。ERP 沙盘盘面上设置了大厂房和小厂房，大厂房可以容纳 6 条生产线，小厂房可以容纳 4 条生产线，如图 4－5 所示。

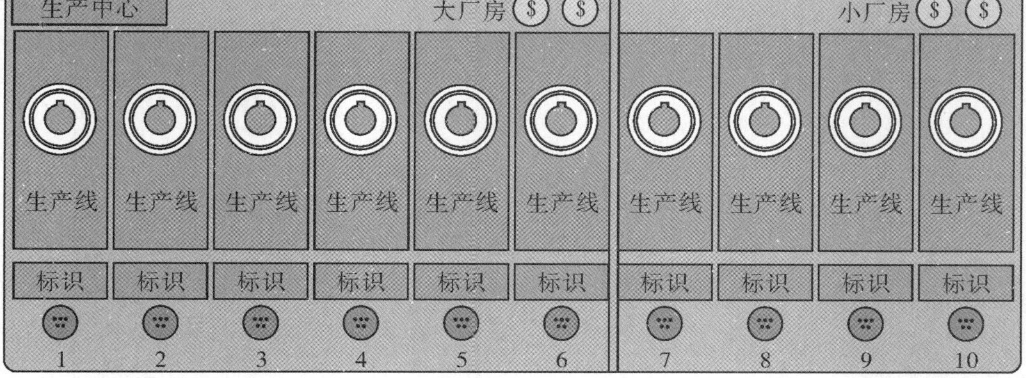

图 4－5　沙盘盘面中的厂房

企业要生产产品需要生产线，沙盘模拟中设有手工生产线、半自动生产线、全自动生产线和柔性生产线共 4 种生产线，如图 4－6 所示。各种生产线的生产能力、投资金额、建造周期、转产时间、转产费用、折旧、残值等都是不相同的。

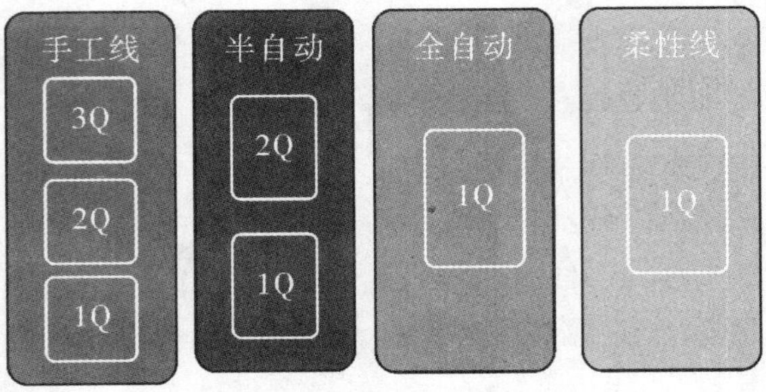

图 4－6　沙盘盘面中的各种生产线

产品是由不同的原材料组成的，由于各种产品的结构复杂程度不同、附加值不同、科技含量不同，各种产品的功能和价格也是不相同的。沙盘模拟中，设计了 4 种产品，分别是 P_1、P_2、P_3、P_4，这 4 种产品分别由原材料 R_1、R_2、R_3、R_4 制造而成；为了简要起见，4 种产品所需要的加工费用相同，均为 1M。沙盘模拟中，无论是企业生产的产品还是尚在生产线的在制品均是由一个空桶里放置原材料和加工费表示的。

5．物流中心

ERP 沙盘模拟中的物流中心用来模拟企业采购、存储等物流活动，如图 4－7 所示。物流中心包括原材料仓库、原材料订单、在途原材料、产品仓库和产品订单。企业跟供应商签订的原材料采购订单用空桶表示，1 个空桶代表 1 个（批）原材料订单，置于原材料订单处；企业跟客户签订的产品销售订单置于产品订单处；企业生产所需的各种原材料置于相应的原材料库区域，企业生产出的各种产品置于相应的产品库中。图 4－7 中，该企业有 2 个 R_1 原材料订单，原材料库中有 3 个 R_1 原材料，产品库中有 3 个 P_1 产品。

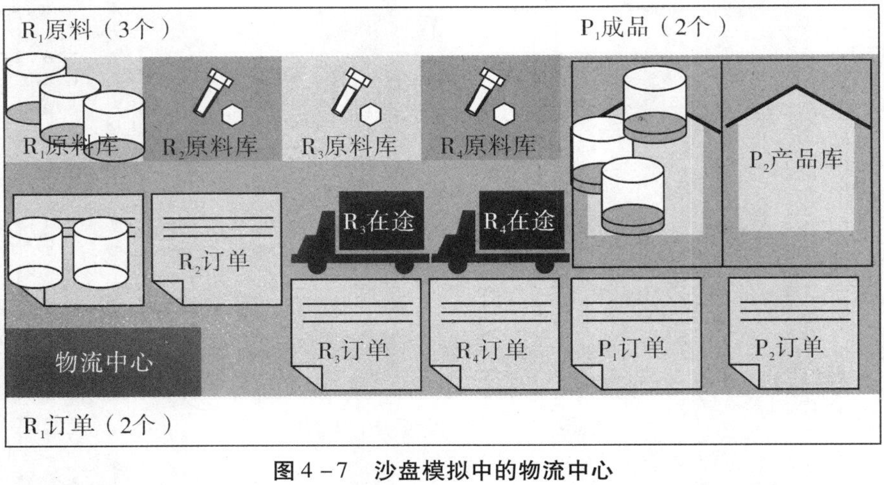

图 4－7　沙盘模拟中的物流中心

6. 营销与规划中心

营销与规划中心主要模拟企业市场营销与产品研发的运作过程，如图 4－8 所示。沙盘模拟中所设计的 4 种 P 系列产品除了 P_1 外，均需要投入一定的资金和时间进行研发，只有研发完毕、取得相应的生产资格证后方可投入生产，当然各个产品研发所需要的费用和时间是不同的。

沙盘模拟中，将市场划分为本地、区域、国内、亚洲和国际 5 个独立的部分。企业进入某个市场进行营销活动前，必须投入一定的资金和时间进行推广活动，市场开拓完毕后方可进入该市场。

为了与国际接轨，展现企业在质量管理和环境管理等方面的水平，沙盘模拟中设置了 ISO9000 质量认证和 ISO14000 环境认证资格。有的客户对于 ISO 认证有着较为苛刻的规定，因此企业要接这些客户的订单必须获得相应的认证。获得认证的方式是投入一定的资金和时间，从而表现企业在这方面所做的工作。

图 4－8 中，该企业已经取得了 P_1 产品的生产资格（研发成功），尚有 P_2、P_3、P_4 产品待研发。企业已经取得了本地市场的准入证，可以在本地市场销售产品，尚有区域市场、国内市场、亚洲市场和国际市场待企业开拓，该企业目前没有 ISO9000 质量认证和 ISO14000 环境认证资格。

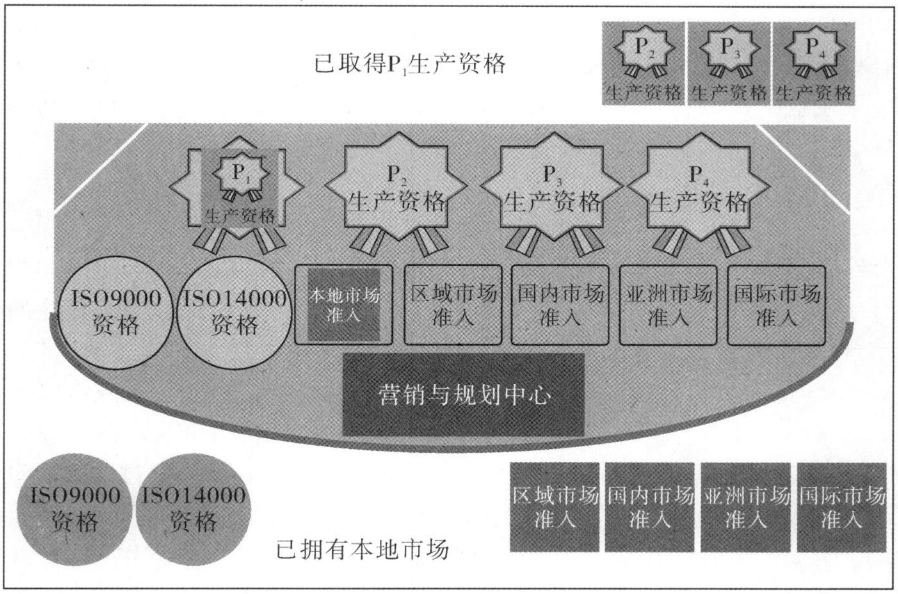

图 4－8　沙盘模拟中的营销与规划中心

二、确认模拟角色与分工

企业创建之初，任何一个企业都要建立与其企业类型相适应的组织结构，组织结构是保证企业正常运转的基本条件。在 ERP 沙盘模拟课程中，采用了简化企业组织结构的方式，企业中的各部门由几个主要角色代表，包括总经理、财务总监、营销总监、生产总监、采购总监、人力资源总监、财务助理、商业间谍等角色（人员较少时，总经理可以兼人力资源总监，财务助理和商业间谍可以不设）。

现根据参与实训的学生的人数进行分组，每个小组 5 ~7 人，每个小组经营同样性质、同样规模的企业。实训课程每个企业共需要 5 个必需角色和几个备选角色，各小组内部成员根据自己的专业、性格、喜好等因素讨论决定自己模拟公司的名称以及每个小组成员所担当的角色（岗位职责），沙盘模拟的 5 个必需的职位包括首席执行官、财务总监、营销总监、生产总监和采购总监，当参与沙盘模拟的学生较多时还可以增设人力资源总监、财务助理、商业间谍等角色，各个角色任务与分工如下：

1. CEO（首席执行官/总经理）（必需）

CEO 负责制订和实施公司总体战略与年度经营计划；主持公司的日常经营管理工作，实现公司经营管理目标和发展目标。现代企业的治理结构一般分为股东会、董事会和经理班子三个层次。

在“企业经营沙盘模拟”实训中，省略了股东会和董事会，企业所有的重要决策均由 CEO 带领团队成员共同决定，如果大家意见相左，由 CEO 拍板决定。作出有利于企业发展的战略决策是 CEO 的最大职责，同时 CEO 还要负责控制企业按流程运行。与此同时，CEO 在实训中还要特别关注每个人是否能胜任其岗位，并根据需要适时调换每个人的岗位。

2. COO（首席运营官）（可选）

在实际企业中，COO 是个重要的角色，负责组织协调企业的日常运营活动。在沙盘模拟中，COO 协助 CEO 控制企业按流程运行，起到盘面运行监督的作用。

此角色为可选角色，在受训者人数较少时可不设。

3. CFO（财务总监）（必需）

实际企业当中，财务与会计的职能常常是分离的，他们有着不同的目标和工作内容。会计主要负责日常现金收支管理，定期核查企业的经营状况，核算企业的经营成果，制定预算并对成本数据进行分类和分析。财务的职责主要是负责资金的筹集、管理，做好现金预算，管好、用好资金。如果说资金是企业的血液，财务部门就是企业的心脏。财务总监要参与企业重大决策方案的讨论，如设备投资、产品研发、市场开拓、ISO 资格认证、购置厂房等。公司进出的任何一笔资金，都要经过财务部门。

在受训者较少时，将上述两大职能归并到财务总监身上，统一负责对企业的资金进行预测、筹集、调度与监控。在受训者人数允许的情况下，增设主管会计（财务总监助理）分担会计职能。

4. 营销总监（必需）

企业的利润是由销售收入带来的，销售实现是企业生存和发展的关键。营销总监所担负的责任主要是开拓市场、实现销售。各小组接手的模拟企业是一个经营多年的企业，在本地市场该公司的产品已经站稳脚跟。为了谋取新的发展空间，进一步壮大企业实力，该企业一方面要稳定现有市场，另一方面又要积极开拓新的市场空间，力求企业的销售上一个新的台阶。此外，营销总监应结合市场预测及客户需求制订销售计划，有选择地进行广告投放，取得与企业生产能力相匹配的客户订单，与生产部门做好沟通，保证按时交货给客户，监督应收账款的回收，进行客户关系管理。

营销总监还可以兼任商业间谍的角色，因为他最方便监控竞争对手的情况并进行市场分析，比如对手正在开拓哪些市场，未涉足哪些市场，他们在销售上取得了多大的成功，他们拥有哪类生产线，生产能力如何等。充分了解市场，明确竞争对手的动向既有利于企业经营计划的制订，又有利于今后与其他企业展开合作。

5. 生产总监（必需）

生产总监是企业生产部门的核心人物，要管理企业的一切生产活动，并对企业的一切生产活动及产品负有最终的责任。生产总监既是生产计划的制订者和决策者，又是生产过程的监控者，对企业目标的实现负有重大的责任。他的工作是通过计划、组织、指挥和控制等手段实现企业资源的优化配置，创造最大经济效益。

在沙盘模拟实训中，生产总监负责指挥生产运营过程的正常进行，生产设备的维护与设备的变更处理、成品库的管理等工作；为了巩固现有市场和开拓新市场，企业需要生产更多品种的产品并不断提高产品质量，因此生产总监还负责新产品的研发与质量体系认证等。在本实训中，生产能力往往是制约企业发展的重要因素之一，因此生产总监要有计划地扩大生产能力，以满足市场竞争的需要。

6. 采购总监（必需）

采购是企业生产的首要环节，采购总监负责各种原料的及时采购和安全管理，确保企业生产的正常进行；负责编制并实施采购供应计划，分析各种物资供应渠道及市场供求变化情况，与各个供应商进行谈判，力求从价格上、质量上把好第一关，为企业生产做好后勤保障。采购总监还需要进行供应商管理，加强对供应商的控制，与优秀的供应商建立持久的合作关系，进行原材料库存的数据统计与分析。

在企业经营沙盘模拟实训中，采购总监负责制订采购计划，与供应商签订供货合同，监督原料采购过程并按计划向供应商付款，管理原料库等具体工作，确保在合适的时间点采购到品种及数量合适的原材料。

7. 人力资源总监（可选）

在形形色色的社会组织中，国家经济的核心是企业，而企业的核心是人才，人才是现代竞争的核心竞争力。一流的企业是由一流的人组成的，优秀的产品是由优秀的人生产出来的，人力资源是企业的第一资源。人力资源总监负责企业的人力资源管理工作，具体包括企业组织架构设计、岗位职责确定、薪酬体系安排、组织人员招聘、考核等工作。

在“企业经营沙盘模拟”实训中，原来没有设定此角色，但经过多轮实训，我们觉得有必要增设此角色，特别是在受训者人数比较多的情形下，人力资源总监要对每个受训者的参与度与贡献度进行考评，将结果提交 CEO，并最终作出组内排名，作为学生实训成绩评定的重要依据之一。

8. 商业情报人员/商业间谍（可选）

“知己知彼，方能百战不殆。”企业只关心自己的经营，“闭门造车”是不行的。

商业情报工作在现代商业竞争中有着非常重要的作用，在商业情报上占有优势的企业往往能够抢先“嗅到”商机、规避风险，因此商业情报工作不容小觑。

若受训者人数较少，此项工作可由营销总监承担；若受训者人数较多，可设专人协助营销总监来负责此项工作。商业情报人员重点搜集的信息包括竞争对手进入了哪些市场、研发了哪些产品、生产能力如何、资金情况如何，等等。当然，在沙盘模拟中，商业情报的搜集是有限制条件的，只有各个经营年度结束时商业间谍才可收集情报。

9．其他角色

若受训者人数较多，可适当增加财务助理、CEO 助理、营销助理、生产助理等辅助角色。因为在沙盘模拟中，财务总监既要负责日常现金的管理又要负责报表的制作等，任务较重，因此财务助理的职位很值得设立。为使这些辅助角色不被边缘化，应尽可能明确其所承担的职责和具体任务。

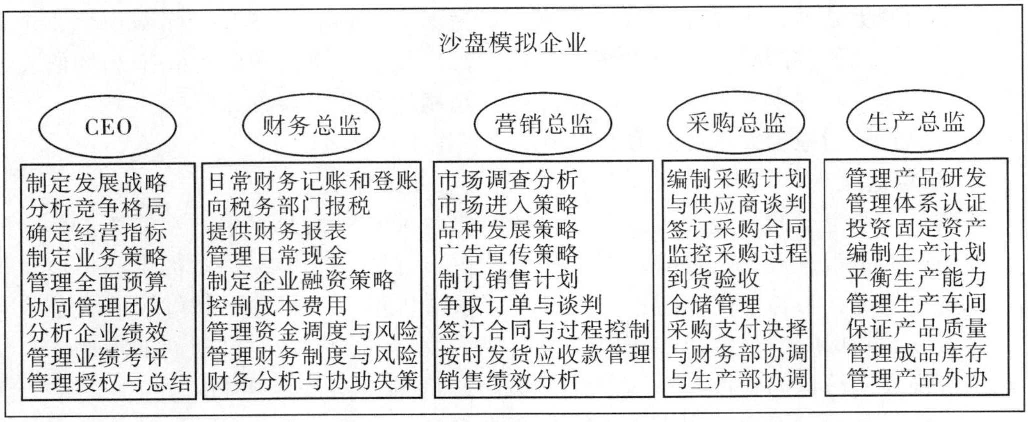

图 4－9　沙盘模拟中的角色分工

以上是 ERP 沙盘模拟过程中可以设置的角色，需要指出的是，实际企业经营过程中每个角色都是十分重要的，决不能厚此薄彼，各个角色需要分工明确，又需要相互协作。至于各个小组中角色的分配，可以由指导老师按照专业等来决定，也可以由小组内部讨论决定。在课程进行的过程中，可以进行角色互换，以便学生熟悉不同的工作岗位及其工作流程。

三、认识你所要经营的企业

1．企业发展现状

学生接手的是一家有着三年历史的典型的离散制造企业，自创建以来企业一直专注于机械设备加工行业 P 系列产品的研发、生产与经营。目前，企业拥有自己的一个大厂房（可以容纳 6 条生产线），其中安装了 3 条手工生产线和 1 条半自动生产线，各条生产线状态良好，可以生产 P 系列产品。企业专注于 P_1 产品的生产，三年来所有产品均在本地市场销售，在客户群体中有一定的知名度，客户较为满意，企业整体运营情况整体良好。

然而，经权威机构研究发现，公司现生产的 P_1 产品为技术含量较低的产品，近年来竞争日趋加剧，企业市场地位受到挑战，P_1 产品的价格在本地市场也将逐步下降，企业现有的经营模式过于保守，不利于企业的长期发展。为此企业需要考虑投资新产品开发以利于保持并进一步提升企业的市场地位。为了进一步扩大市场，企业需要开拓本地市场外的其他市场。此外虽然企业目前生产设备状态良好，但在发展目标的驱使下，预计需要投资额外的生产设施，具体方案可以升级现有的生产设备或投资新的生产设备。

为了使企业有更大的发展，该企业董事会决定选拔一批新的领导，将企业的经营权交给这些年富力强的新领导层，并希望企业在新领导的带领下能够“百尺竿头，更进一步”。

2. 企业的财务状况

在上一届领导的带领下，企业目前取得了一定的成绩，现在来了解企业的的财务状况：

（1）资产负债表。

① 资产负债表的意义：资产负债表表示企业在一定时期（通常为各会计期末）的财务状况（即资产、负债和业主权益的状况）的主要会计报表。资产负债表根据资产、负债、所有者权益（又称为股东权益）之间的钩稽关系，按照一定的分类标准和顺序，把企业一定时期的资产、负债和所有者权益等各项目予以适当排列（资产负债表利用会计平衡原则），将合乎会计原则的资产、负债、所有者权益的科目分为“资产”和“负债和所有者权益”两大部分，在经过分录、转账、分类账、试算、调整等会计程序后，浓缩成一张报表。该报表除了可以用于企业内部除错、调整经营方向、防止弊端外，也可让所有阅读者于最短时间内了解企业经营状况。

资产负债表可以提供企业某一特定日期资产的总额及其结构，表明企业拥有或控制的资源及其分布情况，即企业有多少资源是流动资产、有多少资源是固定资产等；可以提供某一时期的负债总额及其结构，表明企业未来需要用多少资产或劳务清偿债务以及清偿时间，即流动负债有多少、长期负债有多少、长期负债中有多少需要用当期流动资金进行偿还等；还可以反映所有者所拥有的权益，据此判断资本保值、增值的情况以及对负债的保障程度。资产负债表还可以提供财务分析所需的基本资料，如可以将流动资产与流动负债进行比较，计算出流动比率等，这些指标可以表明企业的变现能力、偿债能力和资金周转能力，从而有助于会计报表使用者作出正确的决策。

② 资产负债表的内容与格式：资产负债表一般有表首、正表两部分。其中，表首概括地说明报表名称、编制单位、编制日期、报表编号、货币名称、计量单位等。正表是资产负债表的主体，列示了用以说明企业财务状况的各个项目。正表的格式一般有两种：报告式资产负债表和账户式资产负债表。报告式资产负债表是上下结构，上半部列示资产，下半部列示负债和所有者权益。具体排列形式又有两种：一是按“资

产 = 负债 + 所有者权益”的原理排列；二是按“资产 – 负债 = 所有者权益”的原理排列。账户式资产负债表是左右结构，左边列示资产，右边列示负债和所有者权益。不管采取什么格式，资产各项目的合计等于负债和所有者权益各项目的合计这一等式不变，沙盘模拟中使用的资产负债表采用的是账户式。

③ 资产：按资产的流动性不同，分为流动资产和非流动资产两类。流动资产由货币资金、交易性金融资产、应收账款、预付账款、其他应收账款、存货和待摊费用等项目组成。非流动资产由持有到期投资、可供出售金融资产、长期股权投资、固定资产、无形资产和长期待摊费用等项目组成。沙盘模拟中，流动资产包括现金、应收账款、在制品、产品、原材料等 5 个项目，固定资产包括土地和建筑、机器与设备、在建工程等 3 个项目。

④ 负债：按负债的流动性不同，分为流动负债和非流动负债两类。流动负债由短期借款、应付账款、预收账款、应付职工薪酬、应交税费、应付股利、其他应付款、预提费用等项目组成。非流动负债由长期借款和应付债券组成。在沙盘模拟中，企业负债包括长期负债、短期负债、应付账款、应交税费和一年内到期的长期负债等 5 个项目组成。

⑤ 所有者权益：沙盘模拟中，按所有者权益的来源不同，所有者权益包括股东资本、利润留存、年度净利等 3 个项目。

通过资产负债表主要内容，我们会对企业的资产、负债及股东权益的总额及其内部各项目的构成和增减变化有一个初步的认识。由于企业总资产在一定程度上反映了企业的经营规模，而它的增减变化与企业负债与股东权益的变化有极大的关系，当企业股东权益的增长幅度高于资产总额的增长时，说明企业的资金实力有了相对的提高，反之则说明企业规模扩大的主要原因是来自于负债的大规模上升，进而说明企业的资金实力在相对降低，偿还债务的安全性亦在下降。

对资产负债表的一些重要项目（例如流动资产、固定资产、贷款等），尤其是期初与期末数据变化很大，或出现大额红字的项目进行进一步分析。例如，企业应收账款占总资产的比重过高，说明该企业资金被占用的情况较为严重，而其增长速度过快，说明该企业可能因产品的市场竞争能力较弱或受经济环境的影响，企业结算工作的质量有所降低。此外，还应对报表附注说明中的应收账款账龄进行分析，应收账款的账龄越长，其收回的可能性就越小。又如，企业年初及年末的负债较多，说明企业每股的利息负担较重，但如果企业在这种情况下仍然有较好的盈利水平，说明企业产品的获利能力较佳、经营能力较强，管理者经营的风险意识较强，魄力较大。再如，在企业股东权益中，如法定的利润留存大大超过企业的股本总额，这预示着企业将有良好的股利分配政策。但与此同时，如果企业没有充足的货币资金作保证，预计该企业将会选择送配股增资的分配方案而非采用发放现金股利的分配方案。

（2）沙盘模拟企业的初始资产负债表。

在沙盘模拟课程中，根据模拟的离散型制造企业所涉及的业务对资产负债表进行了适当的简化处理，企业的初始资产负债表如表 4 – 2 所示。

表 4－2 沙盘模拟企业的初始资产负债表

资产	金额	负债和所有者权益	金额
流动资产：		负债：	
现金	20	长期负债	40
应收账款	15	短期负债	0
在制品	8	应付账款	0
成品	6	应交税	1
原料	3	一年到期的长贷	0
流动资产合计	52	负债合计	41
固定资产：		所有者权益：	
土地和建筑	40	股东资本	50
机器和设备	13	利润留存	11
在建工程	0	年度净利	3
固定资产合计	53	所有者权益合计	64
资产合计	105	负债和所有者权益合计	105

（3）利润表。

企业利润，通常是指企业收入减去成本及各种费用后的余额，亦称为财务成果或经营成果。利润的意义在于，它是企业和社会积累与扩大再生产的重要源泉，是反映企业经营业绩的最重要指标，是企业投资与经营决策的重要依据。

利润表的意义：企业经过一段时间的经营后，其经营成果主要表现为企业所获得的利润情况，这也是企业股东所关注的核心内容之一。企业的利润情况主要由利润表（又称为损益表或收益表）来体现，利润反映了企业的收入减去企业各种费用支出后的经营成果，其中的项目分为收入和费用支出两类。利润表是反映企业在一定会计期间经营成果的报表，例如 2008 年 1 月 1 日至 12 月 31 日经营成果的利润表反映了 2008 年度企业经营成果情况，所以利润表是一种动态报表。

通过利润表，可以反映出企业在一定会计期间的收入实现情况，即实现的主营业务收入有多少，实现的其他业务收入有多少，实现的投资收益有多少，实现的营业外收入有多少，等等；可以反映出企业在一定会计期间的费用耗费情况，即耗费的主营业务成本有多少，主营业务税金有多少，营业费用、管理费用、财务费用各有多少，营业外支出有多少，等等；可以反映企业生产经营活动的成果，即净利润的实现情况，据以判断资本保值、增值情况。

利润表分项列示了企业在一定会计期间因销售商品、提供劳务、对外投资等所取得的各种收入以及与各种收入相对应的费用、损失，并将收入与费用、损失加以对比得出当期的净利润。这一将收入与相关的费用、损失进行对比得出净利润的过程，会计上称为配比。其目的是为了衡量企业在特定时期或特定业务中所取得的成果，以及为取得这些成果所付出的代价，为考核经营效益和效果提供数据。比如分别列示主营业务收入和主营业务成本、主营业务税金及附加并加以对比，得出主营业务利润，从而掌握一个企业主营业务活动的成果。配比是一项重要的会计原则，在利润表中得到了充分体现。此外，将利润表中的信息与资产负债表中的信息相结合，还可以提供进行财务分析的基本资料，如将赊销收入净额与应收账款平均余额进行比较，计算出应收账款周转率；将销货成本与存货平均余额进行比较，计算出存货周转率；将净利润与资产总额进行比较，计算出资产收益率等，可以表现企业资金周转情况以及企业的盈利能力和水平，便于会计报表使用者判断企业未来的发展趋势，作出经营决策。

利润表的内容与格式：利润表一般有表首、正表两部分，其中表首部分说明报表名称、编制单位、编制日期、报表编号、货币名称、计量单位等；正表是利润表的主体，反映形成经营成果的各个项目及其计算过程。

利润表的主体部分主要反映以下几方面的信息：

① 构成主营业务利润的各项要素。从主营业务收入出发，减去为取得主营业务收入而发生的相关费用、税金后得出主营业务利润。

② 构成营业利润的各项要素。营业利润在主营业务利润的基础上，加其他业务利润，减营业费用、管理费用、财务费用后得出。

③ 构成利润总额（或亏损总额）的各项要素。利润总额（或亏损总额）在营业利润的基础上加（减）投资收益（损失）、补贴收入、营业外收支后得出。

④ 构成净利润（或净亏损）的各项要素。净利润（或净亏损）在利润总额（或亏损总额）的基础上，减去本期计入损益的所得税费用后得出。

在利润表中，企业通常将各项收入、费用以及构成利润的各个项目分类分项列示。其中收入按其重要性列出，主要包括主营业务收入、其他业务收入、投资收益、补贴收入、营业外收入；费用按其性质列出，主要包括主营业务成本、主营业务税金及附加、营业费用管理费用、财务费用、其他业务支出、营业外支出、所得税等；利润按营业利润、利润总额和净利润等分类分项列出。

（4）沙盘模拟企业的初始利润表。

在沙盘模拟课程中，根据需要对企业的利润表做了适当的简化处理，企业的初始利润表如表 4－3 所示。

表 4－3　沙盘模拟企业的初始利润表

项目	符号	本期金额
销售收入	+	36
直接成本	－	14
毛利	=	22
综合费用	－	9
折旧前利润	=	13
折旧	－	5
支付利息前利润	=	8
财务收入/支出	+/－	4
额外收入/支出	+/－	0
税前利润	=	4
所得税	－	1
净利润	=	3

（5）模拟企业财务状况初步分析。

除了通过财务报表来直观了解企业经营的成果外，还需计算一些基本财务指标，从而更准确地把握企业的财务状况。计算财务指标的数据来源主要有以下几个方面：直接从资产负债表中取得，如净资产比率；直接从利润及利润分配表中取得，如销售利润率；同时来源于资产负债表利润及利润分配表，如应收账款周转率；部分来源于企业的账簿记录，如利息支付能力。下面简要介绍常用到的指标：

① 流动比率 = 流动资产 ÷ 流动负债，该指标主要用来反映企业偿还债务的能力。一般而言，该指标应保持在 2:1 左右的水平。过高的流动比率主要反映了企业的资金没有得到充分利用，而该比率过低，则说明企业偿债的安全性较弱。

② 资产负债率 = 负债总额 ÷ 资产总额，该指标反映在总资产中有多大比例是通过借债来筹资的，也可以衡量企业在清算时保护债权人利益的程度。

③ 产权比率 = 负债总额 ÷ 所有者权益。产权比率越高，说明企业偿还长期债务的能力越弱；产权比率越低，说明企业偿还长期债务的能力越强。

④ 销售利润率 = 净利润 ÷ 销售收入，该指标是衡量企业销售收入的收益水平的指标。

⑤ 资产利润率 = 净利润 ÷ 资产总额，它从整体上反映了企业资产的利用效果，可用来说明企业运用其全部资产获取利润的能力。

⑥ 净资产利润率 = 净利润 ÷ 净资产，其中净资产即所有者权益。

值得注意的是，由于上述这些指标都是单一的、片面的，因此需要报表使用者能够以综合、联系的眼光进行分析和评价，因为反映企业财务结构指标的高低往往与企业的偿债能力相矛盾。如企业净资产比率很高，说明其偿还期债务的安全性较好，但同时就反映出其财务结构不尽合理。各个指标的使用者目的不同，对这些信息的评价亦会有所不同，如一个长期投资者所关心的就是企业的财力结构是否健全合理；相反债权人就会非常关心该企业的债务偿还能力。此外，资产负债表仅仅反映的是企业某一方面的财务信息，要对企业有一个全面的认识，还必须结合财务报告中的其他内容进行分析，以得出正确的结论。

沙盘模拟中，根据企业目前的资产负债表和利润表，可以做以下初步分析：

流动比率 = 流动资产 ÷ 流动负债，企业现在流动负债为 0，因此该企业变现和偿债能力较强。

资产负债率 = 负债总额 ÷ 资产总额 = 41 ÷ 105 = 39.05%

产权比率 = 负债总额 ÷ 所有者权益 = 41 ÷ 64 = 64.06%

销售利润率 = 净利润 ÷ 销售收入 = 3 ÷ 35 = 8.57%

资产利润率 = 净利润 ÷ 资产总额 = 3 ÷ 105 = 2.86%

净资产利润率 = 净利润 ÷ 净资产 = 3 ÷ 64 = 4.69%

从以上财务指标数据可以看出，该企业变现能力较强，企业负债适中，销售利润率还可以，但是企业经营情况已经无法与以前相比。因此，企业股东希望新的管理层在延续发展趋势的同时，能使企业的经营更上一个台阶。

3. 股东期望

从企业目前的利润表来看，企业上个年度的净利润为 300 万，增长速度已经放缓，公司目前面临很多困难，如生产设备以手工为主，设备陈旧，生产效率低下；企业目前仅仅生产 P_1 产品，品种单一，研发能力薄弱；生产的 P_1 产品仅仅在本地市场销售，并未进军其他市场，且本地市场由于众多类似企业的进入，竞争已经愈演愈烈，企业的市场地位受到空前的挑战；更为严峻的是，企业现有管理层长期以来墨守成规，缺乏创新，导致企业逐渐丧失了企业初创时期的活力，企业目前虽未出现亏损情况，但也似乎停滞不前，很难有新的发展空间。

鉴于企业目前较为严峻的形式，企业董事会决定重新选配一些优秀的新人加入企业的管理层，并希望企业新的管理层能够做到以下几点：

① 投资 P 系列新产品的研发，进一步稳定并提升企业的市场地位。

② 借助全球市场广泛开放之际，积极开发本地市场以外的其他新市场，进一步拓展市场领域，扩展企业的销售渠道，从而吸引更多的客户。

③ 扩大生产规模，引进先进的现代化生产手段，提高生产效率，为企业获得更多的利润。

总之，随着竞争的加剧，企业目前生产、销售的 P_1 产品为企业所带来的利润可能会不断减少，股东希望公司新的管理层能够在生产、研发、销售等方面有所突破、有所创新，给公司带来更多的利润。

四、设置模拟沙盘初始盘面

1. 沙盘道具的组成

沙盘道具是由一张沙盘盘面及一些元素组成的，在设置初始状态前，需要首先了解这些元素。

（1）原材料。沙盘模拟中，供应商可以为企业提供 R_1、R_2、R_3、R_4 等 4 种原材料，这 4 种原材料分别用红色、橙色、蓝色、绿色等 4 种彩币来表示，每一个彩币（一批原材料）的价值都是 1M。

（2）资金。沙盘模拟中，资金用灰色的货币来表示，每一个灰币代表 1M。

（3）空桶。沙盘模拟中，用空桶盛放各种币，一个空桶可以放置 20 个灰币（货币）或彩币（原材料）；此外，还用空桶表示原材料订单、贷款等。

（4）产品和在制品。产品和在制品均由空桶里面放置一定数量的原材料（根据产品的不同，原材料的组成也不相同）和 1M 的加工费（1 个灰币）构成。

（5）原材料订单和贷款。原材料订单和各种贷款均用空桶表示，一个空桶表示一个原材料订单，一个空桶表示 20M 的贷款。实际模拟中，当某种原材料订单较多时，用一个空桶表示一个原材料订单很不方便，我们可以在一个纸条上书写该原材料订购数量放在一个空桶中来代表。

了解了以上基本元素后，下面我们按照资产负债表上的顺序依次复原企业各个资产到沙盘上。在复原的过程中，企业的各个角色最好做到各司其职，从而熟悉所承担的职位的各项工作，其他人员可以进行监督、校正，以防有误。

2. 企业流动资产

企业现有流动资产 52M，包括现金、应收账款、产成品、在制品和原材料等。

（1）现金。企业现有现金 20M，请企业的财务总监将满满一桶灰币放置于现金库。

说明：

① 企业运作过程中，各种开支均从现金库中提取。

② 一个空桶可以盛放 20 个币，无论是灰币还是彩币。

（2）应收账款。企业为了更多地卖出自己的产品、吸引更多的客户，往往采用赊销的策略，即企业卖出产品后，允许客户在一定的还款期限内付清货款，因此便形成了应收账款。企业现有应收账款 15M，请财务总监拿一个空桶，装 15 个灰币，置于三期应收账款位置。

（3）在制品。在制品是指尚处在加工状态、没有完工入库的半成品。企业在大厂房中拥有 3 条手工生产线和 1 条半自动生产线，每条生产线均在生产 P_1 产品，即都有 1 个 P_1 在制品。手工生产线有 3 个生产周期，靠近原材料库的为第一周期（1Q），3 条手工生产线上的 3 个 P_1 在制品分别处于第一、二、三生产周期。半自动生产线有两个生产周期，P_1 在制品位于第一周期。

每一个 P_1 在制品（产成品）有两部分组成：1 个 R_1 原材料（1 个红币，价值 1M）和加工费 1M（1 个灰币）。请采购总监准备 4 个空桶，分别放入 1 个 R_1 原材料；然而由财务总监取 4 个灰币分别放于各桶内；生产总监把 4 个桶分别放于各个生产线的相应位置。

（4）产成品。企业仓库中存有以前加工完毕的 3 个 P_1 产成品，每个产品同样由 1 个红币和一个灰币组成。与在制品类似，由生产总监、财务总监、采购总监协作完成 3 个 P_1 产品的组装与放置。

（5）原材料。企业原材料仓库中现有 3 个 R_1 原材料，每个价值 1M。请采购总监准备 3 个空桶，每个空桶放置一个红币，放置于 R_1 原材料仓库中。

3. 企业固定资产

沙盘模拟中固定资产包括厂房、生产设备两个部分。

（1）大厂房。企业现有自主产权的大厂房，价值 40M。请财务总监准备两桶的灰币放置于“大厂房价值”处。

（2）设备价值。企业现有手工生产线 3 条，半自动生产线 1 条。经过 3 年的使用，扣除折旧后，目前手工生产线的净值为 3M，半自动生产的净值为 4M。请财务总监取 4 个空桶，分别放入 3M、3M、3M、4M，放置于各生产线下方的“生产线净值”处。

4. 企业负债

企业的负债包括短期负债、长期负债和各种应付账款、应付税费等。短期负债是指在一年内或超过一年的一个营业周期内需要用流动资产或其他流动负债进行清偿的债务；而长期负债则是指偿还期限在一年或者超过一年的一个营业周期以上的债务。

（1）长期负债。企业目前有 40M 的长期负债，其中 20M 为 5 年到期的长期负债，20M 为 4 年到期的长期负债。沙盘模拟中，我们用一个空桶代表 20M 的负债，请财务总监把 2 个空桶分别置于长期贷款的“FY5”（5 年期长期贷款）和“FY4”（4 年期长期贷款）位置。

提示：

① 对于财务中心的长期贷款区域而言，沙盘上的纵列代表还款年度，离现金区最近的为还款期为 1 年的贷款（即 FY1），以此类推。

② 对于短期贷款而言，沙盘上的纵列代表还款年度，离现金区最近的为还款期限为 1 季度的短期贷款（1Q），以此类推。

③ 对于高利贷而言，空桶放于其他贷款区域。

（2）应付税。从利润表中可以看出，企业税前利润为 4M，按规定需要缴纳 1M 的税金。需要注意的是，本年度的税金需要下个年度缴纳，因此此处并没有对应的操作。

5. 其他情况

（1）原材料订单。企业已经跟供应商签订了原材料供应合同，预订了 2 个 R_1 原材料，请采购总监将两个空桶置于 R_1 原材料订单处。

（2）生产资格证。企业在 3 年前已经完成 P_1 产品的研发工作，并已经投入生产。请生产总监把 P_1 生产资格证置于营销与规划中心的“P_1 生产资格”处。

（3）市场准入证。企业早已开拓了本地市场，P_1 产品全部销往本地市场，请营销总监把“本地市场准入证”放置于营销与规划中心的“本地市场准入”位置。

经过初始状态设置后，沙盘盘面包括：大厂房，价值 40M；生产线 4 条，价值 13M；产成品，3 个 P_1，价值 6M；半成品，4 个 P_1，价值 8M；原材料，3 个 R_1，价值 3M；现金，价值 20M；应收账款，3Q，价值 15M；长期负债，4 年期 20M，5 年期 20M；R_1 原材料订单，2 个；P_1 生产资格证和本地市场准入证。

以上沙盘的初始盘面，请企业的各位相关人员对照说明认真核对，防止出错！

第三节　市场规则与企业运营规则

企业作为整个社会系统中的经济主体，其生存发展要受到很多自身条件和外部环境的限制。企业不但要遵守所在国家的法律法规和规章制度，还要遵守所在行业的规范、约定。在沙盘模拟中，企业管理者必须熟悉并遵守沙盘模拟的规则，从而做到“合法经营、公平竞争”。

一、市场划分与市场准入

市场是企业面临的重要环境之一，哪个企业能在市场中占据优势，哪个企业就会在竞争中占据先机。沙盘模拟中市场竞争是企业间竞争的最直接体现，目前企业的产品仅销往本地市场，而随着更多的竞争对手的入侵和国外类似产品的进入，本地市场的竞争必将日趋激励。本沙盘模拟过程中，除了本地市场外，还有区域市场、国内市场、亚洲市场和国际市场，这些市场有待企业去开拓。

规则说明：沙盘模拟中各个市场是彼此相互独立的，并没有包含关系，例如某企业花费一定的资金与时间从而获得了国内市场的准入资格，并不代表该企业自动获得了区域市场的准入资格，其他情况类似。

1．新市场进入

在企业打入某市场前，企业需要投入一定的人力、资金和时间进行市场的调研、办公地点的选择、人员招聘等一系列工作，这些工作都消耗了企业的资源。由于各个市场的范围、消费者消费能力等的不同，企业开发不同的市场所需要的时间和资金是不同的；企业在开发完某市场前，是无法进入该市场进行销售活动的。不同市场开发所需要的资金和时间如表 4－4 所示。

表 4－4　开发不同市场所需要的时间与资金投入

<table>
<tr><td>市场</td><td>开发费</td><td>所需时间</td><td rowspan="6">开发费用按开发时间在年末平均支付，不允许加速投资
将投资放在准入证的位置处
市场开发完成后，领取相应的市场准入证</td></tr>
<tr><td>本地</td><td>无</td><td>开放</td></tr>
<tr><td>区域</td><td>1M/年</td><td>1 年</td></tr>
<tr><td>国内</td><td>1M/年</td><td>2 年</td></tr>
<tr><td>亚洲</td><td>1M/年</td><td>3 年</td></tr>
<tr><td>国际</td><td>1M/年</td><td>4 年</td></tr>
</table>

规则说明：

1．每个市场开发每年最多投入 1M，允许中断或终止，不允许超前投资。

2．投资时，将 1M 投入“市场准入”的位置处。开发完毕、换取准入证后，将其放在盘面的相应位置处。

3．只有拿到准入证才能参加相应市场的订货会，取得订单。

2．市场进入与维持

企业开发完某个市场，并换取相应市场的准入牌证后，就获得了在该市场经营的资格，以后就可以在该市场投放广告，争取该市场的订单了。

对于已经开发完毕的市场，企业每年需要投入一定的维持费用（沙盘模拟中定为 1M），以便企业在该市场的办事处正常运转，否则视为放弃该市场。对于已经放弃的市场，企业要想再次进入就必须重新投入时间、资金进行开拓。本地市场不允许放弃（每次最少在一个商品上投入 1M）。

规则说明：开发完毕的市场每年需要投入 1M 的维持费用，沙盘模拟中这笔费用以广告费的形式体现，即每个开发完毕的市场每年必须投入至少 1M 的广告费，否则视为放弃该市场。

二、销售会议与订单争取

市场预测，是各公司可以信任的客户需求数据，各公司可以根据市场的预测安排经营。销售订单和销售预测是 ERP 中主生产计划展开的依据，也是企业生产安排的依据。沙盘模拟中，销售预测由行业协会对外公开发布，所有企业得到的预测都是相同的。而销售订单则需要通过订货会的形式争取，企业是否能够拿到足够高质量的订单将对企业的经营产生至关重要的影响。

1. 订货会与广告投入

参加订货会是模拟企业一年当中取得客户订单的唯一机会（年度经营的其他时间内企业不会获得额外订单），这个订货会每年年初举行一次，其形式类似于“广交会”，参与的厂商很多，客户的订单也很多。企业参与订货会需要投入一定的资金、人力来进行营销策划、广告位展示、客户咨询与拜访等，从而使企业的产品能够赢得客户的信赖，争取到合适的订单。

企业要得到客户订单就必须向市场中投入一定的广告，广告费是分市场、分产品投入的。投入广告费有两个作用，一是获得争取订单的机会，二是判断选单顺序。企业投入 1M 产品广告费，可以获得一次争取订单的机会（如果不投产品广告就没有选单机会），一次机会允许最多取得一张订单；如果要想获得更多的拿到订单的机会，就必须增加广告费，每增加一次争取订单的机会需要多投入 2M 产品广告费。比如，投入 3M 产品广告表示有两次获得订单的机会，最多可以获得 2 张订单，但企业是否有获得 2 张订单的机会取决于市场竞争态势、需求等因素。

如果要获取有 ISO 要求的订单，必须获得 ISO 认证资格证书，无须再投入广告费，但必须在广告投入单中用“√”标出，否则视为尚未取得。表 4－5 为第三年某小组广告投入示例，通过该表可以看出，企业取得了 ISO9000 认证，可以接有 ISO9000 特殊要求的订单，第三年度企业在本地市场 P_1、P_2 产品的广告费均为 1M，则企业在本地市场最多能够得到 1 张 P_1 订单和 1 张 P_2 订单。

表 4－5　某小组广告投入示例

<table>
<tr><th colspan="4">第三年本地</th><th colspan="4">第三年区域</th><th colspan="4">第三年国内</th></tr>
<tr><th>产品</th><th>广告</th><th>9K</th><th>14K</th><th>产品</th><th>广告</th><th>9K</th><th>14K</th><th>产品</th><th>广告</th><th>9K</th><th>14K</th></tr>
<tr><td>P_1</td><td>1</td><td rowspan="4">√</td><td rowspan="4"></td><td>P_1</td><td>2</td><td rowspan="4">√</td><td rowspan="4"></td><td>P_1</td><td>1</td><td rowspan="4">√</td><td rowspan="4"></td></tr>
<tr><td>P_2</td><td>1</td><td>P_2</td><td>1</td><td>P_2</td><td>3</td></tr>
<tr><td>P_3</td><td></td><td>P_3</td><td>1</td><td>P_3</td><td>2</td></tr>
<tr><td>P_4</td><td></td><td>P_4</td><td></td><td>P_4</td><td></td></tr>
</table>

2. 订单选择顺序

（1）市场地位。

每个市场都会在年度末统计该市场各个企业的销售情况，从而在该市场中为各个企业排定市场名次，各产品总销售额最大的企业则为该市场的市场领导者，俗称“市场老大”。

（2）选单流程和原则。

① 各公司将广告费按市场、产品填写在广告登记表中。

② 订货会依照本地、区域、国内、亚洲和国际市场的顺序依次召开，在每个市场中依照 P_1、P_2、P_3 和 P_4 的顺序，依次选单，对于已经结束选单的市场或产品，同一年份中，不允许再进行选单。

③ 排定选单顺序，选单顺序依据以下顺序原则确定：

a. 由上年本市场销售排名第一（该市场所有产品销售额总和第一）的“市场老大”优先选单；

b. 按某市场、某一产品上投放的广告费的多少，排定本产品的其他企业（除“市场老大”之外的其他企业）的选单顺序；

c. 如果在同一市场、同一个产品上投入的广告费相同，按照投入本市场的广告费总额（包括 ISO 认证的广告）排定选单顺序；

d. 如果该市场广告投入总量也一样时，按照上年在该市场各产品订单总额的排名次序排定选单顺序；

e. 如果以上情况仍不能确定选单顺序，系统会按照提交广告费的先后顺序排序。

④ 按选单顺序分轮次进行选单，有资格的公司在各轮中只能选择一张订单。当第一轮选单完成后，如果还有剩余的订单，则还有选单机会的公司可以按选单顺序进入下一轮选单。

⑤ 选完所有产品的订单后，分公司统计该市场所有订单销售额，销售额最大的 1 家，为下年的“市场老大”（“老大”按市场分，不按产品分）。

⑥ ISO9000/14000 要求具有相应的 ISO 资格，并且投入相应的 ISO 广告，可以拿单。

⑦ 每年订单会由各参赛队伍派市场总监及任一名组员进入竞单区参与选单，其他组员不得参与选单。

规则说明：

1. 选择订单时，可以根据能力放弃选择订单的权利，当某一轮放弃了选单后，视为退出本产品的选单，不得再次选单。

2. 无论投入多少广告费，每次最多只能选择 1 张订单，然后等待下一次选单机会。

3. 当一个企业某次选定了订单之后，在下一个选订单者选定了订单的情况下，不允许其更改已作的选择。

3. 订单类型

沙盘模拟中客户订单是以一张卡片的形式表示的，如图 4－10 所示。该卡片上写明了订单的年份、所属市场、编号、产品数量、单价、订单总金额、应收账期以及一些特殊要求等。

第4年	国内市场	IP4－3/3
	产品数量：2 P_2 产品单价：6M/个 总金额　：12M 应收账期：3Q	
ISO9000	加急!!!	

图4－10　客户订单示例

由图4－10可以看出，该订单订货数量为2个P_2产品，单价定为6M，总金额为12M，该订单并不是采用“货到付款”的形式，而是3Q（即3个季度）的应收账期。此外，该订单有特殊要求，要求接单企业必须具备ISO9000认证，且注有“加急!!!”字样，要求该订单货物必须在第一季度交货，延期交货将受到严厉的惩罚。

不同类型的订单的交货要求及取得订单的资格如表4－6所示：

表4－6　不同类型订单的交货要求及获得资格

订单类型	交货时间	获得订单资格要求
普通订单	本年度4个季度运行中任一规定的交货时间	任何企业
ISO9000订单	本年度4个季度运行中任一规定的交货时间	具有ISO9000认证资格
ISO14000订单	本年度4个季度运行中任一规定的交货时间	具有ISO14000认证资格
加急订单	本年度第一季度必须交货	

规则说明：

1．订单上的账期代表了客户收货时货款的交付方式，若账期为0Q，则表示客户付给企业的是现金；若账期为3Q，则表示客户付给企业的是3个季度到期的应收账款。

2．对于加急订单要求第一季度交货，普通订单要求本年度交货，否则按违约处理；因此，营销总监在接单时必须考虑企业的产能，当然如果有其他企业乐于合作，不排除有委外加工的可能性。

所有订单要求在本年度完成（按订单上的产品数量整单交货），如果订单没有按时完成，按下列条款加以处罚：

① 普通订单，在本年度最后关账前交纳违约罚款，并收回订单，罚款按订单销售总额的20%（即销售总额×0.2后向下取整）计算违约金。

② 加急订单，在本年度最后关账前交纳违约罚款，并收回订单，罚款按订单销售总额的30%（即销售总额×0.3后向下取整）计算违约金。

③ 有违约表现（包括加急订单违约但当年交单）的小组，当年的市场地位均下降一级。

④ 如果上年度“市场老大”没有按时交货，其市场地位下降，则本年度该市场没有“老大”。

⑤ 年末，企业将订单违约金放到综合费用的“其他”位置处。

三、企业生产运营规则

现实中，企业需要遵循明目繁多的法律、法规，而沙盘模拟课程中，不可能做到面面俱到，因此在课程中，我们进行了一定的简化，对企业生产运营规则总结为以下几个方面：

1．厂房投资规则

企业的厂房可以出售、租赁与购买。

（1）厂房出售。厂房只能在运行的每个季度规定的时间内进行出售。出售时，需要财务总监携带“应收账款登记表”和厂房价值单（大厂房：40M，小厂房：30M），到交易处进行交易。经核准运作时间后，由交易处收回厂房价值，发放4Q的应收账款欠条，并在“应收账款登记表”中登记，如厂房内有生产线即出售同时转为租赁，租赁期不满一年按照一年计算租金。

（2）购买厂房。购买厂房只能在每年年末规定的时间（参见运作记录表）内进行，购买时只需要将等值现金放到厂房价值位置即可。如果厂房中有生产线，购买厂房即可不支付当年的厂房租金，即到缴纳厂房租金的操作时，在购买厂房与缴纳租金中，只选择一种操作即可。

（3）支付厂房租金。是否支付厂房租金的判定条件：已购买的厂房不需要缴纳租金。当运行到“支付租金”任务项时，如果未购买的厂房中有生产线，则不管什么时间投资的，也不管厂房是否是当年出售的，都需要支付租金。如果当年使用过厂房（其中有过生产线），但到最后一个季度将生产线出售了，也就是说运行到“支付租金”项目时，厂房中已经没有生产线了，这种情况不需要缴纳租金。

企业目前自己拥有一个大厂房，其价值为40M，可容纳6条各种类型的生产线。企业在经营过程中可以对其进行出售处理，对于已经出售的厂房可以继续租赁使用或者回购。此外，还有小厂房供各个企业选用，小厂房可以容纳4条各种类型的生产线。各种厂房的出售、租赁与购买信息如表4－7所示。

表4－7　各种厂房的出售、租赁与购买信息

厂房	买价	租金	售价	容量	
大厂房	40M	5M/年	40M	6条生产线	厂房出售得到4个账期的应收账款，紧急情况下可厂房贴现，直接得到现金。
小厂房	30M	3M/年	30M	4条生产线	

规则说明：

1. 厂房可以随时出售，但是只能得到4个账期的应收账款。

2. 购买厂房只能在每年规定的时间进行，购买时将等值的现金放到厂房价值处。

3. 对于没有所有权的厂房，使用时每年年末需要缴纳一定的租金，但对于经营年度中已经购买的厂房则不需要支付租金。

4. 沙盘模拟中厂房不提折旧。

2. 生产线规则

企业目前拥有3条手工生产线和1条半自动生产线，生产能力较为低下。另外可供选择的生产线有全自动生产线和柔性生产线，各种生产线的生产效率和灵活性是不一样的。生产线的生产效率是指单位时间（如一年）内生产产品的数量，灵活性是指生产线生产新产品所需要进行设备调整的难易度。有关生产线的购买、转产、维修与出售信息如表4－8所示。

表4－8　生产线购买、转产、维修与出售信息

生产线	购置费	安装周期	生产周期	转产费用	转产周期	维修费	残值
手工线	5M	无	3Q	无	无	1M/年	1M
半自动	8M	2Q	2Q	1M	1Q	1M/年	2M
自动线	16M	4Q	1Q	4M	2Q	1M/年	4M
柔性线	24M	4Q	1Q	无	无	1M/年	6M

（1）购买生产线。各企业只能到供应商处（交易处）购买生产线，生产线建成前反扣在相应的位置上（反面向上，表示该条生产线正在建设），生产线的投资放置在各个“在建”的生产线上；生产线投资完毕后，再把生产线正面向上放在相应的位置上，同时把该生产线的投资放入该生产线的设备价值处。投资安装生产线时必须按照安装周期平均支付投资并安装，全部投资到位后的下一个季度可以领取产品标识，开始下一批生产。当投资短缺时，任何时候都可以中断。

如某企业在第二年第一季度开始投资全自动生产线，总共需要投资16M，按照4M/Q进行投资，总共需要4Q，在第一年第四季度完成安装，第二年第一季度方可上线生产，具体安装操作可按表4－9所示进行（投资连续的情况下）：

表4－9　全自动生产线的投资、安装

操作	投资额	安装完成
第一年第一季度	4M	启动1期安装
第一年第二季度	4M	完成1期安装，启动2期安装
第一年第三季度	4M	完成2期安装，启动3期安装
第一年第四季度	4M	完成3期安装，启动4期安装
第二年第一季度		生产线安装完成，可以上线生产

投资生产线的费用不一定需要连续支付，可以在投资过程中中断投资，也可以在中断投资之后的任何季度继续投资，但必须按照上表的投资原则进行操作。

规则说明：

1. 一条生产线待最后一期投资到位后，下一季度才算安装完成，这时可以领取该生产线的产品标识，然后可以投入使用。
2. 生产线安装完成后，必须将投资额放在设备价值处，以证明生产线安装完成。
3. 各企业之间不允许相互购买生产线，只允许向设备供应商（交易处）购买。
4. 生产线一经开始投资，不允许搬迁移动（包括在同一厂房内的生产线）。
5. 建成后的一条生产线，任何时刻最多只能有一个在制品。

（2）生产线维护。企业的生产线需要定期保养、维修，为此需要支付一定的费用，无论是何种生产线的维修费均为1M/年。沙盘模拟过程中，必须交纳维修费的情况：

① 生产线安装完成的当年，不论是否开工生产，都必须交纳维修费。

② 正在进行转产的生产线也必须交纳维修费。

免交维修费的情况：

① 当年已出售的生产线不需交纳维修费。

② 正在建设的生产线不需交纳维修费。

例如，某企业在第二年第四季度把一条生产线卖掉，则出售的该生产线当年不用再交纳维修费。又如某企业在第二年第三季度开始投资一条自动生产线，但在第二年年末肯定不会完工，该生产线在第二年年末就不需要交纳维修费。

每年年末，根据企业实际建成的生产线的数量交纳维修费，维修费由财务人员归入财务中心的维修费中。

（3）生产线折旧。每条生产线单独计提折旧，采用平均年限法，每年按生产线净值的1/3取整计算折旧。当生产线净值小于3M时，每年提1M折旧。各种生产线每年折旧额的计算如表4－10所示：

表4－10 各种生产线的各个年份的折旧额度

生产线	购置费	残值	折旧额度				
			建成第一年	建成第二年	建成第三年	建成第四年	建成第五年
手工线	5M	1M	0	1M	1M	1M	1M
半自动	8M	2M	0	2M	2M	1M	1M
自动线	16M	4M	0	5M	3M	2M	2M
柔性线	24M	6M	0	6M	5M	3M	2M

完成规定年份的折旧后（生产线净值等于残值后），生产线可以继续使用，但不用计提折旧。生产线的剩余的残值可以保留，直到该生产线变卖为止。需要注意的是，当年新建成的生产线当年不计提折旧，下个年度开始计提折旧，尚未完工的生产线

(在建工程）不用计提折旧。

折旧并不影响企业的现金流，折旧时直接从生产线净值中取出相应的折旧额放入财务中心的折旧位置。

(4）生产线变卖。生产线变卖时，将生产线及其生产标识上交交易处，将变卖的生产线的残值放入现金区。变卖时，如果生产线的净值大于残值，则从生产线净值中取出等同于残值的部分置于现金库，将差额部分放入当年综合费用的其他项目中，并将生产线交还给供应商即可完成变卖。

(5）生产线转产。任何生产线均可生产任何产品，但若某生产线现正生产X产品，要转而生产Y产品则可能需要进行机器设备的调试、改装等，需要消耗一定的费用与时间。

沙盘模拟中，手工生产线和柔性生产线不需要转产周期和费用。半自动生产转产周期为1Q（即转产时需要停产一个季度），并交纳转产费1M；全自动生产线转产周期为2Q（即转产时需要停产两个季度），并交纳转产费4M（每个转产季度交纳2M）。

例如，某企业半自动生产线原来生产P_1产品，如果需要转而生产P_2产品，则要停工一个季度（即该生产线当季不能生产），并支付1M的转产费用，一个季度后方可更换产品标识，投入生产（即下一个季度方可投入生产）；对于全自动生产线作类似处理（需要停产两个季度）。

3. *产品生产规则*

产品研发完毕后，即可投入生产。沙盘模拟中共有P_1、P_2、P_3、P_4等4种产品可以生产（P_1产品已经研发完毕，其他3种产品需要进行研发），4种产品所需要的原材料及数量是不同的，如图4－11所示。

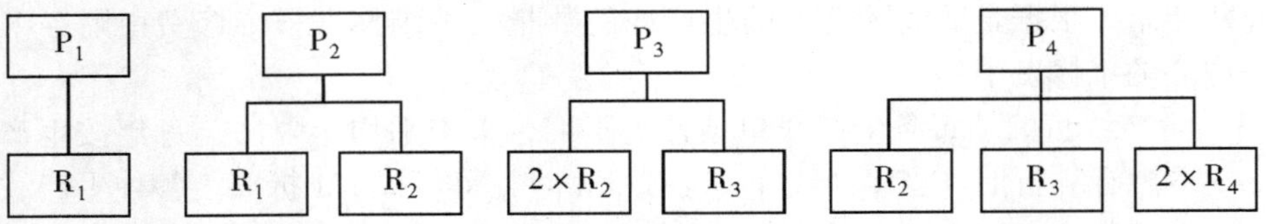

图4－11　各个产品的组成结构

生产线生产产品需要一定的人工、辅助材料、能源等，因此需要支付一定的加工费用。沙盘模拟中，不同类型的生产线虽然生产效率不同，但生产每种产品所需要的加工费是相等的，均为1M（产品上线时即需要交纳加工费）。因此，各个产品可以示意性表示为：

$P_1 = R_1 + 1M$

$P_2 = R_1 + R_2 + 1M$

$P_3 = 2R_2 + R_3 + 1M$

$P_4 = R_2 + R_3 + 2R_4 + 1M$

4. *原材料采购规则*

采购原材料需经过下原料订单（用空桶表示原材料订单，将其放在相应订单位置上）和采购入库两个步骤，这两个步骤之间的时间差称为订单提前期。R_1、R_2原材料需要一个季度的采购提前期；R_3、R_4 原材料需要两个季度的采购提前期。各种原材料价格与提前期如表 4－11 所示。

表 4－11　各种原材料价格与提前期

名称	购买价格	提前期
R_1	1M/个	1Q
R_2	1M/个	1Q
R_3	1M/个	2Q
R_4	1M/个	2Q

规则说明：

1. 下原料订单时必须填写采购登记表，然后由采购总监携带该表到交易处登记，没有下订单的原材料不能采购入库。

2. 所有下订单的原材料到期必须采购入库。

3. 每种原材料的采购价格均为 1M，原材料入库时必须到交易处用现金购买已到期的原材料，不得拖延。

4. 注意各种原材料的采购提前期，如某企业在第三年第一季度订购 2 个 R_2、3 个 R_3，则 2 个 R_2 原材料在第三年第二季度到货，而 3 个 R_3 原材料在第三年第三季度到货。

四、产品研发与 ISO 认证规则

1. 产品研发规则

要想生产某种产品，先要获得该产品的生产资格证。而要获得生产资格证，则必须经过产品研发。企业目前只可以生产销售 P_1 产品，根据预测另有技术含量依次递增的 P_2、P_3、P_4 产品有待开发。研发需要分期投入研发费用，投资规则如表 4－12 所示：

表 4－12　产品研发投入表

名称	开发费用	开发周期	操作说明
P_2	1M/季	6 季	每季度按照投资额将现金放在生产资格位置；当投资完成后，持所有投资的现金到交易处换取生产许可证；只有获得生产许可证后才能开工生产该产品
P_3	2M/季	6 季	
P_4	3M/季	6 季	

规则说明：

1. 产品研发可以中断或终止，但不允许超前或集中投入。例如研发 P_2 产品需要 5Q，研发总费用为 5M，不能在 1Q 内一次性投入 5M 以获得 P_2 的生产资格，只能在 1Q 内投入 1M，投入累计达到 5M 时方可获得 P_2 的生产资格。

2. 已投资的研发费不能回收。

3. 每季度按照投资额将现金放在生产资格位置。当投资完成后，持所有投资的现金到交易处换取生产许可证，只有获得生产许可证后才能开工生产该产品。

4. 各个产品的研发可以同时进行，例如在资金允许的情况下，企业可以同时研发 P_2、P_3、P_4 产品。

5. 未取得某产品生产资格时，可以参加该产品的订货会。例如，某企业在第一年第一季度开始连续研发 P_2 产品，最快需要等到第二年第一季度方可取得 P_2 的生产资格，但在第二年年初的订货会上，该企业仍然可以在 P_2 产品上投放广告费，争取相应的订单。

2. ISO 认证规则

随着行业竞争的加剧，客户的质量意识及环境意识越来越强。经过一定时间的市场孕育，客户订单中出现了对生产企业 ISO 认证的要求。企业进行 ISO 认证，需要经过一段时间并花费一定费用，如表 4 - 13 所示。

表 4 - 13　国际认证需要投入的时间及费用

认证	ISO9000	ISO14000	平均支付，认证完成后可以领取相应的 ISO 资格证。可中断投资
时间	2 年	3 年	
费用	1M/年	1M/年	

规则说明：

1. ISO 认证需分期平均支付投资费用，每年一次。
2. 可以中断投资，但不允许集中或超前投资。

五、企业融资规则

企业要进行生产、经营等活动需要一定的资金，因此筹资是企业进行一系列经济活动的前提与基础，也是财务活动的主要内容之一，而企业所需要的资金仅靠股东最初的投资往往是不够的，在市场经济环境下，可以通过多种渠道筹集资金，例如银行贷款、发行债券、发行股票等，不同的筹资渠道适用于不同的场合，所需要的财务费用也是不同的。

按照目的的不同，筹资可以分成长期筹资和短期筹资。长期筹资主要是企业向银行等金融机构或其他单位借入的、还款期限在一年以上的各种借款，其目的主要是用于构建厂房、设备等固定资产和满足长期流动资金的需要；短期筹资的主要目的是满足企业临时性流动资金的需要。由于企业的短期筹资通常是通过流动负债的方式取得的，因此短期筹资也称为流动负债筹资或短期负债筹资。

在 ERP 沙盘模拟中，企业间不允许私自融资，企业可以通过向银行申请贷款（包括长期贷款、短期贷款和高利贷）和应收账款贴现的方式获得资金。具体的融资规则如表 4 - 14 所示：

表 4－14　各种贷款的规则

贷款类型	贷款时间	贷款额度	年息	还款方式
长期贷款	每年年初	和为上年度所有者权益的三倍	10%	年初付息，到期还本，20 倍数
短期贷款	每季度初		5%	到期一次还本付息，20 倍数
高利贷	任何时间	与银行协商	20%	利随本清
资金贴现	任何时间	视应收款额而定	1，2 期：12.5%（1:7） 3，4 期：14.3%（1:6）	变现时贴息

1．长、短期贷款规则

（1）长期和短期贷款信用额度。

长、短期贷款的额度为上年权益的 2 倍（长、短期合计贷款额度）。长期贷款、短期贷款、高利贷必须按 20M 的倍数申请。如果权益为 11～19，只能按 10 来计算贷款数量，低于 10 的权益，将不能贷款。

例如，某企业上年度所有者权益为 15M，则其总贷款额度为 45M，该企业已经有 20M 的长期贷款，若该企业再申请短期贷款则只能申请 20M。

（2）长、短期贷款的时间。

长期贷款每年只有一次，即在每年年初（详见运行任务清单）进行；短期贷款每年为四次，分别为每季度初（详见运行任务清单）；其他时间是不允许贷款的，因此企业经营到贷款环节时需要慎重考虑。

（3）长期贷款归还要求：

① 长期贷款每年归还利息，到期还本，本利双清后，当还有贷款额度时，才允许重新申请贷款。即当有贷款需要归还，同时还拥有贷款额度时，必须先归还到期的全部长期贷款，才能申请新贷款。不能以新长贷还旧长贷（续贷），短期贷款也按本规定执行。

② 长期贷款最多可贷 5 年，长期贷款只要权益足够，无论第几年都可以申请贷款。

③ 长期贷款期限只能是 5 年，短期贷款期限只能是 1 年。长期贷款可以提前还贷，但要支付该贷款所剩的所有贷款年限的利息。

④ 长期贷款到结束年未到期的可以不归还，到期的长期贷款必须归还。

2．高利贷规则

如果企业错过了申请长、短期贷款的时机或者因所有者权益的限制而不能再借长、短期贷款，可以考虑借入高利贷。高利贷的使用年限为 1 年（与短期贷款相同），年利率为 20%，同样以 20M 为贷款基本单位，利随本清。高利贷的具体发放金额与银行协商解决。

高利贷可以根据需要随时申请，但高利贷的计息时间为当季度短期贷款的申请时间，每个季度都要不断更新，高利贷同样不允许提前还款。在结束年要求归还全部高利贷。

规则说明：

1. 凡借入高利贷的企业均按5分/贷20M扣减总分。
2. 除最后一年的高利贷，所有贷款不允许提前还贷。

3. 贴现规则

贴现是指企业提前使用自己的应收账款而进行的一种筹资方式，贴现需要支付一定的费用，贴现可以随时进行。贴现费用按照应收账款账期的不同而不同，1、2期应收账款按照1:7进行贴现，3、4期应收账款按照1:6进行贴现。

在进行1、2期应收账款的贴现时，从应收账款中取出$8N$（其中，N为正整数）的应收账款金额，$7N$作为现金放入现金区，其余的作为贴现费用。当应收账款金额大于$8N$而又小于$8(N+1)$时，贴现费用为$(N+1)$。

在进行3、4期应收账款的贴现时，从应收账款中取出$7N$（其中，N为正整数）的应收账款金额，$6N$作为现金放入现金区，其余的作为贴现费用；当应收账款金额大于$7N$而又小于$7(N+1)$时，贴现费用为$(N+1)$。

六、综合费用及其他规则

1. 管理费

企业为维持正常运转需要支付各种管理费，沙盘模拟中企业每个季度需要支付1M的管理费。

2. 企业行政管理费

① 广告费（市场营销费）：为每年拿订单时的广告投入。

② 生产线维护费：1M/条，只要建成即可发生（转产改造时也要支付），在建工程不计。

③ 新产品研发费用：按当年投入的实际费用计算。

④ 市场开发费用：按当年投入的实际费用计算。

还有厂房租金、ISO认证、其他……

3. 利息

长期贷款每年年底付息、短期贷款到期还本付息、贴现费用。

4. 折旧

采用余额递减法计提折旧，每年按生产线净值的1/3取整计算折旧。在建工程和当年建成的生产线不计提折旧，当生产线净值小于3M时，每年提1M折旧，厂房不计提折旧。

5. 税金

每年所得税计入应付税金，在下一年初交纳。

6. 违约金扣除——向上取整；贴现费用——向上取整；扣税——向下取整

7. 破产规则

企业经营不善就将面临破产的危险，沙盘模拟中企业破产的两个情况：

① 如果企业的所有者权益变为负值，则宣布企业破产；

② 如果企业的现金断流，则宣布企业破产。

附：规则简表

1. 新市场进入

市场	本地	区域	国内	亚洲	国际
时间	开放	1年	2年	3年	4年
投资	无	1M	2M	3M	4M

2. 订单争取

市场投入	订单选择顺序	市场地位
最低市场投入，每个市场各1M 1M的最低投入将会给你至多一个订单，再加2M会给你一个额外订单	市场领导者（第一位） 该项产品市场投入最多者。若相同，市场地位最高者。仍相同，全部产品的市场投入最多者。若还相同，按照提交广告费的先后顺序排序	某市场上的市场地位决定于上年销售总额。销售额相同者，参照上年市场地位。领导者唯一，其他可并列。延迟交货者市场地位下降一级

3. 建筑

	大厂房	小厂房
价值	40M	30M
租金/年	5M	3M
生产线	6条	4条

4. 更新费用与周期

生产线类型	手工	半自动	全自动	柔性
购买价	5M	8M	16M	24M
安装周期	无	2Q	4Q	4Q
生产周期	3Q	2Q	1Q	1Q
残值	1M	2M	4M	6M
转产周期	无	1Q	2Q	无
转产费用	无	1M	4M	无
维护费	1M	1M	1M	1M

5. 产品标识与产品加工费

P_1 产品	P_2 产品	P_3 产品	P_4 产品
原料费：1M	原料费：2M	原料费：3M	原料费：4M
加工费： 手工：1M 半自动：1M 全自动/柔性：1M	加工费： 手工：1M 半自动：1M 全自动/柔性：1M	加工费： 手工：1M 半自动：1M 全自动/柔性：1M	加工费： 手工：1M 半自动：1M 全自动/柔性：1M

6. 产品研发周期与投资

产品	P_2	P_3	P_4
时间	1.5 年	1.5 年	1.5 年
投资	6M	12M	18M

7. 资格认证

	ISO9000	ISO14000
时间	2 年	3 年
投资	2M	3M

8. 贷款规则

贷款类型	贷款时间	贷款额度	利息
长期贷款	每年年初	上年所有者权益的 2 倍	10%（每年年底付息）
短期贷款	每季度初	上年所有者权益的 2 倍	5%（利随本清）
高利贷	任何时间	与银行协商	20%（利随本清）
应收账款贴现	任何时间	视应收款额而定	1，2 期：14.3%（1:7）（变现贴息） 3，4 期：16.7%（1:6）（变现贴息）

第五章

ERP 沙盘模拟实战操作

学习了企业管理沙盘模拟的规则后，便进入了实战环节。模拟过程中，我们对企业所要进行的各种工作进行了适当的简化与排序，模拟企业需要按顺序完成一年里的相关工作，并在年末提供本年度的财务报表；此外，本章也给出了模拟企业的市场环境，供各模拟企业参考。

第一节　企业运营流程操作

现实中，企业所做的工作各式各样。沙盘模拟过程中，企业运营的流程代表了企业简化的工作流程，也是模拟经营中必须遵守的执行顺序。企业运营流程共分为 3 个部分：年初 5 项工作，按季度执行的 21 项工作和年末需要做的 9 项工作①。

企业运营流程由各个模拟企业的 CEO 主持，按照流程中的先后顺序，团队成员各司其职，有条不紊地完成每一项任务。每执行完一项任务，CEO 在“运营记录表”的对应方格内打钩表示完成。下面，我们按照先后顺序介绍企业运营的各项流程。

注意：企业进行各个年度的经营活动时，必须按照“运营记录表”自上而下、自左向右的顺序严格执行各项工作。

一、年初 5 项工作

在新的经营年度开始之际，企业首先要谋划新年度的经营，预测可能发生的各种情况，分析年度经营中可能出现的各种情况，提出营销、投资、融资等的解决方案。为此企业需要进行 5 项工作，首先是公司的高层业务主管人员召开新年度的规划会议，初步制定企业的总体规划；接着，营销总监在市场上投入一定的广告费，并参加一年

① 本节中的企业运营流程是按照附录 1 中“运营记录表”的顺序讲述的，该表主要供企业的 CEO、财务总监、财务助理使用。“运营记录表（副表）”的流程与之基本相同，主要供采购总监、生产总监和营销总监使用。

一度的订货会，争取合适的销售订单；有了确定的销售订单后，企业调整本年度的规划，制订新年的各项具体工作计划，并支付应付税金，开始本年度的实际经营。

1. 新年度规划会议

“人无远虑，必有近忧”，这句话充分说明了长远规划与近期工作的关系，在激烈的竞争中，发展战略对于企业经营而言的重要性不言而喻。据联合国经济合作与发展组织（OECD）统计，1947 年仅有 20% 的企业制订了战略计划，但是到了 1970 年这一比例已达到 100%。日本经济新闻社 1967 年的调查表明，“99% 的大公司有长期经营规划，无战略规划的大公司出现重大失利的占 48%”。制定发展战略，实行战略管理是 70 年代西方企业在环境急剧变化的条件下，为了生存和发展而在管理上的一次大变革。其目的是使企业的组织结构、资源分配和经营方式与环境提供的各种机会取得动态平衡，以实现总体战略目标。事实证明，在一个精心制定的、符合实际的战略的指导下，企业各部门和全体员工团结一致，朝着共同的目标努力，企业就会取得巨大的成功。相反，如果战略制定失当，或者企业各部门追求各自的目标，则会造成资源的巨大浪费，甚至给企业带来灾难。沙盘模拟中，企业要想在残酷的竞争中取得一个好的经营成果，同样需要有个全面的战略规划。

此外，在每年年度经营开始之际，企业的 CEO 需要召集企业的各个业务的主管召开新年度规划会议，其目的就是指导本年度的运营，实现企业战略。根据企业的实际情况和市场态势，企业需要初步确定本年度的融资方案以及市场开拓、产品研发、生产线投资、ISO 认证等投资方案。此外，为了接下来召开的年度订货会议，企业需要考虑市场上广告费的投入组合，同时为了确定企业本年度可接单的数量，企业需要精确计算出本年度可完成的产品的完工数量。

◆ 新年度的全面规划

新年度的计划涉及企业经营的主要方面，通过制定新年度的经营规划，可以使企业各个部门在经营过程中做到有条不紊、有的放矢，明白在什么时候需要完成什么任务，这样可以有效防止经营过程中决策的随意性和盲目性，减少经营决策失误的概率，可以提高整个团队的协作精神，提高团队的战斗力与凝聚力，为取得良好的经营成果奠定基础。

作出合适的年度规划需要做到“知己知彼”，所谓“知己”就是对企业现有的生产经营情况要有一个清晰的认识，包括自己的生产情况、原材料情况等；“知彼”就是要重新认识市场、认识竞争对手。对于市场的认识可以依据商业预测，对于竞争对手的认识主要靠市场调研、考察等形式得到有价值的情报。在了解了“己”与“彼”的情况后，各个业务主管就新年的规划提出自己的意见，所有与会人员就此进行讨论。在权衡利弊后，最终确定企业本年度的规划。在决定本年度的规划时，可以着重考虑以下几个方面：

（1）市场开拓规划。

企业最初的市场只有本地市场，本地市场的容量毕竟有限，企业需要考虑是否开拓其他市场的问题。企业拥有的市场越多，企业的销售渠道就越多，销售的产品就越多。当然市场开拓需要一定的费用，导致企业现金流的减少，减少当期的利润，因此企业进行市场开拓时需要考虑现金流和所有者权益问题。企业进行市场开拓时，可以考虑以下几个问题：

① 企业的销售目标、销售策略是什么？每个企业都有一个销售目标，例如占有市场份额的百分比、成为市场领头羊等。当然目标的实现需要有一定的策略支持，企业销售策略可能是主攻某些市场并在这些市场站稳脚跟，也可能是在各个市场全面开花。

② 企业的目标市场是什么？目标市场就是企业需要开拓的市场，企业需要根据自己的目标、策略和各个市场的需求、价格、竞争等最终确定自己的目标市场。

③ 什么时候进入目标市场？确定了目标市场后还需要根据企业的资金情况、产品研发生产等情况决定进入目标市场的时机。如果进入的时机过早，市场容量小，可能会导致企业"吃不饱"，过晚则可能其他企业已经在该市场站稳脚跟，增加了后续者进入的难度。

（2）ISO 认证开发规划。

ISO 认证是企业在质量、环保等方面管理能力的重要证明，企业只有取得了 ISO 认证才能取得标有 ISO 条件的销售订单。但并不是所有订单都有 ISO 认证的要求，不同市场、不同产品、不同年份对 ISO 认证的要求是不一样的。同时，ISO 认证会需要一定的资金，影响企业的现金流和所有者权益。因此，在进行 ISO 认证开发规划时，需要考虑以下几个问题：

① 开发何种认证？沙盘模拟中 ISO 认证包括 ISO9000 和 ISO14000 两种，企业是开发其中一种还是都开发，取决于企业的目标市场对 ISO 认证的要求和企业的资金状况，因此不能盲目开发。

② 什么时候开发？不同的经营时期对 ISO 认证的要求是不同的，此外开发 ISO 认证需要一定的时间，因此企业需要综合确定 ISO 认证的开发时间。

（3）产品研发投资规划。

企业初创时期能够生产的产品仅有 P_1 产品，P_1 产品的市场容量是有限的。企业要想取得更多的利润就必须增加销售，而增加销售除了需要开拓更多的市场之外，还需要研发新的产品。而研发新产品会消耗企业的现金，影响企业的现金流和所有者权益，因此企业需要作出一系列产品研发投资的规划。进行产品研发规划时，可以考虑以下几个问题：

① 企业需要研发哪些新产品？企业可以研发的产品包括 P_2、P_3、P_4 等 3 种，每一种都需要一定的时间与资金，企业是 3 种新产品全面研发还是有选择地开发，这就需要慎重考虑。

② 企业什么时候开始研发？什么时候研发完毕？不同的新产品对研发所需要的资金、时间是不同的，企业在决定了研发的新产品品种后就需要决定研发的时机。这个可以根据企业的资金、产能、竞争对手等多个因素综合考虑。

（4）生产线投资规划。

企业有了市场、有了产品，还需要有能力来生产。模拟经营的企业开始只有 3 条手工生产线和 1 条半自动生产线，产能较低。为了进一步提升企业的产能，企业需要引入现代化的生产设备。然而生产线这种大宗设备的投资对企业的现金流影响较大，所以在作出生产线投资规划时需要考虑对现金流的影响。为此可以考虑如下几个问题：

① 企业是否有必要在该年度投资新生产线？投资新生产线，引入新的生产设备是沙盘模拟中提高自己产能的唯一方法，也是股东对新的领导层的期望。然而投资生产线需要考虑资金的限制和企业市场的需要。此外，还要考虑投资新生产线的时机，虽然每个季度都可以投入，但是生产线什么时候完工对企业经营、所有者权益也有着重要的影响。

② 投资什么样的生产线？沙盘模拟中设计了手工、半自动、自动、柔性等 4 种生产线，各个生产线的产能、柔性、费用是不相同的。

③ 投资多少条新的生产线？投资新生产线时还需要确定投资的生产线的条数，这个往往是由企业产能的需求、资金、厂房等因素决定的。

为了进一步明确本年度的主要计划，各个企业可以自行编制自己的年度计划表，如表 5－1 所示。该表反映了企业本年度的主要融资与投资计划，该计划只是企业年初的初步打算，实际经营过程中可能需要根据实际情况进行调整。

表 5－1　年度计划表

第（　）年	第一季度	第二季度	第三季度	第四季度
短期贷款				
生产线投资				
产品研发				
市场开拓				
ISO 认证				
长期贷款				

◆ 确定各产品可接单的数量

在制定了本年度的规划后，企业要参加一年一度的产品订货会并争取合适的订单，因此还需要确定本年度企业可接单的数量。订货会是企业取得订单的唯一机会，企业要想接到理想的订单就必须事先计算出自己的产能，这样一方面可以防止企业接单后无法按时完成而遭受处罚，另一方面可以使企业尽可能地把生产出的产品卖掉。

企业本年度某产品可接单 ATP 的数量计算公式为：

ATP＝本年初产品库存量＋本年度产品完工量

公式中本年初产品库存量容易确定，可以盘点沙盘盘面上企业的产品库存，也可以查阅相关记录，计算 ATP 的关键是确定本年度产品完工量。本年度产品完工量可由生产部门根据生产安排来决定，生产总监根据企业本年度可以投入生产的生产线情况，结合各个生产线生产的周期以及各个生产线上线时间等可以确定产品的完工数量和完工时间。为了准确推算，企业可以通过编制“生产及采购计划表”（本书附录 3）的方式进行，同时企业在确定各生产线上线情况的同时还可以得出各个时期原材料采购的数量，从而完成原材料采购计划，可谓一举两得。下面通过一个简单的例子说明“生产及采购计划表”的编制方法，如表 5－2 所示。

表 5－2　生产及采购计划表

生产线		第一年				第二年		
		第一季度	第二季度	第三季度	第四季度	第一季度	第二季度	第三季度
1 手	产品	→	→	→ P_1 →	→	→		
	原材料		R_1					
2 手	产品	→	→ P_1 →	→	→			
	原材料	R_1						
3 手	产品	→ P_1 →	→	→	→ P_1 →	→	→	
	原材料			R_1				
4 半	产品	→	→ P_1 →	→	→ P_1 →	→		
	原材料	R_1		R_1				
完工的产品		P_1	$2 \times P_1$	P_1	$2 \times P_1$			
下原材料订单		$2 \times R_1$	R_1	$2 \times R_1$				

表 5－2 中，该企业有 4 条生产线，“手”表示该生产线为手工生产线，“半”表示该生产线为半自动生产线。第一年开始时，第一条手工生产线的 P_1 在制品处于 1Q 位置，第三季度可以完工；第二条手工生产线的 P_1 在制品处于 2Q 位置，第二季度可以完工；第三条手工生产线的 P_1 在制品处于 3Q 位置，第一季度可以完工；半自动生产线 P_1 在制品处于 1Q 位置，第二季度可以完工；假定各个生产线继续生产 P_1 产品，根据各生产线的生产周期，可以计算出各个季度完工的 P_1 产品，从而计算出各个年度的产量。

此外，若各条生产线完工后继续生产 P_1 产品，则需要在生产线开始生产前需要采购 R_1 原材料。R_1 的采购提前期为 1Q，因此需要在生产线开始生产前一个季度采购原材料（即“下原材料订单”）。同理，根据各个产品所需要的原材料的情况以及各种原材料的采购提前期，可以推算出各个季度需要订购原材料的种类与数量，还可以计算出各个季度需要支付的原材料费用。

2. *参加订货会/支付广告费*

沙盘模拟中，企业承接销售订单的唯一机会是参加订货会，只有参加订货会接到了销售订单，企业的产品才可能售出。而参加订货会需要在相应的市场上投入一定的广告费，只有投入了广告费，企业才有资格在该市场上取得销售订单。

在参加订货会前，企业需要根据自己营销策略、市场竞争等情况决定广告的投入。由于广告费是分市场、分产品进行的，因此企业需要决定广告的投入组合。营销总监在广告费登记表上认真填写本企业的广告投入，充分考虑企业的支付能力，而后参加订货会，争取订单。

通常情况下，为了保持良好的订货会秩序，订货会只允许企业的营销总监参加。当然为了应对复杂的情况，企业可派营销总监和生产总监共同参加订货会。需要注意的是，企业在没有委托加工能力的情况下，接单量不要超过企业的产能，否则就可能导致不能按时完工交货。

交广告费时，企业财务总监从现金库中取出“广告费登记表”中登记的广告费，放入综合费用的“广告费”区域，并在“运营记录表”的对应位置记录现金的减少量（可以用“-”表示现金的减少）；企业 CEO 在监督财务总监正确完成以上操作后，在“运营记录表”的对应位置上打“√”，表示完成了该项任务。

3. 登记销售订单

企业接到的订单相当于与客户签订的销售合同，需要进行登记，以便掌握企业销售情况并合理安排本年度的各项工作。

企业拿到订单后，由营销总监负责把订单逐一登记到“订单登记表”中。为了将已经发货处理的订单和尚未发货的订单区分，营销总监在登记时只登记订单号、销售数量、账期，暂不登记订单的销售额、成本、毛利等信息，当产品售出后再进行补登。

4. 制订新年度计划

在参加完订货会，确定了销售订单后，企业就正式确定了自己的销售任务，而后需要以销售为龙头，在新年度规划中制定的各项规划的基础上，确定新年度各项具体计划，包括生产计划、采购计划、生产线投资计划、市场开拓计划、ISO 认证投资计划等。计划的执行需要资金的支持，为了保证各项计划的顺利实施，企业可以编制现金预算，进而决定企业的融资策略。

沙盘模拟中，年度经营中的各个计划均是围绕预算展开的，预算是合理分配资源的一种重要方式，可以把企业经营的目标进一步落实到各个相关部门。通过编制预算，特别是编制现金预算，可以使企业在经营之前预见经营中可能出现的现金盈余或短缺，便于企业安排资金的筹集与使用，还可以根据现金预算情况，调整企业的各种规划，防止企业因为现金断流而导致破产。

编制现金预算时，首先要预测出企业的现金收入与支出情况，当然现实中企业只能进行大体估计。沙盘模拟中，企业的现金收入主要靠出售各种产品，形式比较单一，企业可以根据当年取得的销售订单情况，比较准确地计算出企业的现金收入。现金支出的情况则较多，总体上现金支出可以分成两类，一类是固定支出，包括投资支出（产品、市场、生产线投资等）和各种管理费用等，企业只要制定了年度规划，这些支出就可以较为准确地计算出来；另一类是变动支出，包括产品加工费和原材料采购费，这些支出是随着企业生产开工情况的变化而变化的，所以需要企业生产及采购计划计算出来。这样通过计算收入与支出情况，可以较为准确地预测企业现金的短缺或盈余。如果企业资金出现短缺，企业则需要筹集资金，或者调整计划，减少支出。如果企业资金出现较多盈余，企业需要调整计划，增加投资，增强企业的实力。

综上所述，企业编制现金预算的步骤如图 5-1 所示，其中的关键是得出企业的生产加工费和原材料采购费用，这两项费用可以由企业编制的“生产及采购计划表”得出开工计划和原材料采购计划。

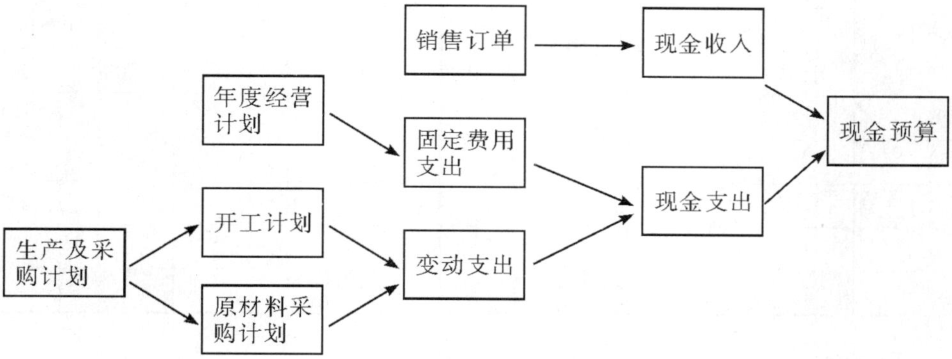

图 5－1 沙盘模拟中现金预算表编制的过程

（1）开工计划。开工计划是对“生产及采购计划表”的总结，它根据各个生产线各个季度投入的生产情况进行汇总，将开工信息集中起来，直观地反映出各个季度各个产品的加工数量，根据每个产品均需要 1M 加工费的规则，可以得出各个季度所需要的加工费。由表 5－2“生产及采购计划表”可以得出第一年的开工计划，如表 5－3 所示。

表 5－3 开工计划表

产品	第一年			
	第一季度	第二季度	第三季度	第四季度
P_1	1	2	1	2
P_2				
P_3				
P_4				
加工费	1	2	1	2

（2）原材料采购计划。企业要生产需要原材料，企业可以根据编制的“生产及采购计划表”、“开工计划表”准确地计算出各个季度需要使用的各种原材料的数量，又可根据各种原材料的采购提前推算出各个季度需要订购的原材料的数量。表 5－4 是根据表 5－2、表 5－3 得出的原材料采购计划（假设前一年第四季度企业订购了 1 个 R_1 原材料，表中考虑第四季度原材料订货情况）。

表 5－4　原材料采购计划

<table>
<tr><td rowspan="3">原材料</td><td colspan="8">第一年</td></tr>
<tr><td colspan="2">第一季度</td><td colspan="2">第二季度</td><td colspan="2">第三季度</td><td colspan="2">第四季度</td></tr>
<tr><td>订货</td><td>入库</td><td>订货</td><td>入库</td><td>订货</td><td>入库</td><td>订货</td><td>入库</td></tr>
<tr><td>R_1</td><td>2</td><td></td><td>1</td><td>2</td><td>2</td><td>1</td><td></td><td>2</td></tr>
<tr><td>R_2</td><td></td><td></td><td></td><td></td><td></td><td></td><td></td><td></td></tr>
<tr><td>R_3</td><td></td><td></td><td></td><td></td><td></td><td></td><td></td><td></td></tr>
<tr><td>R_4</td><td></td><td></td><td></td><td></td><td></td><td></td><td></td><td></td></tr>
<tr><td>支付材料款</td><td></td><td>1</td><td></td><td>2</td><td></td><td>1</td><td></td><td>2</td></tr>
</table>

（3）现金预算表的编制。

多数小组在经营过程中会出现资金短缺的情况，从而导致正常经营不得不中断，甚至导致企业因现金断流而破产。产生这些情况的原因无非有两点：一是企业没有编制现金预算和经营计划，依靠“拍脑袋”的方式临时决定企业的生产、采购、研发、市场开拓等行动；二是没有按照经营计划执行，导致实际情况严重脱离了现金预算，使现金预算失去了其应有的效果。

沙盘模拟中，企业在取得了销售订单后，其现金收入基本确定（当然也有其他收入形式，如向其他企业出售产品等，但这些收入所占的比例很小，在编制现金预算时可以暂时忽略）。当企业决定了投资计划、开工计划、原材料采购计划后，企业的现金支出也基本确定下来。接着就需要计算收入与支出的差额，差额为正时说明企业有多余的现金，可以用来投资或者提前偿还贷款等；差额为负时说明企业的现金不足，需要筹集新的资金或者减少现金支出。

现金预算表的格式有多种，但主要包含现金收入、现金支出、现金盈余或不足、筹资等部分，各个小组可以根据自己的实际需要而自行设计。例如，根据沙盘模拟规则，可以设计出表 5－5 所示的现金预算表。假设该企业年度计划、销售等情况如下：

① 期初库存现金（年初现金）：39M；

② 上年度应交税费：1M；

③ 本年度广告费：7M；

④ 支付利息（短期贷款）：2M；

⑤ 支付到期短期贷款：20M；

⑥ 应收账款到期（收到现金）：第一季度 9M，第二季度 15M，第三季度 0，第四季度 12M；

⑦ 年末支付维修费：4M；

⑧ 年末偿还长期贷款利息：2M；

⑨ 年度投资情况：企业自第二季度起持续研发 P_2 产品；第一季度开始持续投资一条半自动生产线，第三季度开始持续投资一条全自动生产线，年末企业开拓区域和国

内两个市场。

根据以上信息，结合表 5 -3、表 5 -4 和沙盘模拟规则，可以编制如表 5 -5 所示的现金预算表。

表 5 -5 现金预算表

	第一季度	第二季度	第三季度	第四季度
期初库存现金	39	15	15	4
支付上年应交税	1			
市场广告投入	7			
贴现费用				
利息（短期贷款）	2			
支付到期短期贷款	20			
原料采购支付现金	1	2	1	2
转产费用				
生产线投资	4	4	8	8
加工费	1	2	1	2
产品研发投资				
收到现金前的所有支出	36	8	10	12
应收账款到期	13	9		17
支付管理费用	1	1	1	1
利息（长期贷款）				2
支付到期长期贷款				
设备维护费用				4
租金				
购买新建筑				
市场开拓投资				2
ISO 认证投资				
其他				
期末库存现金余额	15	15	4	2

由表 5 -5 可以看出，该企业在第一、二、三季度“收到现金前的所有支出”均小于“期初库存现金”，且各个季度的“期末库存现金余额”为正数，说明前三个季度企业的现金准备充足，可以满足生产运营需要。但是第四季度的“期初库存现金”为 4，而第四季度的“收到现金前的所有支出”为 12，说明企业在第四季度收到现金前会出现现金短缺，这时企业可以考虑融资或者改变企业原有的投资计划。

5. 支付应付税

企业经营过程中离不开国家的“投入”，例如企业运营需要道路、水电等基础设施，需要安全的环境，需要绿化等，这些都来自于国家的投入。企业在盈利后，给国家纳税是其义务。沙盘模拟中企业在年初需要交付上个年度应交的税金，即企业需要按照上个年度资产负债表中应交税费项目的数额纳税。

操作步骤：

① 财务总监：从现金库中取出相应额度的现金放到沙盘盘面综合费用的“税金”位置，并在运营记录表中对应的方格内记录现金的减少量。

② CEO：在监督财务总监正确完成以上操作后，在运营记录表的对应位置上打“√”，表示完成了该项任务。

二、每季度 21 项工作

企业在完成了年初 5 项工作后就可以进行日常运营了，企业的日常运营是按照季度进行的，每个季度有 21 项工作。需要注意的是这些工作是有先后顺序的，企业必须按照这个顺序执行，不得打乱。

1. 季初现金盘点

为了保证企业账实相符，企业需要定期对其资产（例如现金、应收账款、原材料、产成品、在制品等流动资产，以及厂房、生产线、在建工程等固定资产）进行盘点。盘点的方法主要采用实地盘点法，即对需要盘点的对象进行逐一清查，确定其数量、状态等，然后和账面上的数量进行对比，如果清点数量比账面数量多则进行盘盈处理，否则进行盘亏处理，最终保证账实相符。

在进行季初现金盘点时，企业财务总监认真清查企业现金数量，查看是否与上个季度的余额相等，若相等则记录下来，若不相等则认真清查原因，否则不能进行下面的操作。

操作步骤：

① 财务总监：清点现金库中的现金，看是否与上个季度末余额相同，若相同则记录到运营记录表的相应位置上。需要注意的是，由于年初交纳了广告费和税金，因此第一季度账面余额计算公式为：

年初现金余额 = 上年末现金余额 − 支付本年广告费 − 支付税金

② CEO：在监督财务总监正确完成以上操作后，在运营记录表的对应位置上打“√”，表示完成了该项任务。

2. 更新短期贷款（高利贷）

企业生产运营，需要一定的资金保证，这些资金除了来自股东的原始投资外，还可能有一部分来自举债。企业为了扩大产能和无形资产的投资都需要资金的保证，很多情况下，企业适度举债是符合长远发展需要的。如果企业目前有短期贷款或高利贷，则每个季度均需要对短期贷款或高利贷进行更新。

操作步骤：

① 财务总监：将空桶（短期贷款、高利贷）向现金库方向移动一格，表示短期贷款（高利贷）离还款的时间更近了。如果空桶移动到了现金库，则表示该短期贷款（高利贷）已经到期，需要还本付息。

② CEO：在监督财务总监正确完成以上操作后，在运营记录表的对应位置上打“√”，表示完成了该项任务。

3．还本付息（短期贷款、高利贷）

短期贷款到期后，需要偿还本金并按照5%的利率支付利息。高利贷到期后，需要偿还本金并按照20%的利率支付利息。

操作步骤：

① 财务总监：从现金库取出利息放到沙盘盘面“综合费用”的“利息”处；然后，从现金区取出相当于本金的现金交到交易处偿还短期贷款（高利贷）本金；最后在运营记录表中相应方格内登记现金的减少（包括贷款的利息和本金）。

② CEO：在监督财务总监正确完成以上操作后，在运营记录表的对应位置上打“√”，表示完成了该项任务。

4．申请短期贷款（高利贷）

当企业发展需要资金时，可以在规定的时间向交易处申请短期贷款，而高利贷则可根据需要随时申请。短期贷款额度受到所有者权益的限制，而高利贷的额度需要与银行协商。

操作步骤：

① 财务总监：填写贷款申请表到交易处办理借款手续。短期贷款（高利贷）借入后，放置相应数量的空桶（每一个空桶代表20M的短期贷款）到短期贷款的 Q_4 位置（高利贷则放到其他贷款的 Q_4 位置），并将筹集的现金放到现金库中，最后在运营记录表中相应方格内登记现金的增加。

② CEO：在监督财务总监正确完成以上操作后，在运营记录表的对应位置上打“√”，表示完成了该项任务。

5．更新原材料订单/原材料入库

沙盘模拟中，企业只有提前向供应商订购了原材料，到了规定的时间才可得到原材料。每个季度，企业的原材料订单（空桶表示）需要向原材料库移动一格，表示更新原材料订单。如果原材料订单已经移入原材料库，则表示原材料已经到达了企业，这时企业必须进行验收入库并支付材料款，不得拖延。

操作步骤：

① 采购总监：把各个原材料的订单向材料库移动一格。当移动到材料库时，向财务总监申请相应的材料款到交易处领取原材料，然后将原材料放到沙盘的原材料库中。

② 财务总监：从现金库中取出材料款交给采购总监，然后在运营记录表中相应方格内登记现金的减少。

③ CEO：在监督采购总监、财务总监正确完成以上操作后，在运营记录表的对应位置上打“√”，表示完成了该项任务。

6. 下原材料订单

企业要想购买原材料必须提前下原材料订单，没有订单供应商是不会供货的，下原材料订单时不需要支付现金。

操作步骤：

① 采购总监：在原材料采购登记表上登记订购的原材料的数量、品种，并到交易处办理订购业务，然后将从交易处领取的原材料订单（用空桶表示）放到原材料订单处（注意：不同的原材料订单要分别放到相应的订单位置上）。

② CEO：在监督采购总监正确完成以上操作后，在运营记录表的对应位置上打“√”，表示完成了该项任务。

7. 更新生产/完工入库

随着生产的进行，生产线上的在制品的完工度越来越高。企业需要每个季度更新生产，产品完工后则下线入库。更新生产/完工入库不涉及现金流的变化。

操作步骤：

① 生产总监：把各生产线上的在制品向前推进一格表示更新生产。如果产品已经推出生产线之外，则表示产品完工下线了，将该产品放到产品库的相应位置上。

② CEO：在监督生产总监正确完成以上操作后，在运营记录表的对应位置上打“√”，表示完成了该项任务。

8. 新生产线投资

企业要提高产能，一个重要的途径就是投资新的生产线。新投资的生产线需要安置在厂房的空闲位置，如果没有空闲位置就需要变卖一些原有的生产线。

操作步骤：

① 生产总监：企业购置生产线时，生产总监要到交易处领取生产线的标识，将标识翻转放在厂房的空闲位置上进行安装，在其上放置一个空桶。每个季度向财务总监申请生产线建设资金并放入空桶中，当经过若干季度建设资金达到全部投资额后，将生产线标识翻转过来，把建设资金放到该生产线“净值”处。下个季度领取生产线标识，即可进行生产。

② 财务总监：从现金库中取出生产线建设所需的资金交给生产总监进行生产线投资，然后在运营记录表中相应方格内登记现金的减少量。

③ CEO：在监督生产总监、财务总监正确完成以上操作后，在运营记录表的对应位置上打“√”，表示完成了该项任务。

9. 变卖生产线

当企业认为不再需要某些生产线时，可以考虑变卖生产线，从而得到生产线的残值。

操作步骤：

① 生产总监：将该生产线及其产品生产标识交还给交易处，并做好登记。在生产线净值处取出生产线残值交给财务总监，相当于得到生产线变卖的现金。若生产线的净值大于残值，则将差额部分放到“综合费用”的“其他”处，表示生产线变卖的损失。

② 财务总监：收到生产总监交给的现金后放入现金库，最后在运营记录表中相应方格内登记现金的增加量。

③ CEO：在监督生产总监、财务总监正确完成以上操作后，在运营记录表的对应位置上打“√”，表示完成了该项任务。

10．生产线转产

若某生产线原来生产X产品，企业希望该生产线转而生产Y产品，则需要进行转产处理。

操作步骤：

① 生产总监：将生产线原来的生产标识X交到交易处换取Y产品生产标识。对于手工生产线和柔性生产线，直接将Y生产标识放到生产线的生产标识处；对于半自动生产线和自动生产线，则将Y生产标识反扣在生产线标识处，待该生产线转产期满并交纳足额的转产费后，再将该生产线产品标识Y翻转过来，投入生产。

② 财务总监：如果需要转产费，则从现金库中取出相应的转产费放到综合费用的“转产费”位置上，最后在运营记录表中相应方格内登记现金的增加量。

③ CEO：在监督生产总监、财务总监正确完成以上操作后，在运营记录表的对应位置上打“√”，表示完成了该项任务。

11．开始下一批生产

如果企业某些生产线在更新生产/完工入库后已经空闲，或者企业新建成的生产线尚未开工，则可以考虑开始生产新产品。

操作步骤：

① 生产总监：首先从原材料库中领取生产所需要的原材料，然后从财务总监处领取生产所需要的加工费，将原材料和加工费放入空桶中（一个装有原材料和加工费小桶代表一个在制品或产品），将这些小桶置于空闲的生产线的第一个空格处，表示开始产品生产。

② 财务总监：当接到生产总监提出的加工费申请后，将现金交给生产总监，最后在运营记录表中相应方格内登记现金的减少。

③ CEO：在监督生产总监、财务总监正确完成以上操作后，在运营记录表的对应位置上打“√”，表示完成了该项任务。

12．更新应收账款收现

现实中，企业销售的产品很多情况下收到的是应收账款（类似于日常生活中的“欠条”）而不是现金，沙盘模拟中亦是如此。每个季度，企业将应收账款向企业现金库方向移动一个格，表示离收到现金的日期越来越近，应收账期在减少。当应收账款被推到现金库时，表示应收账款到期了，企业可以收到现金了。

操作步骤：

① 财务总监：将应收账款向现金库移动一格。当移动到现金库时，表示应收账款到期，需要在运营记录表中相应方格内登记现金的增加量。

② CEO：在监督财务总监正确完成以上操作后，在运营记录表的对应位置上打“√”，表示完成了该项任务。

13. 出售厂房

如果企业需要筹集资金，可以考虑出售厂房的形式。企业可以随时按照购买价出售厂房，但收到的是四个账期的应收账款而不是现金（当然企业可以通过把出售厂房得到的应收账款立即以贴现的方式得到部分现金）。年末时，如果没有了厂房则需要支付厂房租金。

操作步骤：

① 财务总监：将厂房价值拿到四期应收账款处。

② CEO：在监督财务总监正确完成以上操作后，在运营记录表的对应位置上打“√”，表示完成了该项任务。

14. 向其他企业购买产品/出售产品

订货会上，如果企业取得的订单超过了企业的最大生产能力，若不能按时交货则构成违约，企业要受到严厉的处罚。为此，企业可以考虑向其他企业购买产品。同样，当企业某种产品出现积压时，也可以考虑向其他企业出售产品。

（1）向其他企业购买产品。

操作步骤：

① 营销总监：在各企业进行交易时，需要双方商谈产品交易的价格及交易的数量（沙盘模拟中，我们规定企业间交易只能采用现款交易的方式），然后购买方营销总监从财务总监处领取现金交给对方营销总监，最后将购得的产品放入产品库中。对于购买的产品，以其购买价作为成本。营销总监可以把该产品的成本（购买价格）写到一张纸条上，然后放入表示该产品的小桶内以防遗忘其成本。

② 财务总监：在运营记录表中相应方格内登记现金的减少量。

③ CEO：在监督营销总监、财务总监正确完成以上操作后，在运营记录表的对应位置上打“√”，表示完成了该项任务。

（2）向其他企业出售产品。

操作步骤：

① 营销总监：收到对方的现金后将产品交给对方，然后将现金交给财务总监，同时在订单登记表“向其他企业出售”一栏中登记出售信息。

② 财务总监：在运营记录表中相应方格内登记现金的增加量。

③ CEO：在监督营销总监、财务总监正确完成以上操作后，在运营记录表的对应位置上打“√”，表示完成了该项任务。

15. 按订单交货

企业有了销售订单，且有足够的商品库存时可以按照订单交货，从而实现成本的回收与利润的获得。

操作步骤：

① 营销总监：销售产品前，首先在“订单登记表”中登记将要交货的销售订单的销售额，计算销售成本和毛利，然后持销售订单和相应数量的产品到交易处交货。交货后，把收到的现金或应收账款交给财务总监。

② 财务总监：财务总监若得到的是现金，则把现金放入现金库中，同时在运营记

录表中相应方格内登记现金的增加量。若收到的是应收账款，则放到相应账期的应收账款处。

③ CEO：在监督营销总监、财务总监正确完成以上操作后，在运营记录表的对应位置上打“√”，表示完成了该项任务。

16. 产品研发投资

当企业要研发新产品时，需要进行新产品研发投资，投入相应的费用。当新产品研发完成后，企业在下个季度可以生产该产品。新产品研发的费用计入当年综合费用中。

操作步骤：

① 生产总监：如果企业需要进行新产品研发投资，生产总监向财务总监申请研发所需要的费用，放到该产品研发位置处。如果产品研发投资完毕，则需要从交易处领取该产品的生产资格。企业取得生产资格后，从下一个季度开始可以生产该产品。

② 财务总监：从现金库中取出研发费用交给生产总监，最后在运营记录表中相应方格内登记现金的减少量。

③ CEO：在监督生产总监、财务总监正确完成以上操作后，在运营记录表的对应位置上打“√”，表示完成了该项任务。

17. 支付行政管理费

企业在生产经营的过程中需要发生各种管理费用，例如办公费、管理人员工资等。沙盘模拟中，规定企业无论规模大小、业务多少，每个季度均需交纳1M的行政管理费。

操作步骤：

① 财务总监：从现金库中取出行政管理费放到综合费用的管理费处，在运营记录表中相应方格内登记现金的减少量。

② CEO：在监督财务总监正确完成以上操作后，在运营记录表的对应位置上打“√”，表示完成了该项任务。

18. 其他现金收支情况登记

企业经营过程中，除了发生以上现金收支情况外，还可能发生其他业务，如应收账款贴现（应收账款可以随时贴现）等，这些项目的收支都记入该项目中。

操作步骤：

① 财务总监：进行应收账款的贴现时，把贴现费用放到综合费用的“贴息”位置上，在运营记录表中相应方格内登记现金的增加量。

② CEO：在监督财务总监正确完成以上操作后，在运营记录表的对应位置上打“√”，表示完成了该项任务。

说明：当企业资金出现缺口时，可以随时采用应收账款贴现的方式得到部分现金。应收账款贴现可以随时进行，具体贴现要求可以参照贴现规则部分。

19. 现金收入合计

第一至第三季度及年末，财务总监统计本季度现金收入。第四季度的统计数字包括第四季度和年末发生的现金收入。

操作步骤：

① 财务总监：合计本季度现金收入情况，即计算本季度所有收入，并记入运营记录表的相应位置。

② CEO：在监督财务总监正确完成以上操作后，在运营记录表的对应位置上打“√”，表示完成了该项任务。

20．现金支出合计

第一至第三季度及年末，财务总监统计本季度现金支出。第四季度的统计数字包括第四季度和年末发生的费用。

操作步骤：

① 财务总监：合计本季度现金支出情况，即计算本季度所有支出，并记入运营记录表的相应位置。

② CEO：在监督财务总监正确完成以上操作后，在运营记录表的对应位置上打“√”，表示完成了该项任务。

21．期末现金对账

第一至第三季度及年末，财务总监盘点现金余额并与账面结果进行核对，如果账实相符则将该数额填入运营记录表的相应位置处；如果账实不符，则查找原因。

三、年末 9 项工作

经过四个季度的经营后，年末企业还需要进行一些工作，如长期贷款处理、支付各种费用等，然后进行年末账目的核算，编制各种报表，对当年的经营状况进行总结。

1．支付利息

企业为了发展的需要，可能借入了一定的长期贷款来进行长期投资。如果企业借入了长期贷款，则年末需要按照既定的利率支付利息。

操作步骤：

① 财务总监：计算应当支付的利息，从现金库取出相应的现金放到综合费用的“利息”位置上，并在运营记录表相应位置登记现金的减少量。

② CEO：在监督财务总监正确完成以上操作后，在运营记录表的对应位置上打“√”，表示完成了该项任务。

2．更新长期贷款/归还本金

企业若借入了长期贷款，需要在年末将长期贷款向现金库移动一格，表示归还本金的日期缩短。如果长期贷款被移到现金库中，则表示长期贷款到期，需要归还本金。

操作步骤：

① 财务总监：向现金库方向移动长期贷款。当移入现金库时，企业需要偿还应收账款的本金，财务总监需要从现金库中取出相应的长期贷款本金交到交易处，完成还款业务，并在运营记录表相应位置登记现金的减少量。

② CEO：在监督财务总监正确完成以上操作后，在运营记录表的对应位置上打“√”，表示完成了该项任务。

3. 申请长期贷款

企业如需要融资，可以在年末申请长期贷款。如果企业原有长期贷款到期而尚未归还，则企业需要首先归还到期的贷款，然后才能借入新的长期贷款，不得“以新贷还旧贷”。

操作步骤：

① 财务总监：填写贷款申请表到交易处办理借款手续。长期贷款借入后，放置相应数量的空桶（每一个空桶代表 20M 的短期贷款）到 5 年期长期贷款位置（即 FY5 位置），并将借入的现金放入现金库中，最后在运营记录表中相应方格内登记现金的增加量。

② CEO：在监督财务总监正确完成以上操作后，在运营记录表的对应位置上打“√”，表示完成了该项任务。

4. 支付设备维修费

企业生产线上的设备在使用的过程中，不可避免地会发生磨损现象，要保证设备的正常运转，就必须对其进行维修，因而需要支付一定的材料费、人工费等维修费。沙盘模拟中，每年年末企业的生产线需要支付设备维修费，且建成的生产线无论开工与否，均需要支付；尚未完工的生产线不需要支付。

操作步骤：

① 财务总监：根据已经完工的生产线的数量，确定维修费额度；从现金库中取出相应的维修费放到综合费用中的“维修费”位置上；最后在运营记录表中相应方格内登记现金的减少。

② CEO：在监督财务总监正确完成以上操作后，在运营记录表的对应位置上打“√”，表示完成了该项任务。

5. 支付厂房租金/购买厂房

企业生产所需要的厂房可以购买也可以租赁。每年年末，如果企业本年度曾经使用过的厂房没有所有权，则需要支付一定的租金；如果不想支付租金，则必须购买。

操作步骤：

① 财务总监：若租用厂房则从现金库中取出相应的租赁费用放到综合费用区域的“租金”位置上；若要购买厂房则从现金区中取出相应的购买费用放到厂房的“价值”上。最后在运营记录表中相应方格内登记现金的减少量。

② CEO：在监督财务总监正确完成以上操作后，在运营记录表的对应位置上打“√”，表示完成了该项任务。

6. 计提折旧

企业的固定资产在使用的过程中会发生损耗，导致其价值降低（例如，某人花 20 万元买的小汽车，5 年后其价值可能仅有 5 万元），因此必须对固定资产计提折旧。沙盘模拟中，仅对生产线计提折旧，厂房不计提折旧。为了简化起见，折旧采用直线取整法；在会计处理上，折旧费作为当期的期间费用，没有计入产品成本中。

操作步骤：

① 财务总监：按照规定对生产线计提折旧，当年建成的新生产线不需要计提折旧。

从“生产线净值”中取出相应的折旧额度放到综合费用边的“折旧”位置上。最后在运营记录表中相应方格内登记折旧的金额，可以用括号标出。在计算现金支出时，折旧不能算入其中，因为折旧并没有引起现金量的减少。

② CEO：在监督财务总监正确完成以上操作后，在运营记录表的对应位置上打“√”，表示完成了该项任务。

7．新市场开拓

企业要扩大销售渠道就要开拓新的市场，不同的市场的开拓时间、费用是不相同的。沙盘模拟中，每年年末企业可以考虑进行新市场的开拓。市场开拓的费用计入当年的综合费用中。

操作步骤：

① 营销总监：从财务总监处领取市场开拓所需要的费用，放到所要开拓的市场相应的位置上。当市场开拓投资全部完成后，年末持市场开拓的费用到交易处领取该市场的市场准入证，并放到对应的市场位置上。

② 财务总监：根据营销总监的申请，从现金库中取出相应的现金交给营销总监。最后在运营记录表中相应方格内登记现金的减少量。

③ CEO：在监督营销总监、财务总监正确完成以上操作后，在运营记录表的对应位置上打“√”，表示完成了该项任务。

8．ISO 资格认证投资

有的市场订单有 ISO 认证的要求，企业要想取得这样的订单，就必须投入资金与时间进行 ISO 资格认证。

操作步骤：

① 营销总监：从财务总监处领取市场开拓所需要的费用，放到所要投资的 ISO 认证的位置上。当 ISO 认证投资全部完成后，年末持 ISO 认证的费用到交易处领取该 ISO 认证，并放到对应的认证位置上。

② 财务总监：根据营销总监的申请，从现金库中取出相应的现金交给营销总监；最后在运营记录表中相应方格内登记现金的减少量。

③ CEO：在监督营销总监、财务总监正确完成以上操作后，在运营记录表的对应位置上打“√”，表示完成了该项任务。

9．结账

一年经营结束后，年终需要结账，结账后经营中的数据不得随意改动。最后企业需要编制利润表、资产负债表等报表。

第二节　内部流程的控制及报表的编制

在企业制订了自己的计划后，企业的日常运营将在 CEO 的领导下，按照经营记录表中规定的程序与流程进行。同时，企业要对经营中的各个要点进行登记，以便分析与核查。

一、ERP 沙盘模拟内部流程控制

所有参加实训学生均有一本运行手册，CEO 按照任务清单中指示的顺序发布执行指令。每项任务完成后，CEO 须在“运营记录表”的任务项目对应的方格中打钩，每人必须按规定同步顺序记录运行任务，即当执行完规定的任务后，每个成员都要在任务清单完成框中打钩或记录与自己岗位相关的生产要素变化数据；CFO 在任务项目对应的方格内填写现金收支情况；生产总监在任务项目对应的方格内填写在制品的上线、下线情况；采购总监在任务项目对应的方格内填写原材料的入库、出库情况；销售总监负责竞标并把产品卖出去。当进行贷款、原材料订单、原材料采购、应收账款到期、交货、贴现等业务时，必须携带运行手册和相关的登记表，到交易处进行业务处理。

1. 借、还贷款记录

由财务总监填写“贷款登记表”，并携带本人的运行记录表到交易处进行贷款或还款登记，审核无误后方可领取或归还贷款。

2. 原材料订单及采购记录

由采购总监填写“采购订单登记表”，当每季度运行到采购入库时，携带现金、“采购订单登记表”和本人的运行记录表，到交易处购买原材料，交易员核对订单登记数量后进行交易。同时，应将下期的原材料订单在交易处进行登记。

3. 交货记录

销售总监在交货时携带产品、订单和运行手册，到交易处交货，收取应收账款欠条，并在“应收账款登记表”上作应收账款登记，收到的应收账款欠条放在企业盘面上应收区的相应账期处。

4. 应收兑现记录

当应收账款到期时，财务总监在“应收账款登记表”的到期季度填写“到款”数，并携带运行记录、应收账款欠条和“应收账款登记表”，到交易处兑现，交易员要核对运行季度、欠款数量，核准后兑换资金。

5. 产品、市场开发、ISO 认证记录

每年年末需填写“综合费用明细表”，其中要注明开发的市场、认证和研发产品的投资额，如果开发完成，由教师核准开发金额和周期后，发放市场、ISO 或产品的资格标识。

6. 生产状态记录

企业运行期间，每季度末需要对本季度生产和设备状态进行记录，生产总监必须如实填写“生产及设备状态记录表”，该表每年都要上交。

7. 现金收支记录

在运行手册的任务清单中，财务总监在每一任务项目的记录格中记录现金收支数据。

8. 上报报表

每年运行结束后，各公司需要在规定的时间内上报规定的 5 张报表，这 5 张报表分别是：“产品销售统计表”、“综合费用明细表”、“利润表”、“资产负债表”和“生产及设备状态记录表”。

二、ERP 沙盘模拟报表编制

1. 订单登记表

营销总监在参加完订货会后，需要把销售订单的编号、产品、市场、数量信息记入订单登记表中。当订单交货时，登记订单的销售额、账期、成本等，并计算毛利。年末，如果出现有订单不能按时交货的情况，则在“未售”一栏中单独标注出来。表5－6为订单登记表的格式，企业按要求逐项填写即可。

表5－6　订单登记表

订单号											向其他企业出售
市场											
产品											
数量											
账期											
销售额											
成本											
毛利											
未售											

如果本企业向其他企业出售产品，则同样需要把销售的产品记录下来，记入“向其他企业出售”一列中。

2. 产品核算统计表

产品核算统计表是反映企业一段时期内（一年）销售情况的统计表格，通过该表可以直观地反映在一年的经营中企业各种产品的销售数量、金额、成本以及毛利情况。产品核算统计表反映了企业的实际销售情况，是根据订单登记表统计出来的。产品核算统计表的格式如表5－7所示。

表5－7　产品核算统计表

	P_1	P_2	P_3	P_4	合计
数量					
销售额					
成本					
毛利					

3. 综合费用明细表

综合费用明细表反映了年度经营期间，企业除了生产成本、财务费用外的其他费用，可以根据沙盘盘面综合费用区域的支出情况进行填写，其格式如表5－8所示。对于市场准入开拓、ISO 资格认证需要在备注栏中相关项目上打钩确定，产品研发在其对应的项目后面填写本年度产品研发投入的金额。

表 5－8　综合费用明细表　　单位：百万

项目	金额	备注
管理费		
广告费		
维修费		
租金		
转产费		
市场准入开拓		□区域　□国内　□亚洲　□国际
ISO 资格认证		□ISO9000　□ISO14000
产品研发		P_2（　　）　P_3（　　）　P_4（　　）
其他		
合计		

4. 利润表

利润表反映了企业在一段时间内企业的经营状况，它把该时期内企业的收入同相关费用相减，从而计算出企业在该时间段内的利润情况，表明企业的经营成果。同时，通过对不同时期的利润表的对比，可以分析企业的发展趋势以及获利能力。利润表中各个项目的计算方法如表 5－9 所示。

表 5－9　利润表的编制方法

序号	项目	数据来源
1	销售收入	产品核算统计表中的销售额合计
2	直接成本	产品核算统计表中的成本合计
3	毛利	产品核算统计表中的毛利合计
4	综合费用	综合费用明细表的合计
5	折旧前利润	序号 3 行数据－序号 4 行数据
6	折旧	盘点盘面上折旧数据（折旧方法如前）
7	支付利息前利润	序号 5 行数据－序号 6 行数据
8	财务收入/支出	支付借款、高利贷利息和贴息计入财务支出
9	其他收入/支出	其他财务收支
10	税前利润	序号 7 行数据－（＋）序号 8、9 行数据
11	所得税	序号 10 行数据为正数时除以 3 取整
12	净利润	序号 10 行数据－序号 11 行数据

提示：如果企业前几年的利润为负数，本年的盈利可以用来弥补以前的损失，可以减除的亏损至多为 3 年。

5. 资产负债表

资产负债表是反映某个特定日期的财务报表，该表严格按照“资产 = 负债 + 所有者权益”的会计恒等式编制而成。沙盘模拟中，我们对资产负债表进行了简化处理，表中各个项目的计算如表 5 - 10 所示。

表 5 - 10　资产负债表的编制方法　　编报单位：百万

资产	数据来源	负债 + 所有者权益	
流动资产：		负债：	
现金	盘点现金库中现金	长期负债	除一年到期的长期贷款
应收账款	盘点应收账款	短期负债	盘点短期借款
在制品	盘点线上在制品	应付账款	盘点应付账款
成品	盘点库中成品	应交税费	根据本年度利润表中的所得税填列
原料	盘点原料库中原料	一年到期的长期贷款	盘点一年到期的长期贷款
流动资产合计	以上五项之和	负债合计	以上五项之和
固定资产：		所有者权益：	所有者权益：
土地和建筑	厂房价值之和	股东资本	股东不增资的情况下为 50
机器设备	设备净值之和	利润留存	上一年利润留成 + 上一年年度净利
在建工程	在建设备价值之和	年度净利	利润表中净利润
固定资产合计	以上三项之和	所有者权益	以上三项之和
总资产	流动资产 + 固定资产	负债 + 权益	

第三节　起始年运作及市场预测

一、起始年运作

沙盘模拟课程企业经营的起始年由教师指导进行，企业的决策由老领导定夺（这里由授课教师指挥），企业管理团队只能执行。

由于起始年完成的是教学任务，因此企业的经营决策方针是不进行融资、投资，仅仅维持企业现有的经营状况，让学生顺利度过团队磨合期，并进一步熟悉规则，明晰企业的运营过程。

起始年要求：

① 不进行任何贷款；

② 不投资新的生产线；

③ 不进行产品研发；

④ 不购买新厂房；

⑤ 不开拓新市场；

⑥ 不进行 ISO 认证；

⑦ 每季度订购 1 批 R_1 原料；

⑧ 生产持续进行。

经过起始年的运营后，公司的利润表如表 5－11 所示。

表 5－11　起始年利润表

项目	上年数	本年数
销售收入	35	32
直接成本	12	12
毛利	23	20
综合费用	11	9
折旧前利润	12	11
折旧	4	4
支付利息前利润	8	7
财务收入/支出	4	4
其他收入/支出		
税前利润	4	3
所得税	1	1
净利润	3	2

起始年结束后，企业的资产负债表如表 5－12 所示：

表 5－12　起始年资产负债表

资产	期初数	期末数	负债和所有者权益	期初数	期末数
流动资产：			负债：		40
现金	20	42	长期负债	40	
应收账款	15	0	短期负债		
在制品	8	8	应付账款		
成品	6	6	应交税费	1	1
原料	3	2	一年内到期的长期负债		
流动资产合计	52	58	负债合计	41	41
固定资产：			所有者权益：		
土地和建筑	40	40	股东资本	50	50
机器与设备	13	9	利润留存	11	14
在建工程			年度净利	3	2
固定资产合计	53	49	所有者权益合计	64	66
资产合计	105	107	负债和所有者权益合计	105	107

二、ERP 沙盘模拟市场预测

在教师带领下完成起始年的运作后，企业管理团队初步了解了企业经营的规则和工作流程，下面就要进入课程的核心环节——模拟实战了。在企业经营之前，我们还需要了解市场情报和企业破产条件。

1. 情报分析

商业情报获取与分析能力是企业的核心能力之一，也是企业非常关心的内容。哪个企业先掌握了准确的商业情报，哪个企业便可在激烈的竞争中占得先机。

企业获得情报的方式无非两种，一种是通过实地调研拿到第一手资料，另一种则是通过各种媒介，如商业周刊、行业报告、新闻、网络等获得二手资料。沙盘模拟中各个企业同样可以通过这两种途径获得商业情报。营销总监或者商业间谍可以通过实地调研的方式了解竞争对手的情况，例如：竞争对手开发了哪些产品，进入了哪些市场，取得了哪些认证，其产能如何，资产结构如何，等等。通过对竞争对手的分析，可以做到避其锋芒而击其软肋，从而扩大自己的生存空间。

沙盘模拟中，企业对于市场的认识主要来自于商业周刊提供的一份由专业市场调研机构做的市场预测报告，该报告具有较强的可信度，因此企业新管理层开始独立运营前需要充分理解这份报告。

该报告认为“从整个行业发展情况来看，企业目前所能生产的 P_1 产品是一个低技术含量的产品，虽然最近几年市场需求情况良好，但未来肯定会下降，且价格也会有所降低。P_2 产品是对 P_1 产品的改良、升级，容易被消费者认可，未来几年市场需求较大，但到了后期随着新技术的涌现，需求最终会下降。P_3、P_4 为 P 系列新型产品，前景良好”。该报告对各个市场、各个产品的市场需求、价格等作出了预测。

（1）本地市场分析。

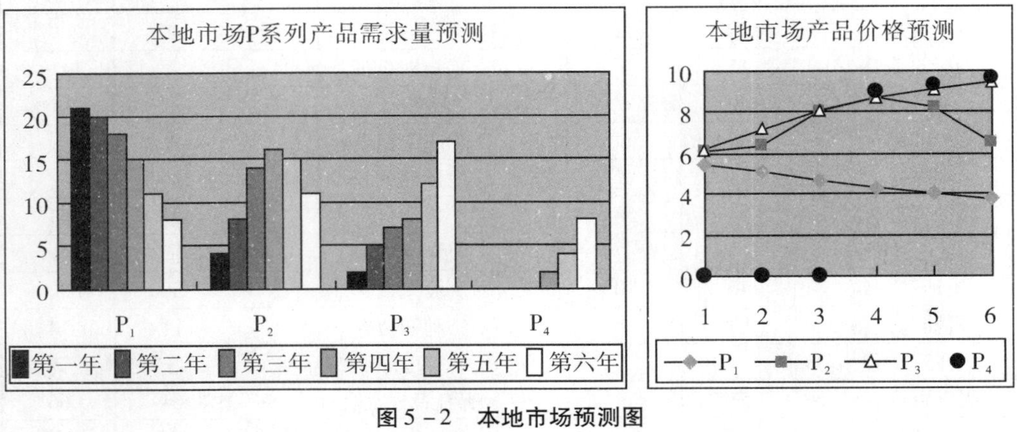

图 5－2　本地市场预测图

图 5－2 为商业周刊提供的本地市场预测图，左图为本地市场 P 系列产品需求量预测（横坐标表示年份，纵坐标表示需求量，单位为个/批），右图为本地市场产品价格

预测（横坐标表示年份，纵坐标表示产品价格）。从该图可以看出本地市场将会持续发展，客户对低端产品的需求可能要下滑。伴随着需求的减少，低端产品的价格很有可能会逐步走低。后几年，随着高端产品的成熟，市场对 P_3、P_4 产品的需求将会逐渐增大。同时随着时间的推移，客户的质量意识将不断提高，后几年可能会对厂商是否通过了 ISO9000 认证和 ISO14000 认证有更多的要求。

（2）区域市场分析。

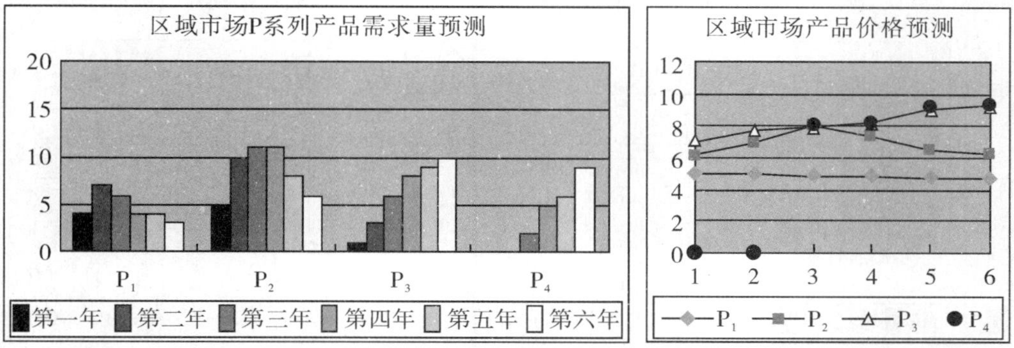

图 5－3 区域市场预测图

图 5－3 为区域市场预测图，可以看出：区域市场的客户对 P 系列产品的喜好相对稳定，因此市场需求量的波动也很有可能会比较平稳。因区域市场紧邻本地市场，所以产品需求量的走势可能与本地市场相似，价格趋势也应大致一样。该市场的客户比较乐于接受新的事物，因此对于高端产品也会比较有兴趣，但由于受到地域的限制，该市场的需求总量非常有限。并且这个市场上的客户相对比较挑剔，因此在后几年客户会对厂商是否通过了 ISO9000 认证和 ISO14000 认证有较高的要求。

（3）国内市场分析。

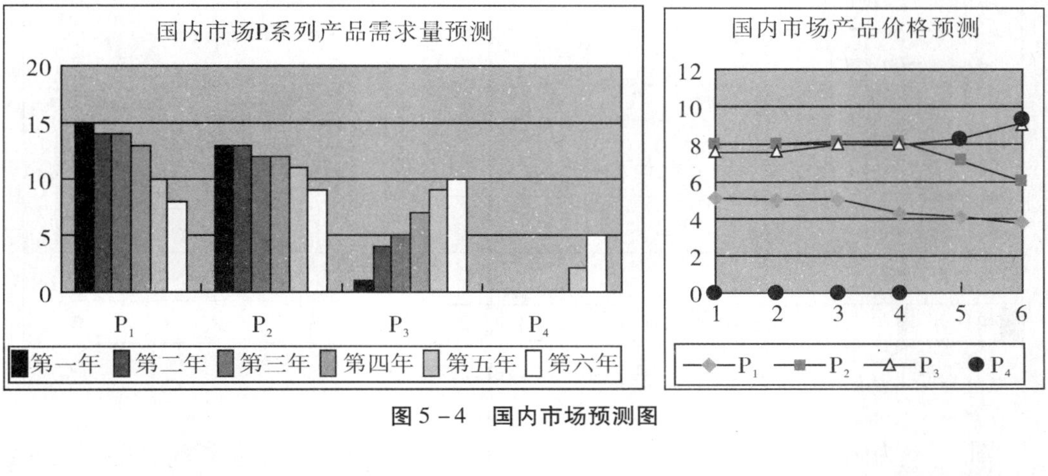

图 5－4 国内市场预测图

图 5－4 为国内市场预测图，因 P_1 产品带有较浓的地域色彩，估计国内市场对 P_1

产品不会有持久的需求。但 P_2 产品因为更适合于国内市场，所以估计需求会一直比较平稳。随着对 P 系列产品新技术的逐渐认同，估计对 P_3 产品的需求会发展较快，但这个市场上的客户对 P_4 产品却并不是那么认同。当然，对于高端产品来说，客户一定会更注重产品的质量保证。

（4）亚洲市场分析。

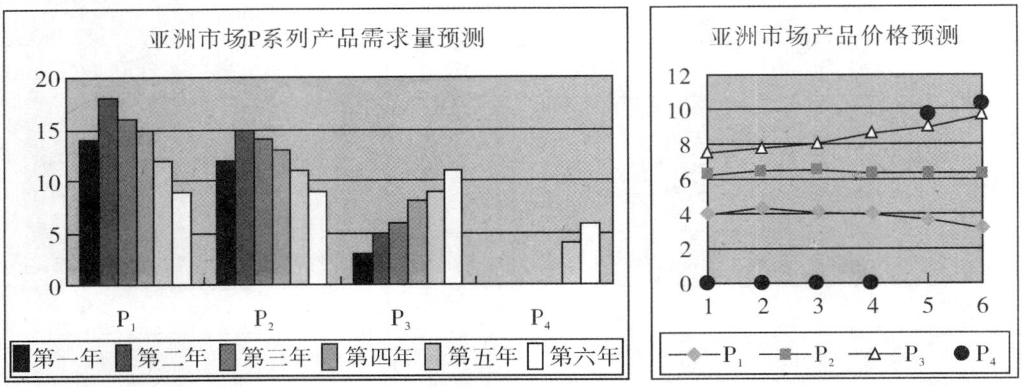

图 5－5　亚洲市场预测图

图 5－5 为亚洲市场预测图，从该图可以看出亚洲市场客户喜好一向波动较大，不易把握，所以对 P_1 产品的需求可能起伏较大，估计对 P_2 产品的需求走势也会与 P_1 相似。但该市场对新产品很敏感，因此估计对 P_3、P_4 产品的需求会发展较快，价格也可能不菲。另外，这个市场的消费者很看重产品的质量，所以在以后几年里，如果厂商没有通过 ISO9000 和 ISO14000 的认证，其产品可能很难销售。

（5）国际市场分析。

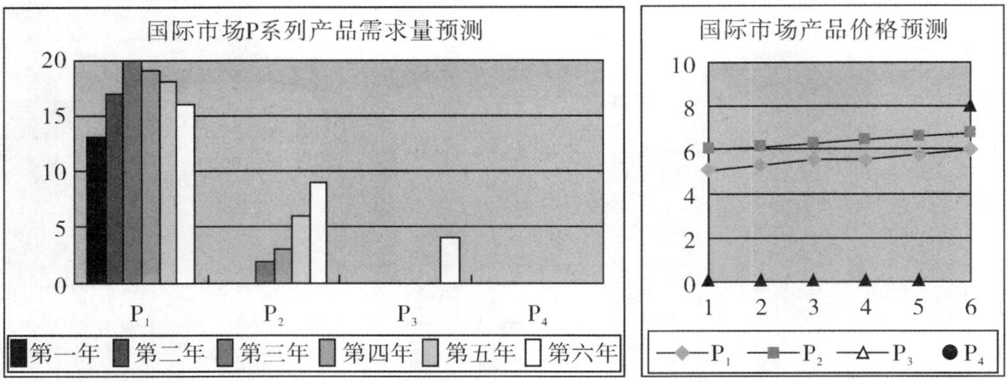

图 5－6　国际市场预测图

图 5－6 为国际市场预测图，企业进入国际市场可能需要一个较长的时期。有迹象表明，目前这一市场上的客户对 P_1 产品已经有所认同，需求也会比较旺盛。对于 P_2 产

品，客户将会谨慎地选择，仍需要一段时间才能被市场所接受。对于新兴的技术，这一市场上的客户将会以观望为主，因此对 P_3 和 P_4 产品的需求将会发展极慢。因为产品需求主要集中在低端，所以客户对于 ISO 的要求并不如其他几个市场那么高，但也不排除在后期会有这方面的需求。

2. 破产条件

企业经营不善就将面临破产的危险，沙盘模拟中企业破产的条件为：

① 如果企业的所有者权益变为负值，则宣布企业破产。

② 如果企业的现金断流，则宣布企业破产。

对于宣布破产的企业，仍然可以继续经营。如果股东认为企业仍有发展潜力，可以追加投资，或者有银行提供部分贷款，增加企业的现金流。对于破产的企业必须严格按照产能争取订单（每次争取销售订单前需向交易处出示企业的产能报告），不得扰乱市场秩序，破产的企业不参与最终的经营成果排名。

普通高等教育高级应用型
人才培养规划教材

第六章

对 ERP 沙盘企业经营的思考与总结

ERP 沙盘模拟作为企业经营管理仿真教学系统，是课堂教学的重要补充，在 ERP 沙盘模拟中，学生需要经历从理论到实践再到理论的过程，把自己亲身经历的宝贵实践经验转化为全面的理论模型，所以经营之后需要思考与总结，这也是沙盘模拟课程的精髓所在。

第一节　企业经营的本质

企业作为盈利性组织，其经营的目的在于盈利，使股东的投资得到相应的回报。企业如何才能盈利呢？

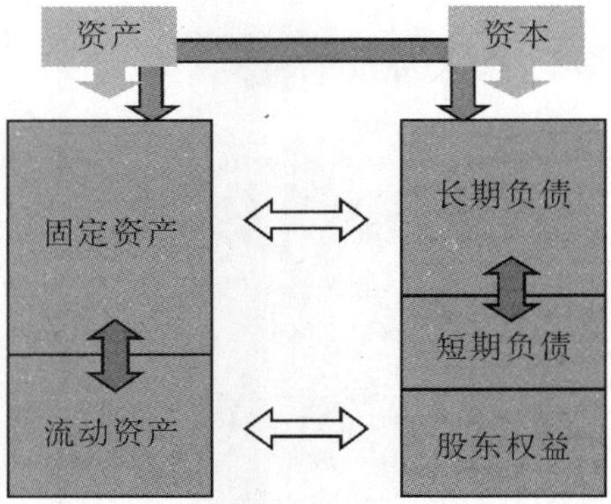

图 6－1　企业资产、资本的构成

图 6－1 为企业资产、资本的构成示意图，企业在构建之处需要筹集资本。资本的构成主要有两个来源：

负债：企业从银行等金融机构获得的长期贷款，包括长期负债和短期负债。

权益：也称为股东权益或所有者权益，是指一个企业在创建之初所有股东的集资，以后代表股东的投资。

有了资本之后，企业要把它转换为资产，即需要购置厂房、机器设备，引进生产线，购买原材料，进行生产加工活动等，剩余的资本则成为企业的流动资金以应付日常经营中的其他开支。因此，可以说企业的资产是由企业资本转化而来的，而且是等值转化的，这也是在前面提到的资产负债表中“资产 = 负债 + 所有者权益”的原因。

企业有了固定资产和流动资产后就要进行生产经营活动，从而向社会提供产品或者服务，在此过程中也得到回报，有了一定的销售额，销售是利润的源泉。当然销售额并不都是利润，销售当中有相当部分需要抵扣掉各种成本与费用。企业在生产的过程中，需要采购原材料、支付工人工资、支付生产加工过程中必需的各种费用等，这些是产品的直接成本，需要从销售收入中扣除。从销售收入中还要抵扣掉企业为销售支付的各种费用，例如广告投入、市场开拓、产品研发费、设备维修费。另外，还需要扣除设备的折旧费用。企业资本还有一部分是银行贷款，而银行贷款需要支付一定的利息；企业使用了国家提供的基础设施、占用了公共资源等，因此需要交纳一定的税金。在扣除以上各项费用、开支之后，剩余的才是属于股东的净利润，这也是股东所关心的重点，如图 6 – 2 所示。

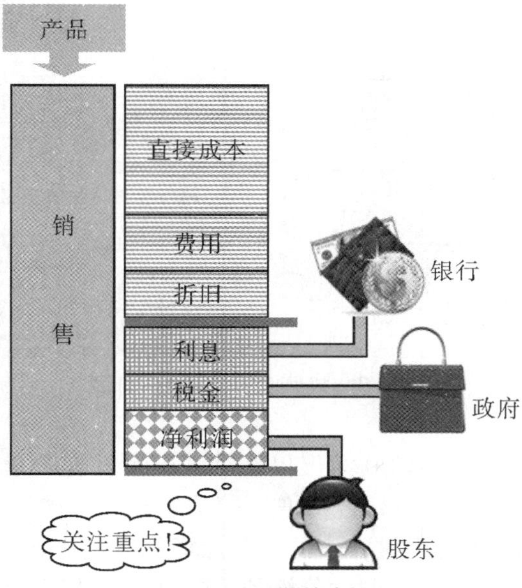

图 6 – 2 利润的来源

企业如何增加自己的净利润？答案就是“开源节流”。企业首先要考虑“开源”，即如何增加自己的销售额。只有销售额增加，利润才可能有较大的增加，否则利润的增长总是有限的，如图 6 – 3 所示。如何才能增加销售额？无论是在沙盘模拟中还是在企业实际经营中，增加销售额一直是企业领导者关心的核心问题之一。企业要想扩大销售额就必须做到以下三点，缺一不可：

（1）开拓市场。企业需要开拓市场，从而扩大自己的销售范围，当然扩大市场还需要广告推广、品牌认证等。沙盘模拟中，本地市场是各个企业固有的市场，其竞争激烈程度不言而喻。而其他市场的需求很大，如果产品能够销往其他市场，销售额定会有较大增长。

（2）增加品种。对于产品品种单一的企业而言，其需求量总是有限的，且抗风险的能力较差，因此企业要在考察市场、研究竞争对手的基础上考虑研发新的产品。沙盘模拟中，各个企业原来只能生产 P_1 产品，而随着时间的推进，大部分市场中 P_1 的价格逐年降低，利润空间不断压缩，竞争不断加剧，通过大量销售 P_1 产品实现销售额的突破是很困难的，因此需要研发利润更多的其他产品。

（3）提高产能。企业有了市场，打开销路后，需要提供足够的产品。如果企业产能较低，即使接到了大量的市场订单，也无法生产出来，因此企业必须引进新的生产线扩大产能。

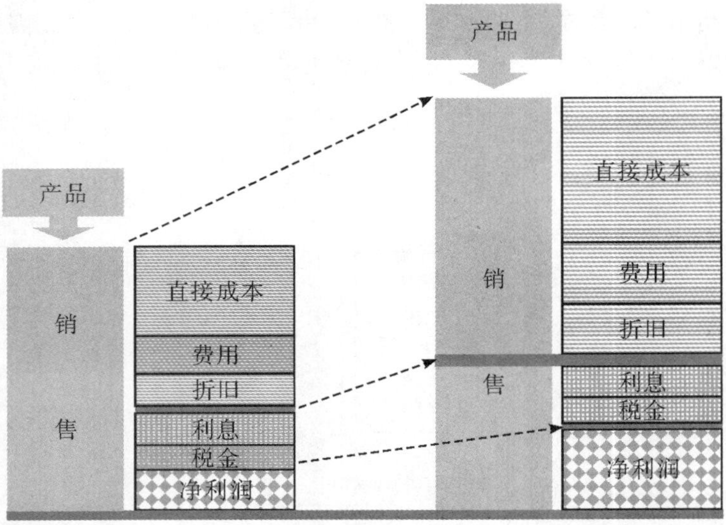

图 6－3　如何增加利润——开源

当然，企业要想取得更多的利润仅仅依靠“开源”是不够的，还需要“节流”，即要降低经营过程中的费用成本，否则增加的销售额也会被增加的费用成本所吞噬，如图 6－4 所示。如何降低费用成本，可以考虑降低直接成本和可变成本（利息、广告、租金等）。沙盘模拟中，原材料的价格是固定的，各种生产线生产各个产品所需要的加工费也是固定的，因此各个产品的固定成本是不能改变的，因此降低成本关键靠降低可变成本部分，例如研究广告策略，提高广告效率等。

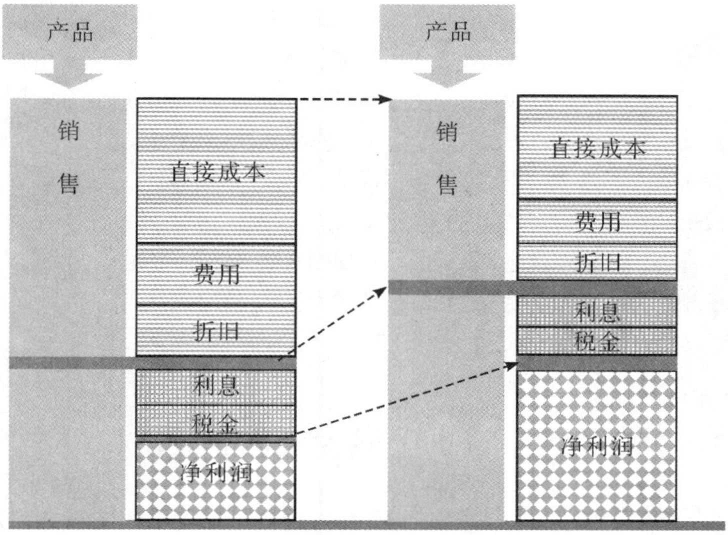

图 6－4　如何增加利润——节流

沙盘模拟中，许多小组在模拟经营的过程中一直感到困惑：为什么小组成员各司其职、废寝忘食，但是企业的利润仍然偏低，企业在整个市场竞争中仍处于下风？图 6－5 给出了对于企业利润不足的系统性思考方案，根据上面的讲述，企业要想扩大利润，就必须开源节流。当企业面临利润不足的困扰时，要考虑利润不足是否是由成本过高造成的。沙盘模拟中由于成本过高导致利润不足的情况非常普遍，例如有的小组占据了某市场的市场领导者地位，在这些市场的销售额较大，然而企业的利润并不高，究其原因就是成本过高，这可能是由企业盲目花费了大量的广告费造成的。

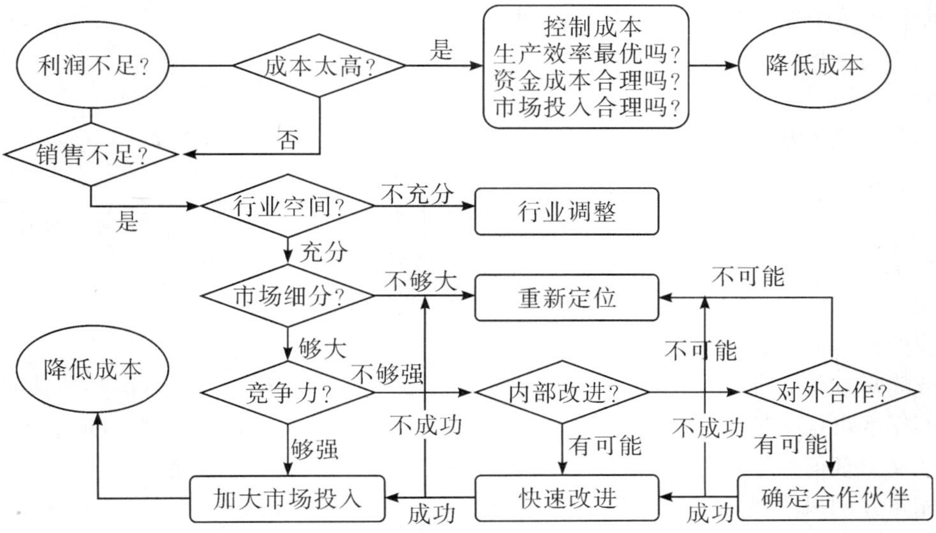

图 6－5　利润不足的系统性思考

如果不是成本过高造成了利润不足，那应该是销售不足造成的。对于销售不足的情况，首先要分析行业空间是否足够大，如果空间不够企业就需要考虑是否进行行业调整。当然在沙盘模拟中，行业空间是足够的。如果行业空间足够，那么就要考虑市场细分，市场细分的结果是调整市场定位的重要依据，沙盘模拟中各个企业均有自己的市场定位，当企业面临利润不足时也要反思自己的市场定位是否合适。如果企业对市场细分后发现市场空间足够大，且企业市场定位比较合适，那么就要考虑企业自身的竞争力是否足够强、内部管理是否完善。如果企业自身的竞争力不够强、内部管理不够完善，那么就需要考虑改变企业内部的管理或者寻找合作伙伴从而增强自己的竞争力，进而增加自己的销售收入，提高利润水平。

第二节　企业经营战略选择和执行

一、企业战略规划

在当前市场竞争日趋激烈的环境下，企业的经营不能像“踩西瓜皮”——溜到哪算哪。纵观经营失败的企业，多数是因为其管理团队不自觉地运用了“哥伦布式管理”方式，即“走的时候不知道去哪，到的时候不知道在哪，回来的时候不知道自己去过哪”。

企业要经受瞬息万变的环境的考验就离不开战略规划。企业如果没有战略，就好像没有舵的轮船，只会在原地打转。据统计，有战略的企业和没有战略的企业在经营效益上是大不相同的。当然有一些企业现在没有战略或者没有明确的战略，经济效益也很不错。然而，经济效益来自于企业管理者缜密的思考，并不等于企业管理者真的没有战略，就像很多著名的企业一样，企业的良好效益离不开高层管理人员对企业的形势所作的充分的分析，这些企业管理者是有战略的，只是没有明确地提出，或者说战略没有写在纸上。

古语云：凡事预则立，不预则废。对于任何组织而言，要想取得持久的竞争力必须有一个长远的战略规划。战略规划主要是描述企业高层领导者关心企业发展的一些问题，包括：

我们现在何处？——企业的环境：包括企业所处的经济、政治、社会、技术环境，通过环境分析找出组织的优势、劣势、机会和威胁。

我们走向何方？——企业的方向，即企业的任务与行动方向。

我们如何做到这一步？——企业的目标和达到目标的战略。

战略规划是企业的一项决策过程，它不同于预测，规定了为了取得某些成就而现在需要做的事情，这就要求规划具有良好的可执行性，其规定的方向必须明确，不能存在歧义。任何一项决策都存在风险，战略规划的目的不是要消除风险，而是找出所有可能存在的风险，提高组织抗风险的能力。此外，战略规划的执行是一个长期的过程，需要对其不断地评价、调整，从而使得规划符合企业变革的要求。

一个完整的战略规划通常包括以下几项内容：

1. 企业内、外环境分析

知己知彼方能百战不殆，企业要制定自己的战略首先要掌握企业外部环境和内部实际情况。任何企业都不能与外部环境完全封闭，必须清楚了解自己处于什么样的市场环境、竞争的激烈程度、目前的业务是什么。还需要了解目前企业的市场地位，以及所从事的业务，从而解决企业如何发展的问题。市场最基本的构成要素是顾客，而顾客的需求是不断发生变化的，顾客的偏好也不断发生变化，那么企业能不能适应这种变化，适应与否将决定企业经营的成败。如果企业固守不变，保持原有的产品和价格，那么可能就会遭受损失，就会把原有的市场让给其他企业，市场价值就会发生转移，别人的市场价值就会增加，自己就会亏损，所以也不可能有竞争优势，更谈不上效益了。

2. 企业战略目标与经营方向

战略目标考虑的是如何改进竞争力和长期业务的定位问题，它不是很具体的数字。通常，战略目标包括以下几种类型：

① 如何扩大公司的市场份额；

② 如何获得低于经营对手的成本；

③ 如何扩大企业的声誉；

④ 如何在市场获得充分的发展；

⑤ 如何获得技术的优势；

⑥ 如何成为新产品的领导者；

⑦ 如何抓住发展的机遇。

例如耐克公司的战略目标可以表述如下：

① 保持和提高在美国最佳运动品牌的地位；

② 在日益增长的健身市场上建立强有力的格局；

③ 开发满足妇女的需求产品；

④ 探索为满足美国成年人需求的产品市场；

⑤ 指导与管理公司中继续发展的国际经营；

⑥ 通过合理的库存和 12 种“金子”的产品，增加毛利。

表 6－1 给出了几家企业的战略目标。

表 6－1　几家企业的战略目标

企业名称	目标
达美乐	在30分钟内能够安全地运送热的，而且能保证质量的、低价位的或者是适当价位、满意价位的比萨饼
福特汽车	提高汽车的质量，开发新产品，减少新车上市的时间
GE 公司	经营的业务，在各个市场上，都是独领风骚的，都是最好的
联想	做一个长久性的公司，做百年的老字号；做有规模的公司；做有国际性的市场定位的公司；做一个高技术的公司

3. 实现目标的经营策略

经营策略说明了企业如何利用内外资源开展业务活动以求战略目标的实现，它应当研究与规划企业资源的部署，明确企业各个部门的职责、工作流程与协调关系。

4. 实施与调整

战略目标的实现必须分阶段实行，每个阶段都有自己的明确目标。战略目标是企业长远发展的目标，实现起来不可能一蹴而就，需要循序渐进，这样可以调动企业各层的积极性，保证战略目标的完成。

但是，无论是战略规划还是战略实施，都不是一成不变的。战略本身有问题的要及时改进，环境条件变了，战略也要相应地调整。行业状况和竞争条件的改变、新的机会或威胁的出现、主要领导人的更换、目标的重新安排以及诸如此类的变化，都要求战略进行必要的调整。同样，在战略实施方面，如果某些实施工作不能达到规划要求，或者内部条件改变或产生了更好的实施方法，实施规划也需要进行调整。因此，管理部门必须自始至终监督所选择的战略发挥作用的情况和实施的过程，积极进行战略的调整和改进。事实上，战略管理本身就是一个动态过程。所有的战略阶段相互联系，某一阶段的变化往往影响其他阶段的相应调整。

二、沙盘模拟中战略的选择

在沙盘模拟课程中，各个小组通过市场调查预测等得到市场未来 6 年的预测资料，包括产品、价格、市场发展趋势等情况，进而需要根据现有的经营状况、资源进行企业战略的选择，例如企业面对以下战略进行选择：

（1）自己的企业想要成为什么样的企业？希望在市场取得什么地位，是市场领导者还是市场追随者？企业要达到什么样的规模？

（2）企业要生产什么产品？哪些产品作为主打产品？企业要开拓哪些市场？市场的需求是有限的，竞争不可避免，企业的经营者需要作出决定：有限的财力、产能等资源是投入重点市场、重点产品，还是全面铺开？

（3）企业如何扩大产能？企业要想占领更多的市场就需要扩大自己的生产能力，需要引进更加先进的生产设备，沙盘模拟中各种设备的购置价格、生产能力、灵活性是不同的，到底选用什么样的设备是摆在管理者面前比较现实的问题。同时，企业现有大厂房可以容纳 6 条生产线，若企业发展顺利需要购置更多的生产线，就需要考虑是否购买或租用沙盘上的小厂房。

（4）企业如何进行融资运作？资金是企业的血液，充足的资金是维持企业正常运转的必要条件。现实中企业融资的方式很多，例如发行股票、发行债券、银行贷款、应收账款贴现等。每种融资方式实用范围、费用等都是不一样的，企业在制定战略时要考虑融资问题，保证企业的正常运转，保证战略规划的可行性。沙盘模拟中，企业的融资方式主要有银行贷款（包括短期贷款、长期贷款和高利贷三种）和贴现，各种银行贷款的利率和还款周期是不一样的，而且不同账期的应收账款贴现的费用也是不一样的，学生在沙盘模拟过程中需要根据实际需要综合确定资金的融资方式。

企业制定的战略并不是固定不变的，根据企业内外环境的变化和竞争对手的发展、客户需求等情况要不断地调整企业的战略。每年经营结束后，均需要总结、检验既定战略的实际效果，并且根据市场预测情况，结合公司目前所处的状态调整战略。

三、配称关系

美国著名的战略管理学家、哈佛大学商学院迈克尔·波特教授在演讲时曾经就企业战略的理论作了生动的阐述，他认为，企业的战略就是要在企业经营的各项活动之间建立一种配称。

企业经营的目标是赚钱——这是无可争议的。然而如何赚钱？赚钱的一个重要方面就是“扩大销售收入”，而扩大销售收入就必须考虑三个因素：开拓市场、研发新的产品和提高产能，这三个都是需要花钱的。而在一定的时期内，企业的资金总是有限的（对于其他资源同样存在这样的问题），要做好三个方面的投资就必须考虑如何分配资源才能使企业的整体效益最大。

很多企业（模拟企业）没有考虑上述三者的配称关系，只注重其中的一个或两个，结果导致“经营失败”。例如有的企业花费大量的流动资金来打广告，争当“标王”，结果导致企业惨淡收场。我国中央电视台每年都会举行广告竞拍活动，投入广告费用最多的自然成为“标王”。1996 年，以一个小酒厂起家的秦池集团以 6 666 万元摘得桂冠，尝到甜头后，秦池次年更是砸下 3.2 亿元，蝉联标王桂冠。秦池时任老总放言：“每天开进央视一辆桑塔纳，开出一辆豪华奥迪。”可是好景不长，两年后谈笑间一掷万金的秦池集团内外交困、负债累累，其商标被当地法院作价 300 万元拍卖。1998 年，爱多 VCD 在竞标过程中以 2.1 亿元胜出，而如今，爱多已从当年的碟机大战中彻底败下阵来。以上类似的例子比比皆是，无论是现实中还是沙盘模拟过程中，仅仅依靠不计成本地打广告注定会失败的。再如，有的企业花费大量的资金购置了全自动生产线和柔性生产线，生产了大量的产品，但产品品种单一、市场开拓滞后，造成产品的大量积压和生产线的闲置，严重影响了资金的回收。

沙盘模拟中很多小组经营惨淡，其中没有做好三者配称关系是最为重要的原因之一。

四、提高战略执行能力

纵观中外，每家企业的成长历程各不相同。但是坚持战略管理，运用战略管理谋求发展，是企业创造利润和发挥自身优势的共同路径。一个企业在没有战略时，是战略决定成败；一个企业有了战略以后，是执行决定成败。战略执行能力的强弱，体现着一个企业贯彻发展思路的程度、执行决策的深度、落实经营举措的力度。实施有效的战略管理，关键在于提高战略执行能力。具体来讲，可从以下五个方面做起：

1. 创建执行力团队

创建执行力团队，首先，加强团队内部的沟通。通过沟通，可以促进彼此间的交流，实现技能和能力的互补；可以统一思想，增进协作和配合；可以了解情况，反馈执行，有效地发挥团队的作用，提升团队执行力。其次，树立目标。目标是指引团队前进的旗帜，是团队发展的动力。树立明确的、可实现的目标，可以得到团队成员的认可，激发他们努力去实现目标。另外，目标还需要细化和量化，尽量做到可衡量。量化的目标，可以实现用数据说话，让大家明确掌握工作的具体标准，促使大家重视执行的力度和完成的效果，提高整个团队的执行力。

2. 强有力的领导

战略的成功需要强有力的领导保证，否则再好的战略也很难推行下去，更不要奢望会有好的结果。人们更乐于服从有明确目标的管理者的指挥。没有不会打仗的士兵，只有不会领导的将军。千军易得，一将难求。组织的成功，领导者是关键。方向错了，再好的水手也不能到达彼岸。身教重于言传，行胜于言，要求下级做到的，领导者必须先做到。打造执行高效的团队，要从挑选执行高效的领导开始。执行型领导可以帮助人们认识到为达到预定的结果该做些什么，也可以增强他们的信心和动机，并在维持组织的日常运行中发挥至关重要的作用。执行力良好的领导人都会严谨地进行后续跟进，以确保负责计划的人员能依照原定进度完成当初承诺的目标，并找出缺乏纪律，或理念与行动不配合等问题，同时也能厘清各项具体细节，让组织各运作单位的步伐协调。

3. 建设绩效文化

绩效文化的核心价值观是追求优秀绩效。高绩效文化就是强烈追求优异绩效、强烈渴望胜利的文化。在这样的文化中，员工会自动自发地设法提高个人能力以提升绩效。当高绩效文化成为企业内的共识时，其他不和谐的声音就会被消除，企业的组织结构调整、流程优化等变革就会成为顺理成章的事情，从而避免不必要的阻力。建设高绩效文化要梳理价值观，建立追求高绩效的基本理念；企业管理者开门办公，倾听员工意见，进行现场管理，为员工提供支持、指导，并树立榜样；鼓励员工参与绩效管理的实施，以保证绩效考核的合理性和可操作性；利用企业的内刊、网站、会议、宣传栏等形式加强宣传与培训；帮助员工开发他们的潜力，促进员工的个人成长与发展。

4. 完善规程体系

提升战略执行能力，规范的制度约束更具有根本性、全局性、稳定性和长期性。只有通过严格的制度管理，打破“人管人”的旧框架，实行“制度管人”的管理方式，并且在企业内部营造一种积极向上的文化氛围，按照层级管理的原则，搞好内部监督、制度执行力的考核，将事后责任追究、奖惩实施到位，才能切实提高各项制度的执行力。在制定制度时，应该优化组织结构，精简制度流程，否则，流程会阻碍公司的执行效果。同时必须制定严谨的制度执行措施，使原则性的制度措施、原则性的要求、抽象的条文更加明确具体，以便有效地发挥制度的规范作用。在庞大的业务工作网络中，提炼出几个核心内容，明晰每一个业务流程，如营销系列、物流系列、专卖系列、管理系列等，再根据这些核心内容的实际情况，把复杂的东西简单化，让制度执行者通过该流程就知道自己该做什么，不该做什么。对于部门而言，谁是主导部门，谁是参与部门，谁应该承担什么责任，应该具有什么权限，这些内容都必须在描述关键业务流程时体现出来。这等于给执行者和各部门在业务流程中的职责和职能进行定位，只有定位明确，执行者和各部门才能各司其职、各负其责，业务流程才能顺畅运行。

5. 推进有效沟通

所谓有效沟通，是让执行骨干全程参与企业战略的制定和分解过程，让他们深刻地、全面地了解和认同企业的战略。一方面，在战略制定和分解过程中可以充分挖掘他们的潜力，吸收他们的智慧，同时执行者能够提供执行过程中可预见的执行偏差和困难，促使决策者予以重视，制定出更易于执行的企业战略；另一方面，能使执行者更深入地了解企业的战略，理解战略。由于全程参与，执行者自然会全力以赴地执行落实，从而提高执行力度。执行战略更要有效沟通，战略执行过程中最大的障碍就是不能有效沟通。执行者接到一项任务，往往是在没有和上级完全交换意见甚至是带着疑问去执行的，而企业战略是由最高管理层经过很多层级才传递到基层执行者，这个信息筛选的过程会使战略意图失真甚至扭曲，执行的偏差会导致战略的执行不力。在执行过程中还应注意另一种沟通障碍，就是部门间的沟通壁垒。各部门的主管，在积极推动战略执行的同时，还要加强部门间的沟通与联络，确保沟通渠道的畅通。

第三节　关于生产、供应、销售、研发的协调

企业作为一个系统，只有产供销协调才能有所发展。现实中，企业的内部管理往往会出现以下一些问题：销售部门对产品的推广卓有成效，接到了大量的订单，但是生产部门却不能按时交货。企业老总追问责任时，生产部门主管抱怨说采购部门没有为他们及时提供某型号的零件，供应的零件不是所需要的，导致产品无法按时组装；而当老总质问采购部门时，采购部门则一脸无奈：采购的零件的型号数据是研发部门提供的，且根据生产部门提出的不间断原材料供应的要求，企业仓库中囤积的某些材料几年也用不完，积压导致的物资报废数额惊人，仓库库位饱和，流动资金大量积压；当老总责问研发部门时，研发部门主管则大喊冤枉：新产品没有按照公司既定流程研发，主要原因是销售部门在接订单时根本没有考虑研发周期，要求的时间太短，且产品匆忙定型时企业老总也是点头同意的……

以上情况，是我国相当多的制造业企业所面临的一个共性问题，问题的根源在于企业内部管理有待完善，没有做到生产、供应、销售、研发等部门的协调。同样，沙盘模拟中，产供销严重脱节的现象比比皆是。例如，有的小组开拓了广泛的市场，成为某些市场的领头羊，因而顺理成章地接到了很多销售订单，正当营销总监和 CEO 为当年的“大手笔”欣喜若狂时，生产总监却公布了一条“令人震惊”的消息：生产部门全力以赴也无法满足所有的订单；有的小组在提高产能上下足了工夫，上马了很多高效率的生产线，生产总监、采购总监忙个不停，生产出了大量的产品，结果发现这些产品只能成为常年的“库存”，卖不出去；有的小组营销、生产安排妥当，只要正常完成生产任务即可有光明的前景，却出现了原材料准备不足的情况，只能停工待料，眼睁睁看着生产线空置；当然也有小组为了保证生产的需要，一次采购了大量的原材料，有的原材料恐怕两年也用不完……

这些问题的解决，不是某个部门单独可以完成的。研发部门要根据市场情况，适时地推出新产品。营销总监在争取销售订单时，应该与生产总监充分沟通，对于企业的生产能力做到心知肚明，在企业没有能力生产的情况下决不会为了“标王”而损害整个企业的利益。同时，生产总监也要和采购总监密切协作，做到各种原材料“不早、不晚”的及时供应和“不多、不少”的适量供应。想做到这一点，关键在于 ERP 中最

为基本也是最为重要的 MPS、MRP 两个部分，通过这两个部分的运算展开就可以保证生产的及时性和物料供应的及时性。

在第三章第四节 ERP 环境下的生产与控制管理中我们对 MPS 和 MRP 已经做了讲解，图 3－4 为物料需求计划（MRP）的原理图。首先，企业根据已经接到的客户订单和销售预测情况会制订一个主生产计划（MPS），这个主生产计划就决定了企业在某一段时间内要生产什么、生产多少；物料清单中保存有产品的结构信息，通过物料清单可以计算出每一种原材料（零部件）的毛需求量。然后，查看一下仓库中已经有的原材料（零配件）的信息，从而算出各种原材料（零配件）的净需求量（净需求量＝毛需求量－仓库中已有的量）。如果需要的原材料（零配件）是采购件，则根据采购的提前期、生产进度等生成一个采购计划，告诉采购人员需要采购的原材料的数量、订货的日期和到货日期等信息。如果需要的原材料（零配件）是需要企业自己生成的，则生成一个生产作业计划，给出每一个需要加工件的需求数量、开始生产日期和完工日期等信息。MRP 是生产管理的核心，它将主生产计划排产的产品分解成各自制零部件的生产计划和采购件的采购计划。物料需求计划子系统能帮助企业摆脱旧的按台、套组织生产的管理方式，提供给企业一套全新的科学的管理方式。物料需求计划的计划周期可以是周、日，甚至可以明细到小时。

沙盘模拟中，同样可以运用 MRP 的思想来计算各种原材料的需求。此外，有能力的小组还可以自行开发一个类似的小软件模拟完成物料需求展开的过程，从而提高生产、采购决策的准确性，避免停工待料或原料堆积等现象的产生。

第四节　现金流的控制

沙盘模拟中企业的现金流入主要来源于产品的销售以及从资本市场筹集的资金，而企业的现金支出项目却很多。在沙盘模拟经营规则一章中提到，企业破产的条件之一是现金断流，笔者就多轮沙盘模拟的实际情况来看，有相当一部分小组破产或濒临破产的重要原因就是没有做好现金流的管理，未体现财务的事前、事中控制功能，仅仅把沙盘模拟中的财务部分当成了事后的监督。

在市场经济条件下，竞争异常激烈，企业不但要想方设法把产品销售出去，更重要的是要及时收回货款，以便使经营活动能够持续进行。加强现金管理，尤其是加强现金流量预算管理越来越重要。现金流量预算管理，就是根据企业的生产经营计划，按照先自下而上，后自上而下的程序，通过对现金流入、流出的预测，进行综合平衡，合理安排，科学调控资金的一种管理方法。

企业理财目标是使企业价值最大化，以最佳现金流量作为企业理财目标是最佳的选择。因此，企业加强现金流量预算管理，强化资金调整力度，提高资金使用效益，就能保证企业对资金的正常需求，优化企业的资金结构，降低财务费用。要做好现金流量预算需要从以下三方面入手。

1. 现金流量的预算管理要以营业收入为重点

现金流入预算是现金流量预算的重要内容，而营业收入则是现金流入的重点。在编制营业收入预算时，企业应根据生产部门预测的商品资源量，及时与销售部门进行信息沟通和市场分析，在综合考虑国内外市场各种因素变动的基础上，测算国内、国外的营业收入，从而编制出较为科学、合理的现金流入预算。此外，为了保证营业收入预算的实现，还要采取措施，强化预算的运行控制。当然，沙盘模拟中，企业参加完订货会后，取得的订单是确定的，如果能够按时交货，企业的营业收入是可以基本确定的（企业向其他企业出售产品得到的收入是不确定的，除非年初即签订销售协议，因此这一部分收入可以暂时不考虑）。

2. 现金流量预算管理要以科学控制现金流出量为原则

现金流量预算必须严格控制资金支出，合理调度资金，保证企业生产、建设、投资等资金的合理需求，提高资金使用效益。在编制现金流量预算时，要注意资金支出的细化管理。首先，各部门要根据各自的业务需求制订本部门的预算方案，呈报企业财务主管部门，企业财务主管部门根据所属部门测算的现金流入量，进行综合平衡、分析，编制企业现金流量预算，呈报企业领导审批。财务部门对支出预算进行总量集中控制，资金统一调配，按预算严格管理。对于预算外支出，建立严格的审批制度，对金额较大的支出，实行集体决策审批。沙盘模拟中，要科学地控制现金流出则需要严格执行年初计划，例如营销部门的广告投入，生产部门的生产线投资，采购部门的原材料采购，等等。

3. 现金流量预算要以建立严格完善的管理体系为保障

第一，建立全面、完善的年度现金流量预算体系。第二，建立完善的月度、季度滚动现金流量预算。第三，加强现金流量分析，建立科学的分析体系。

企业融资的目的就是为了获得发展的机会，那么如何管理好融资活动，企业财务管理需要从两方面入手：一是研究融资渠道；二是精算成本。具体而言，企业的融资渠道可分为三大类：留存收益、债务融资和股权融资。留存收益属于低风险高成本的融资手段；债务融资属于高风险低成本的融资手段；股权融资属于风险因素复杂、高成本的融资手段。在成熟的市场经济条件下，内部融资优于外部融资，债务融资优于股权融资。当然各种融资渠道所需要的费用是不同的，企业在考虑融资渠道时也需要关注其成本，在满足自身需求的前提下，尽可能选择低成本的融资策略。

沙盘模拟中，现金预算是保证企业这艘大船避免因“触礁”而沉没的重要工具。传统的管理模式中，财务人员的工作仅仅是统计数据、编制报表、报账、记录等核算工作，只要不违反会计制度即可。然而在科学管理时代，为了提升企业的管理水平，财务人员尤其是财务主管应当成为管理型会计，必须能预测企业现金流。这就需要准确地制订和执行年度工作计划，当然需要采购部门、生产部门、营销部门的参与，需要实现各个部门数据的共享。

第五节　关于市场细分

任何行业都需要进行深入的分析，而重要的市场分析手段就是市场细分。市场中，根据消费者的心理偏好、经济能力等可以把他们细分为若干类，每一类群体都有自己的独特需求。例如房地产市场就可以分成多种：政府廉租房是为低收入的困难群众准备的，经济适用房是为刚刚买得起房子的人准备的，小康型房是为白领阶层（有一定储蓄，但又不太富有）准备的，而别墅则是企业老板等富人的专利了。不同的消费群体需求和购买的心态及过程都是不一样的，企业进入某市场前需要分别去了解每个市场的属性及特点，然后才能确定企业应当提供什么样的产品给哪一个目标消费群体。也只有找出目标市场，才能发现谁是你的竞争对手，才能制定正确的战略与战术。

可以说，市场细分在企业规划和市场营销的过程中一直扮演着至关重要的角色。具体分析如下：

1. 对于企业规划的意义

① 市场细分是判断公司专长与市场机会是否匹配的前提条件，即解决实力与机会的平衡。企业通过市场调查与分析可能发现许多机会，但还需要分析自己有没有实力。机会大而实力不够会出现什么情况呢？你吃不下；如果发现机会很小而企业实力很大，你吃不饱，可能会饿死。所以为什么世界上大型企业、中型企业、小型企业各有各的活法，就是它要把握这个机会和实力的平衡。各有各的战场，各有各的地盘，大企业不能做小市场，同样小企业也不能做大市场。

② 市场细分是决定进入一个新市场或退出一个老市场的依据。我国许多企业在市场决策方面存在较大的盲目性，如前几年的VCD、保暖内衣企业，为了在市场中分一杯羹而铺天盖地地做广告，很多企业根本没有市场细分，更不清楚自己的目标客户是谁。

③ 市场细分是分析市场优先级与重要性的有效工具。只有把市场分成若干个小市场后才能发现哪个市场对你来说相对吸引力更大。

④ 市场细分是确切地描述竞争对手战略战术的先决条件。如何判断谁是你的竞争对手？只有市场细分后，才知道谁在和你争夺相同的目标客户群。

2. 对于企业市场营销运作的意义

① 市场细分是确定产品特征、定价、宣传、销售渠道的依据。市场营销的4P（产品、价格、促销、渠道）是在市场细分的基础上设计的。如果没有市场细分，那么无论是4P中的哪项都是做不好的。

② 市场细分是指引销售队伍主攻方向的有力工具。市场营销人员把战略设计好以后，销售人员才有目标往哪打、往哪攻。市场细分后就能引导销售队伍，确定主攻方向，而不会轻易地乱打，否则就会浪费资源。

③ 市场细分是分配人力资源、技术资源和资金的参考标准。市场细分后就知道把哪些资源放到什么样的市场上，包括第一战场、第二战场、第三战场。

④ 市场细分是量化市场与用户、进行市场调查、把握市场趋势的关键。市场细分后就可以判断市场的大小及用户的满意度，指导市场调查。但很少有人把市场份额当做他的一个目标，更没有人把用户的满意度当做下一个更高层次的目标。

所以，可以不夸张地说，市场细分做好了，市场营销就成功了一半。因此，不管是国有企业还是民营企业，都应当高度重视市场细分，真正做到有所为，有所不为。这样才能建立起企业的竞争优势，找准方向，突出特色，把握机会，使我国有限的资源利用达到最佳状态，使企业能健康发展。

《孙子·谋攻篇》中提到："百战百胜，非善之善者也；不战而屈人之兵，善之善者也"，"不战而胜"才是兵法中的最高境界。但在商场中，怎样才能做到"不战而屈人之兵"呢？方法就是要占领市场的最佳位置，即正确制定"定位策略"（Positioning Strategy）。由此可见，无论是战场上还是商场中，制胜之道都是一脉相承的。

Positioning（定位）的直接解释是确定位置。在营销学上，Positioning 实际上就是市场定位（Market Positioning），其含义是根据竞争者在市场上所处的位置，针对消费者对产品的重视程度，塑造出本企业产品与众不同的、给人印象鲜明的个性或形象，从而使产品在市场上确定适当的位置。市场定位并不是你对一件产品本身做了些什么，而是你在潜在消费者的心目中做了些什么。也就是说，你得给产品在潜在消费者的心目中确定一个适当的位置，如品质超群、新颖别致、高档品牌、方便实用等。市场定位实际上是心理效应，它产生的结果是潜在消费者怎样认识一种产品。市场定位可分为对现有产品的再定位和对潜在产品的预定位。对现有产品的再定位可能导致产品名称、价格和包装的改变，但是这些外表变化的目的是为了保证产品在潜在消费者的心目中留下值得购买的形象。对潜在产品的预定位，要求营销者必须从零开始，开发所有的4P，使产品特色确实符合所选择的目标市场。企业在进行市场定位时，一方面要了解竞争对手的产品具有何种特色，另一方面要研究消费者对该产品的各种属性的重视程度，然后根据这两方面进行分析，再选定本企业产品的特色和独特形象。

虽然从理论上讲，市场机会是无限的，但与企业专长相一致或接近，同时又能赚钱的行业或产品却是有限的。所以企业必须把握机会与实力的平衡，即大企业占有大市场，小企业占有小市场的局面。此外定位决定了竞争的战场，也就决定了企业的竞争对手。企业通过市场调查与分析可能发现许多机会，但还需要分析自己有没有实力。

第六节　关于团队协作和团队建设

从某种程度上说，企业的成功，其本质是团队的成功。一个企业团队能否成功，固然和外部环境有关，但归根结底，还是取决于内部的协作能力。外部形势越严峻，内部的团结与合作就会显得越重要。外患，往往是通过内忧发挥作用的。而内部团结，则可能在不利的外部条件下生存下来，发展壮大。

同样，在 ERP 沙盘模拟对抗中，小组的团队协作非常重要。在企业运营这样一艘大船上，CEO 是舵手、CFO 负责保驾护航、营销总监负责冲锋陷阵……在这里，每一个角色都要以企业总体最优为出发点，各司其职，相互协作，才能赢得竞争，实现目标。

一、团队角色理论

团队是为了实现某一目标而由相互协作的个体组成的正式组织。目前，团队管理的模式越来越受到人们的重视。如何建设一个高效的团队，在管理实践中具有重大的现实意义。研究者认为，团队结构因素和团队过程因素是影响团队管理效能的两类重要因素。团队角色理论就是基于团队结构因素所做的理论探讨。而团队过程因素则包含任务与人际的凝聚力、有效的问题解决程序、有效的决策程序、有效的冲突管理、有效的沟通过程、有效的边界管理等。

1. 团队角色理论的内涵

团队角色理论是英国组织行为学家梅雷迪思·贝尔宾提出的一个分析团队角色和团队合作的一个理论模型。贝尔宾是“团队工作”理论的早期倡导者，为了研究团队取得成功的原因，他进行了两个为期 9 年的重要研究团队的试验。1981 年，贝尔宾首次提出了 Belbin 团队角色模型，经过 12 年的推广应用和修正，于 1993 年再次提出了修正的研究成果。贝尔宾的团队角色理论的主要观点包括：

（1）在团队中，每个成员都具有双重角色：职能角色和团队角色。职能角色是由个体的专业知识和专业技能所决定的，是工作任务赋予个体的角色；团队角色是由个体的气质、性格所决定的，是个体与其他团队成员交互作用时表现出来的特征模式。在团队中，每个成员都通过同时扮演这两种角色而达到对团队目标作出贡献的目的。

（2）团队角色包括九种，分别是协调者、塑造者、创新者、资源调查者、监控评估者、协作者、执行者、完成者和专家。团队中的每种团队角色都有自己独特的行为特征（见表 6－2），这些特征不但影响到团队整体的绩效，而且还影响到个人在团队中的绩效。

（3）一个成功的团队必须包括表 6－2 中所列的九种角色。通过担任不同团队角色的人的优势互补，才能组成有力的团队。这九种角色与团队的规模无关，在很多情况下一个团队成员要承担多种角色，或者多个成员承担一个角色。

（4）不同的人有不同的角色偏好，由于个性特征和智力因素的差异，个体可能更适合某些角色，而不适合其他角色。团队成员正确认识和发展自己的团队角色和能力，能促进团队的有效发展。

表 6－2　贝尔宾团队角色理论

角色类型	主要特点	积极的品质	可接受的弱点	行为倾向
协调者	沉着、公正，为人接受，自信，自我克制	稳重，富有领导能力，公正自律，目标意识强	智力与创造力水平一般	阐明目标和目的，分配任务，为群体做总结
塑造者	感情脆弱，易感动，开朗，精力充沛	有较高的成就欲，乐于挑战，富有领导力，精力充沛	容易冲动，喜欢辩论，自负，容易造成矛盾和冲突	寻求群体进行讨论的模式，促使群体达成一致，并作出决策
创新者	个人主义，严肃认真，非传统	智商高，知识渊博，富有创造力，想象力丰富	容易脱离实际，不注重细节，个人主义	提出建议和新观点，为团队带来突破性思想和见解

（续上表）

角色类型	主要特点	积极的品质	可接受的弱点	行为倾向
资源调查者	性格外向，热情，富有好奇心，善于交际	有求知欲，喜欢探索新事物，热情，寻找新机会的能力强，具有创新精神	新鲜感过后，容易失去兴趣，过于乐观，不加鉴别	收集信息，提供和推广新的思想，与外部人谈判
监控评估者	冷静、冷漠、谨慎	判断力强，头脑冷静清醒，慎重，公平客观，理智	缺少热情，缺少激励他人的能力，不善于参与	分析问题和复杂事件，评估他人的贡献
协作者	社交导向，温和，敏感	能鼓舞士气，促进团队合作	优柔寡断，是适应者而不是变革者	为别人提供个人支持和帮助
执行者	保守，尽职，本分，工作可预测	具有组织能力，工作努力，有责任感，自我约束，勤劳	缺乏灵活性，对新想法反应慢，墨守成规，不会变通	接收工作概念，将之转变为实际的步骤并执行
完成者	能吃苦，辛勤，工作认真，有条理	完美主义者，勤劳，注重细节，善于做计划	易于过度忧虑，没全局观，不愿意委派工作，爱挑剔	确保所有工作按计划完成
专　家	内向，焦急，投入，有承诺感	精通技术知识	只对本领域的知识感兴趣，具有局限性	解释技术问题，提供专业意见

2. 贝尔宾团队角色理论的启示及应用

自创立以来，贝尔宾团队角色理论在世界范围内的很多大企业得到了推广应用，并取得了很大成功，如波音、三菱、英国电信、IBM、诺基亚等。很多机构也采用了该模型，如联合国、欧洲执行委员会、世界银行等。据统计，仅英国前 100 强企业中就有 40% 以上的企业采用了贝尔宾团队角色模型。在团队管理中，贝尔宾团队角色模型主要可以应用于以下几个方面：

（1）组建角色搭配合理的团队。

根据团队角色的思想，在组建团队时，不仅要关注单个成员的能力，更应该注重成员间的合理组合，重视成员间的角色搭配。一个好的团队，既需要出谋划策的创新者，又需要将工作落实和维护的完成者；既需要提供和推广新思想的资源调查者，又需要将概念转变为实际的步骤并执行的执行者；既需要头脑冷静、分析复杂问题的监控评估者，又需要鼓舞士气、促进合作的协作者。在实际操作中，由于团队规模和工作任务的不同，理论上的九种角色不一定由九个人承担，但九种团队角色的功能不能欠缺和失衡。

在组建工作团队时，管理者不但要注意团队成员的职能角色，更要注意各种团队角色的配备，使各种人才各司其职，功能互补。在团队分工上，应使团队成员所承担的角色与其偏好的团队角色相符。在增补团队成员时，应首先分析已有团队的角色组合状况，确定所需的团队角色，通过在招聘过程中对团队人选的角色胜任力的考察，甄选出合适的团队成员。

（2）建设高效能的工作团队。

根据团队角色的理论，在团队建设时，要把握各成员角色的性格、气质的差异特点，使团队达到有机的整合。一个成熟的团队是在团队角色不断磨合、冲突、适应和完善过程中形成的。能否形成有效的团队，关键在于成员能否有效地扮演自己的团队角色。

在团队中，影响团队成员角色有效性的因素通常包括角色模糊、角色冲突和角色超载。角色模糊是指不知道别人预期什么，角色模糊的主要原因是角色期待不明，角色知觉能力差，角色超载是指知道别人预期什么，但无力实现全部预期，角色超载的主要原因是角色预期不合理或角色承担者能力有限；角色冲突是指知道别人的预期，但发现不同的人预期各异，或者别人的预期与自己打算做的事不一致，角色冲突的主要原因是角色准备不足，实际团队角色和团队角色偏好不一致等。

角色模糊、角色冲突和角色超载给团队成员带来了情绪上和健康上的不良作用，影响了团队的效率。要解决角色模糊、角色冲突和角色超载，成功地扮演自己的团队角色，团队成员首先应对自己的团队角色进行准确的定位，要清楚团队和其他成员对自己的期望和要求；其次，要增加自己的角色知识和角色技能，使自己的态度和行为符合角色要求，并通过重复的角色实践发展团队敏感性和团队技能；最后，团队成员还需要进行角色内化，使角色行为成为自己个性特征的一部分。

在团队建设中，可参考团队角色模型的理论框架，利用有关的团队角色测评工具，诊断团队各成员的角色状态，通过角色培训、角色规范化、角色交换等方法，使成员清楚了解团队角色的要求，提高角色实践能力，从而使自己的行为符合团队的需要和自身的特点，降低团队中角色模糊、角色冲突和角色超载的现象，促进团队发展。

（3）发展动态平衡的工作团队。

根据团队角色的理论，有效的团队应该由扮演不同团队角色的合适成员组成，有效的团队应拥有九种必需的角色从而达到高效的团队合作状态，这种状态可称为“团队的静态平衡”。在团队发展中，不但要注意团队的静态平衡，更要注重团队的动态平衡。动态平衡是指当团队中缺失某一团队角色时，原有的某些团队成员能自动承担起该团队角色，从而维持整体团队的正常机能，促进团队发展。目前，组织环境变化越来越快，人才流动也更加频繁，能否维持团队的动态平衡，对于团队的维系和发展至关重要。

维持团队的动态平衡关键在于增强团队成员的角色弹性。不同的团队角色常常有自己独特的信念和行为特征，作为一个有弹性的团队成员，除了要加深对团队角色的自我认识，提高角色适应性外，还应该认识团队角色的个体差异，提高对其他团队角色的个人特征、角色功能和角色行为特征的理解，自觉学习新的角色技能，增加自己的角色灵活性，从而增进整个团队的弹性。

从操作层面而言，增加团队成员的弹性可以通过认知和行为两种层面进行。在认知层面上，可通过引导和改变个体对团队角色的潜在假设，使个体对自己和他人的团队角色进行正确认知；在行为层面上，可通过角色互换、角色学习和角色实践的方法，逐步塑造团队成员的团队角色行为，使团队成员能胜任多种团队角色，更好地促进团队的发展。

二、建设高效团队

建设一个高效的管理团队，可从以下四个方面做起：

1. 增强团队凝聚力

(1) 以明确的目标凝聚人。

要增强团队的凝聚力关键是要有明确的目标。只有让每一个成员都明确了团队的目标所在以及实现目标对团队和自身的重要意义，整个团队才会有团结向上的动力。在目标明确的基础上，企业还要在团队内倡导正确的价值观，这种价值观既应鼓励成员关心团队和个人的发展，又不应忽视企业的社会责任。一旦企业目标和价值观内化为团队的内在理念，团队成员便会自觉形成每个人所遵守的行为准则。所有这些都有助于增强团队成员对团队的认同感和角色意识，进而增强团队的凝聚力。

(2) 以相互信任的氛围吸引人。

要建设一个具有凝聚力并且高效的团队，最为重要的一个步骤，就是建立信任。信任是互相的，是需要各方付出同等的努力对待的。互信需要走出积极的一步，要让别人信任你，首先你得信任别人。不要吝啬你的鼓励，不要保守你的支持，要对别人报以认可的态度，相信别人有能力完成工作，相信别人能够给你带来帮助。

每个人都有其个性和特点，人无完人，金无足赤，每个人的不足和缺点，都是影响信任建立的阻碍，一个有凝聚力的、高效的团队成员必须学会自如地、迅速地、心平气和地承认自己的错误、弱点、失败，要学会团队成员之间彼此说出“我办砸了”、“我错了”、“我需要帮助”、“我很抱歉”、“你在这方面比我强”这样的话。成员之间需要包容，需要求同存异，需要发现、发挥、发扬别人的优点和长处，挖苦、指责、讽刺、贬低别人是建立信任的大敌。

团队信任不需要个人英雄主义。社会发展产生分工，需要不同岗位的通力合作，每个人只是一个零部件，只有大家齐心协力才能确保机器的正常运转。那种一个人说了算，认为自己样样精通，能够一手遮天的个人英雄主义不是团队合作所需要和接纳的。

2. 有效的冲突管理

团队合作一个最大的阻碍，就是对于冲突的畏惧。这来自于两种不同的担忧：一方面，很多管理者采取各种措施避免团队中的冲突，因为他们担心丧失对团队的控制，以及有些人的自尊会在冲突过程中受到伤害；另一方面，一些人则是把冲突当做浪费时间。他们更愿意缩短会议和讨论时间，果断作出自己看来早晚会被采纳的决定，留出更多时间来实施决策。无论是上述哪一种情况，CEO 们都相信，他们在通过避免破坏性的意见分歧来巩固自己的团队。这很可笑，因为他们的做法其实是扼杀建设性的冲突，将需要解决的重大问题掩盖起来。团队中的冲突不可避免，团队冲突何时具有毁灭性？何时具有创造性？CEO 和他的团队需要做的，是学会识别虚假的和谐，引导和鼓励适当的、建设性的冲突。充满冲突的团队等于一座火山，没有任何冲突的团队等于一潭死水，因此既要预防团队之间的无意义的冲突，也要激发团队之间的有积极意义的冲突。例如，“目标冲突”与工作的内容和目标有关，“关系冲突”集中在成员之间的人际关系，而“过程冲突”是与如何完成工作有关的。研究表明，“关系冲突”几乎都是对工作没有好处的，是应该避免的。从另一方面讲，比较少的“过程冲突”和比较适度的“目标冲突”总能对团队绩效产生积极的作用，因为这些冲突会刺激团队内的一些讨论，从而使团队做得更好。这是因为只有当团队成员彼此之间热烈地、不设防地争论，直率地说出自己的想法，领导才可能有信心作出充分集中集体智慧的决策。不能就不同意见而争论、交换未经过滤的坦率意见的团队，往往会发现自己总是在一遍遍地面对同样的问题。实际上，在外人看来机制不良、总是争论不休的团队，往往是能够作出和坚守艰难决策的团队。

3. 有效的决策程序

决策的过程实际上是对诸多问题解决方法的提出与选择，决策正确与否不仅取决于团队中各成员的智力、情感、意志和个性因素，更取决于团队能否在各成员所提出的问题解决方法中选择出最适合完成任务的方法。

为了充分显示出团队的优势，应该建立有效的决策机制。影响团队决策的因素主要有团队成员的年龄、团队规模、决策程序以及团队成员间的人际关系：

第一，我们必须尊重各个年龄层团队成员的想法，不能以某个成员的年龄较小为由而否定他（她）的想法，也就是说我们不能够盲目地崇拜所谓的权威。

第二，如果团队规模比较大，那么应该采用分组或者其他合理的方式进行讨论，然后总结想法，解决出现的问题，进而作出决策。

第三，决策的程序也应该民主，充分尊重成员。

第四，团队成员间的人际关系应该和谐，不应该有严重影响团队发展的矛盾存在。团队的领导者应该积极发挥其协调作用，与成员进行沟通，解决出现的矛盾。而成员应该真诚对待别人，学会互相理解。

4. 有效的沟通过程

可以说，团队成员之间沟通交流的质量在团队的发展过程中是最为重要的。倘若没有了沟通和交流，那么团队就没有了继续存在的理由，团队成员各自所掌握的信息资源等就难以得到展示和交流，而这种情况的严重后果就是：目标变得渺茫甚至完全无法企及。所以，团队成员之间的沟通交流是极其重要的。通过沟通交流，一方面有利于团队成员之间感情的建立和维系，另一方面有利于团队成员各自所掌握的信息资源等的展示和交流，而前者的作用是经常不被人重视的。团队成员之间的真诚相待直接关系到决策的顺利与否。在团队沟通中提问可以促进磋商共通，相互提问可以弄清、探讨、分析团队成员的发言内容；可以帮助团队形成一个积极的氛围，向团队决策目的迈进。深入提问和对话方式提问可以弄清并挖掘一些思想，重述想法并进一步分析探讨。团队中的及时反馈与有效沟通可以增强团队的协调能力，对团队绩效有正面的影响。所以，所有团队成员都应理解沟通的重要性。团队成员之间的真诚相待直接关系到决策的顺利与否。

第七节　总　结

ERP 沙盘模拟对抗的过程是白热化的，但本课程的精髓在于赛后的思考、总结与交流。六年艰辛的经营结束后，必须进行及时、认真的总结。经营成功的企业要知道赢在哪里，失误的地方在哪里；经营失败的企业要知道自己输在哪里。只有挖掘成功、失败背后的原因才是真正的赢家，才能为日后的学习、工作指明方向。

沙盘模拟课程的最后一项工作是思考与总结，小组中的各个成员要结合自己的岗位，总结经营中的得失。总结可以从以下几个方面入手：

① 本次培训过程中您印象最深的内容是什么？

② 您认为做对或做错了哪些事？带来什么结果？

③ 如果有机会继续经营或重来，您会如何做？

④ 您有什么能带到明天的学习、工作中的感受和想法？

附　录

附录 1　企业经营过程记录

起始年　运营记录表[①]

任务列表，严格按照顺序执行		第一季度	第二季度	第三季度	第四季度
新年度规划会议					
参加订货会/支付广告费					
登记销售订单					
制订新年度计划					
支付应付税（上个年度税金）					
季初现金盘点					
短贷/高利贷	更新短期贷款（高利贷）				
	还本付息（短贷、高利贷）				
	申请短期贷款（高利贷）				
原材料	更新原料订单/原材料入库				
	下原料订单				
更新生产/完工入库					
生产线	新生产线投资				
	变卖生产线				
	生产线转产				
开始下一批生产					
更新应收账款/应收账款收现					
出售厂房					
向其他企业购买成品/出售成品					
按订单交货					
产品研发投资					
支付行政管理费					
其他现金收支情况登记					
长期贷款	支付利息				
	更新长期贷款/归还本金				
	申请长期贷款				
支付设备维护费					
支付租金/购买厂房					
计提折旧					
新市场开拓					
ISO 资格认证投资					
结账					
本季度现金收入合计					
本季度现金支出合计					
季末现金对账（填写余额）					

① 本表主要供企业的 CEO、财务总监、财务助理使用；阴影部分无须填写。

运营记录表（副表）

说明：采购总监、生产总监、营销总监使用本表分别记录原材料、在制品、产品的变化情况。例如采购总监在表内括号内填写“原材料”字样，当发生原材料出库业务时，在相应空格内记录原材料的减少（填写出库数量，通常用“－”表示出库）；当发生原材料入库业务时，在相应空格内记录原材料的增加（填写入库数量，通常用“＋”表示入库）。

任务列表，严格按照顺序执行		第一季度				第二季度				第三季度				第四季度			
		P_1 R_1	P_2 R_2	P_3 R_3	P_4 R_4	P_1 R_1	P_2 R_2	P_3 R_3	P_4 R_4	P_1 R_1	P_2 R_2	P_3 R_3	P_4 R_4	P_1 R_1	P_2 R_2	P_3 R_3	P_4 R_4
季初（　　）盘点数量																	
短贷、高利贷	更新短期贷款（高利贷）																
	还本付息																
	申请短期贷款（高利贷）																
原材料	更新原料订单/原材料入库																
	下原料订单																
更新生产/完工入库																	
生产线	新生产线投资																
	变卖生产线																
	生产线转产																
开始下一批生产																	
更新应收账款/应收账款收现																	
出售厂房																	
向其他企业购买成品/出售成品																	
按订单交货																	
产品研发投资																	
支付行政管理费																	
其他现金收支情况登记																	
本季度（　　）入库合计																	
本季度（　　）出库合计																	
季末（　　）库存量																	

订单登记表

订单号											向其他企业出售
市场											
产品											
数量											
账期											
销售额											
成本											
毛利											
未售											

产品核算统计表

	P_1	P_2	P_3	P_4	合计
数量					
销售额					
成本					
毛利					

综合费用明细表　　单位：百万

项目	金额	备注
管理费		
广告费		
维修费		
租金		
转产费		
市场准入开拓		□区域　□国内　□亚洲　□国际
ISO 资格认证		□ISO9000　□ISO14000
产品研发		P_2（　　）　P_3（　　）　P_4（　　）
其他		
合计		

利润表

项目	上年数	本年数
销售收入		
直接成本		
毛利		
综合费用		
折旧前利润		
折旧		
支付利息前利润		
财务收入/支出		
其他收入/支出		
税前利润		
所得税		
净利润		

资产负债表

资产	期初数	期末数	负债和所有者权益	期初数	期末数
流动资产：			负债：		
现金			长期负债		
应收账款			短期负债		
在制品			应付账款		
成品			应交税费		
原料			一年内到期的长期负债		
流动资产合计			负债合计		
固定资产：			所有者权益：		
土地和建筑			股东资本		
机器与设备			利润留存		
在建工程			年度净利		
固定资产合计			所有者权益合计		
资产合计			负债和所有者权益合计		

第一年　运营记录表

任务列表，严格按照顺序执行		第一季度	第二季度	第三季度	第四季度
新年度规划会议					
参加订货会/支付广告费					
登记销售订单					
制订新年度计划					
支付应付税（上个年度税金）					
季初现金盘点					
短贷/高利贷	更新短期贷款（高利贷）				
	还本付息（短贷、高利贷）				
	申请短期贷款（高利贷）				
原材料	更新原料订单/原材料入库				
	下原料订单				
更新生产/完工入库					
生产线	新生产线投资				
	变卖生产线				
	生产线转产				
开始下一批生产					
更新应收账款/应收账款收现					
出售厂房					
向其他企业购买成品/出售成品					
按订单交货					
产品研发投资					
支付行政管理费					
其他现金收支情况登记					
长期贷款	支付利息				
	更新长期贷款/归还本金				
	申请长期贷款				
支付设备维护费					
支付租金/购买厂房					
计提折旧					
新市场开拓					
ISO 资格认证投资					
结账					
本季度现金收入合计					
本季度现金支出合计					
季末现金对账（填写余额）					

第一年　运营记录表（副表）

说明：采购总监、生产总监、营销总监使用本表分别记录原材料、在制品、产品的变化情况。例如采购总监在表内括号内填写“原材料”字样，当发生原材料出库业务时，在相应空格内记录原材料的减少（填写出库数量，通常用“－”表示出库）；当发生原材料入库业务时，在相应空格内记录原材料的增加（填写入库数量，通常用“＋”表示入库）。

任务列表，严格按照顺序执行		第一季度				第二季度				第三季度				第四季度			
		P_1 R_1	P_2 R_2	P_3 R_3	P_4 R_4	P_1 R_1	P_2 R_2	P_3 R_3	P_4 R_4	P_1 R_1	P_2 R_2	P_3 R_3	P_4 R_4	P_1 R_1	P_2 R_2	P_3 R_3	P_4 R_4
季初（　　）盘点数量																	
短贷、高利贷	更新短期贷款（高利贷）																
	还本付息																
	申请短期贷款（高利贷）																
原材料	更新原料订单/原材料入库																
	下原料订单																
更新生产/完工入库																	
生产线	新生产线投资																
	变卖生产线																
	生产线转产																
开始下一批生产																	
更新应收账款/应收账款收现																	
出售厂房																	
向其他企业购买成品/出售成品																	
按订单交货																	
产品研发投资																	
支付行政管理费																	
其他现金收支情况登记																	
本季度（　　）入库合计																	
本季度（　　）出库合计																	
季末（　　）库存量																	

现金预算表

	第一季度	第二季度	第三季度	第四季度
期初库存现金				
支付上年应交税				
市场广告投入				
贴现费用				
利息（短期贷款）				
支付到期短期贷款				
原料采购支付现金				
转产费用				
生产线投资				
加工费				
产品研发投资				
收到现金前的所有支出				
应收账款到期				
支付管理费用				
利息（长期贷款）				
支付到期长期贷款				
设备维护费用				
租金				
购买新建筑				
市场开拓投资				
ISO 认证投资				
其他				
期末库存现金余额				

要点记录：

第一季度：________________

第二季度：________________

第三季度：________________

第四季度：________________

年底小结：________________

____

订单登记表

订单号										向其他企业出售
市场										
产品										
数量										
账期										
销售额										
成本										
毛利										
未售										

产品核算统计表

	P_1	P_2	P_3	P_4	合计
数量					
销售额					
成本					
毛利					

综合费用明细表　　单位：百万

项目	金额	备注
管理费		
广告费		
维修费		
租金		
转产费		
市场准入开拓		□区域　□国内　□亚洲　□国际
ISO 资格认证		□ISO9000　□ISO14000
产品研发		P_2（　）　P_3（　）　P_4（　）
其他		
合计		

利润表

项目	上年数	本年数
销售收入		
直接成本		
毛利		
综合费用		
折旧前利润		
折旧		
支付利息前利润		
财务收入/支出		
其他收入/支出		
税前利润		
所得税		
净利润		

资产负债表

资产	期初数	期末数	负债和所有者权益	期初数	期末数
流动资产：			负债：		
现金			长期负债		
应收账款			短期负债		
在制品			应付账款		
成品			应交税费		
原料			一年内到期的长期负债		
流动资产合计			负债合计		
固定资产：			所有者权益：		
土地和建筑			股东资本		
机器与设备			利润留存		
在建工程			年度净利		
固定资产合计			所有者权益合计		
资产合计			负债和所有者权益合计		

第二年　运营记录表

任务列表，严格按照顺序执行		第一季度	第二季度	第三季度	第四季度
新年度规划会议					
参加订货会/支付广告费					
登记销售订单					
制订新年度计划					
支付应付税（上个年度税金）					
季初现金盘点					
短贷/高利贷	更新短期贷款（高利贷）				
	还本付息（短贷、高利贷）				
	申请短期贷款（高利贷）				
原材料	更新原料订单/原材料入库				
	下原料订单				
更新生产/完工入库					
生产线	新生产线投资				
	变卖生产线				
	生产线转产				
开始下一批生产					
更新应收账款/应收账款收现					
出售厂房					
向其他企业购买成品/出售成品					
按订单交货					
产品研发投资					
支付行政管理费					
其他现金收支情况登记					
长期贷款	支付利息				
	更新长期贷款/归还本金				
	申请长期贷款				
支付设备维护费					
支付租金/购买厂房					
计提折旧					
新市场开拓					
ISO 资格认证投资					
结账					
本季度现金收入合计					
本季度现金支出合计					
季末现金对账（填写余额）					

第二年　运营记录表（副表）

说明：采购总监、生产总监、营销总监使用本表分别记录原材料、在制品、产品的变化情况。例如采购总监在表内括号内填写“原材料”字样，当发生原材料出库业务时，在相应空格内记录原材料的减少（填写出库数量，通常用“－”表示出库）；当发生原材料入库业务时，在相应空格内记录原材料的增加（填写入库数量，通常用“＋”表示入库）。

任务列表，严格按照顺序执行		第一季度				第二季度				第三季度				第四季度			
		P_1 R_1	P_2 R_2	P_3 R_3	P_4 R_4	P_1 R_1	P_2 R_2	P_3 R_3	P_4 R_4	P_1 R_1	P_2 R_2	P_3 R_3	P_4 R_4	P_1 R_1	P_2 R_2	P_3 R_3	P_4 R_4
季初（　　）盘点数量																	
短贷、高利贷	更新短期贷款（高利贷）																
	还本付息																
	申请短期贷款（高利贷）																
原材料	更新原料订单/原材料入库																
	下原料订单																
更新生产/完工入库																	
生产线	新生产线投资																
	变卖生产线																
	生产线转产																
开始下一批生产																	
更新应收账款/应收账款收现																	
出售厂房																	
向其他企业购买成品/出售成品																	
按订单交货																	
产品研发投资																	
支付行政管理费																	
其他现金收支情况登记																	
本季度（　　）入库合计																	
本季度（　　）出库合计																	
季末（　　）库存量																	

现金预算表

	第一季度	第二季度	第三季度	第四季度
期初库存现金				
支付上年应交税				
市场广告投入				
贴现费用				
利息（短期贷款）				
支付到期短期贷款				
原料采购支付现金				
转产费用				
生产线投资				
加工费				
产品研发投资				
收到现金前的所有支出				
应收账款到期				
支付管理费用				
利息（长期贷款）				
支付到期长期贷款				
设备维护费用				
租金				
购买新建筑				
市场开拓投资				
ISO 认证投资				
其他				
期末库存现金余额				

要点记录：

第一季度：____________________

第二季度：____________________

第三季度：____________________

第四季度：____________________

年底小结：____________________

订单登记表

订单号											向其他企业出售
市场											
产品											
数量											
账期											
销售额											
成本											
毛利											
未售											

产品核算统计表

	P_1	P_2	P_3	P_4	合计
数量					
销售额					
成本					
毛利					

综合费用明细表 单位：百万

项目	金额	备注
管理费		
广告费		
维修费		
租金		
转产费		
市场准入开拓		□区域 □国内 □亚洲 □国际
ISO 资格认证		□ISO9000 □ISO14000
产品研发		P_2（ ） P_3（ ） P_4（ ）
其他		
合计		

利润表

项目	上年数	本年数
销售收入		
直接成本		
毛利		
综合费用		
折旧前利润		
折旧		
支付利息前利润		
财务收入/支出		
其他收入/支出		
税前利润		
所得税		
净利润		

资产负债表

资产	期初数	期末数	负债和所有者权益	期初数	期末数
流动资产：			负债：		
现金			长期负债		
应收账款			短期负债		
在制品			应付账款		
成品			应交税费		
原料			一年内到期的长期负债		
流动资产合计			负债合计		
固定资产：			所有者权益：		
土地和建筑			股东资本		
机器与设备			利润留存		
在建工程			年度净利		
固定资产合计			所有者权益合计		
资产合计			负债和所有者权益合计		

第三年　运营记录表

任务列表，严格按照顺序执行		第一季度	第二季度	第三季度	第四季度
新年度规划会议					
参加订货会/支付广告费					
登记销售订单					
制订新年度计划					
支付应付税（上个年度税金）					
季初现金盘点					
短贷/高利贷	更新短期贷款（高利贷）				
	还本付息（短贷、高利贷）				
	申请短期贷款（高利贷）				
原材料	更新原料订单/原材料入库				
	下原料订单				
更新生产/完工入库					
生产线	新生产线投资				
	变卖生产线				
	生产线转产				
开始下一批生产					
更新应收账款/应收账款收现					
出售厂房					
向其他企业购买成品/出售成品					
按订单交货					
产品研发投资					
支付行政管理费					
其他现金收支情况登记					
长期贷款	支付利息				
	更新长期贷款/归还本金				
	申请长期贷款				
支付设备维护费					
支付租金/购买厂房					
计提折旧					
新市场开拓					
ISO 资格认证投资					
结账					
本季度现金收入合计					
本季度现金支出合计					
季末现金对账（填写余额）					

第三年　运营记录表（副表）

说明：采购总监、生产总监、营销总监使用本表分别记录原材料、在制品、产品的变化情况。例如采购总监在表内括号内填写“原材料”字样，当发生原材料出库业务时，在相应空格内记录原材料的减少（填写出库数量，通常用“－”表示出库）；当发生原材料入库业务时，在相应空格内记录原材料的增加（填写入库数量，通常用“＋”表示入库）。

任务列表，严格按照顺序执行		第一季度				第二季度				第三季度				第四季度			
		P_1 R_1	P_2 R_2	P_3 R_3	P_4 R_4	P_1 R_1	P_2 R_2	P_3 R_3	P_4 R_4	P_1 R_1	P_2 R_2	P_3 R_3	P_4 R_4	P_1 R_1	P_2 R_2	P_3 R_3	P_4 R_4
季初（　　）盘点数量																	
短贷、高利贷	更新短期贷款（高利贷）																
	还本付息																
	申请短期贷款（高利贷）																
原材料	更新原料订单/原材料入库																
	下原料订单																
更新生产/完工入库																	
生产线	新生产线投资																
	变卖生产线																
	生产线转产																
开始下一批生产																	
更新应收账款/应收账款收现																	
出售厂房																	
向其他企业购买成品/出售成品																	
按订单交货																	
产品研发投资																	
支付行政管理费																	
其他现金收支情况登记																	
本季度（　　）入库合计																	
本季度（　　）出库合计																	
季末（　　）库存量																	

现金预算表

	第一季度	第二季度	第三季度	第四季度
期初库存现金				
支付上年应交税				
市场广告投入				
贴现费用				
利息（短期贷款）				
支付到期短期贷款				
原料采购支付现金				
转产费用				
生产线投资				
加工费				
产品研发投资				
收到现金前的所有支出				
应收账款到期				
支付管理费用				
利息（长期贷款）				
支付到期长期贷款				
设备维护费用				
租金				
购买新建筑				
市场开拓投资				
ISO 认证投资				
其他				
期末库存现金余额				

要点记录：

第一季度：________________

第二季度：________________

第三季度：________________

第四季度：________________

年底小结：________________

____

订单登记表

订单号											向其他企业出售
市场											
产品											
数量											
账期											
销售额											
成本											
毛利											
未售											

产品核算统计表

	P_1	P_2	P_3	P_4	合计
数量					
销售额					
成本					
毛利					

综合费用明细表　　　　单位：百万

项目	金额	备注
管理费		
广告费		
维修费		
租金		
转产费		
市场准入开拓		□区域　□国内　□亚洲　□国际
ISO 资格认证		□ISO9000　□ISO14000
产品研发		P_2（　）　P_3（　）　P_4（　）
其他		
合计		

利润表

项目	上年数	本年数
销售收入		
直接成本		
毛利		
综合费用		
折旧前利润		
折旧		
支付利息前利润		
财务收入/支出		
其他收入/支出		
税前利润		
所得税		
净利润		

资产负债表

资产	期初数	期末数	负债和所有者权益	期初数	期末数
流动资产：			负债：		
现金			长期负债		
应收账款			短期负债		
在制品			应付账款		
成品			应交税费		
原料			一年内到期的长期负债		
流动资产合计			负债合计		
固定资产：			所有者权益：		
土地和建筑			股东资本		
机器与设备			利润留存		
在建工程			年度净利		
固定资产合计			所有者权益合计		
资产合计			负债和所有者权益合计		

第四年 运营记录表

任务列表，严格按照顺序执行		第一季度	第二季度	第三季度	第四季度
新年度规划会议					
参加订货会/支付广告费					
登记销售订单					
制订新年度计划					
支付应付税（上个年度税金）					
季初现金盘点					
短贷/高利贷	更新短期贷款（高利贷）				
	还本付息（短贷、高利贷）				
	申请短期贷款（高利贷）				
原材料	更新原料订单/原材料入库				
	下原料订单				
更新生产/完工入库					
生产线	新生产线投资				
	变卖生产线				
	生产线转产				
开始下一批生产					
更新应收账款/应收账款收现					
出售厂房					
向其他企业购买成品/出售成品					
按订单交货					
产品研发投资					
支付行政管理费					
其他现金收支情况登记					
长期贷款	支付利息				
	更新长期贷款/归还本金				
	申请长期贷款				
支付设备维护费					
支付租金/购买厂房					
计提折旧					
新市场开拓					
ISO 资格认证投资					
结账					
本季度现金收入合计					
本季度现金支出合计					
季末现金对账（填写余额）					

第四年　运营记录表（副表）

说明：采购总监、生产总监、营销总监使用本表分别记录原材料、在制品、产品的变化情况。例如采购总监在表内括号内填写“原材料”字样，当发生原材料出库业务时，在相应空格内记录原材料的减少（填写出库数量，通常用“－”表示出库）；当发生原材料入库业务时，在相应空格内记录原材料的增加（填写入库数量，通常用“＋”表示入库）。

任务列表，严格按照顺序执行		第一季度				第二季度				第三季度				第四季度			
		P_1 R_1	P_2 R_2	P_3 R_3	P_4 R_4	P_1 R_1	P_2 R_2	P_3 R_3	P_4 R_4	P_1 R_1	P_2 R_2	P_3 R_3	P_4 R_4	P_1 R_1	P_2 R_2	P_3 R_3	P_4 R_4
季初（　　）盘点数量																	
短贷、高利贷	更新短期贷款（高利贷）																
	还本付息																
	申请短期贷款（高利贷）																
原材料	更新原料订单/原材料入库																
	下原料订单																
更新生产/完工入库																	
生产线	新生产线投资																
	变卖生产线																
	生产线转产																
开始下一批生产																	
更新应收账款/应收账款收现																	
出售厂房																	
向其他企业购买成品/出售成品																	
按订单交货																	
产品研发投资																	
支付行政管理费																	
其他现金收支情况登记																	
本季度（　　）入库合计																	
本季度（　　）出库合计																	
季末（　　）库存量																	

现金预算表

	第一季度	第二季度	第三季度	第四季度
期初库存现金				
支付上年应交税				
市场广告投入				
贴现费用				
利息（短期贷款）				
支付到期短期贷款				
原料采购支付现金				
转产费用				
生产线投资				
加工费				
产品研发投资				
收到现金前的所有支出				
应收账款到期				
支付管理费用				
利息（长期贷款）				
支付到期长期贷款				
设备维护费用				
租金				
购买新建筑				
市场开拓投资				
ISO 认证投资				
其他				
期末库存现金余额				

要点记录：

第一季度：____

第二季度：____

第三季度：____

第四季度：____

年底小结：____

订单登记表

订单号											向其他企业出售
市场											
产品											
数量											
账期											
销售额											
成本											
毛利											
未售											

产品核算统计表

	P_1	P_2	P_3	P_4	合计
数量					
销售额					
成本					
毛利					

综合费用明细表

单位：百万

项目	金额	备注
管理费		
广告费		
维修费		
租金		
转产费		
市场准入开拓		□区域 □国内 □亚洲 □国际
ISO 资格认证		□ISO9000 □ISO14000
产品研发		P_2（ ） P_3（ ） P_4（ ）
其他		
合计		

利润表

项目	上年数	本年数
销售收入		
直接成本		
毛利		
综合费用		
折旧前利润		
折旧		
支付利息前利润		
财务收入/支出		
其他收入/支出		
税前利润		
所得税		
净利润		

资产负债表

资产	期初数	期末数	负债和所有者权益	期初数	期末数
流动资产：			负债：		
现金			长期负债		
应收账款			短期负债		
在制品			应付账款		
成品			应交税费		
原料			一年内到期的长期负债		
流动资产合计			负债合计		
固定资产：			所有者权益：		
土地和建筑			股东资本		
机器与设备			利润留存		
在建工程			年度净利		
固定资产合计			所有者权益合计		
资产合计			负债和所有者权益合计		

第五年　运营记录表

任务列表，严格按照顺序执行		第一季度	第二季度	第三季度	第四季度
新年度规划会议					
参加订货会/支付广告费					
登记销售订单					
制订新年度计划					
支付应付税（上个年度税金）					
季初现金盘点					
短贷/高利贷	更新短期贷款（高利贷）				
	还本付息（短贷、高利贷）				
	申请短期贷款（高利贷）				
原材料	更新原料订单/原材料入库				
	下原料订单				
更新生产/完工入库					
生产线	新生产线投资				
	变卖生产线				
	生产线转产				
开始下一批生产					
更新应收账款/应收账款收现					
出售厂房					
向其他企业购买成品/出售成品					
按订单交货					
产品研发投资					
支付行政管理费					
其他现金收支情况登记					
长期贷款	支付利息				
	更新长期贷款/归还本金				
	申请长期贷款				
支付设备维护费					
支付租金/购买厂房					
计提折旧					
新市场开拓					
ISO 资格认证投资					
结账					
本季度现金收入合计					
本季度现金支出合计					
季末现金对账（填写余额）					

第五年 运营记录表（副表）

说明：采购总监、生产总监、营销总监使用本表分别记录原材料、在制品、产品的变化情况。例如采购总监在表内括号内填写“原材料”字样，当发生原材料出库业务时，在相应空格内记录原材料的减少（填写出库数量，通常用“－”表示出库）；当发生原材料入库业务时，在相应空格内记录原材料的增加（填写入库数量，通常用“＋”表示入库）。

任务列表，严格按照顺序执行		第一季度				第二季度				第三季度				第四季度			
		P_1 R_1	P_2 R_2	P_3 R_3	P_4 R_4	P_1 R_1	P_2 R_2	P_3 R_3	P_4 R_4	P_1 R_1	P_2 R_2	P_3 R_3	P_4 R_4	P_1 R_1	P_2 R_2	P_3 R_3	P_4 R_4
季初（ ）盘点数量																	
短贷、高利贷	更新短期贷款（高利贷）																
	还本付息																
	申请短期贷款（高利贷）																
原材料	更新原料订单/原材料入库																
	下原料订单																
更新生产/完工入库																	
生产线	新生产线投资																
	变卖生产线																
	生产线转产																
开始下一批生产																	
更新应收账款/应收账款收现																	
出售厂房																	
向其他企业购买成品/出售成品																	
按订单交货																	
产品研发投资																	
支付行政管理费																	
其他现金收支情况登记																	
本季度（ ）入库合计																	
本季度（ ）出库合计																	
季末（ ）库存量																	

现金预算表

	第一季度	第二季度	第三季度	第四季度
期初库存现金				
支付上年应交税				
市场广告投入				
贴现费用				
利息（短期贷款）				
支付到期短期贷款				
原料采购支付现金				
转产费用				
生产线投资				
加工费				
产品研发投资				
收到现金前的所有支出				
应收账款到期				
支付管理费用				
利息（长期贷款）				
支付到期长期贷款				
设备维护费用				
租金				
购买新建筑				
市场开拓投资				
ISO 认证投资				
其他				
期末库存现金余额				

要点记录：

第一季度：________________

第二季度：________________

第三季度：________________

第四季度：________________

年底小结：________________

____

订单登记表

订单号											向其他企业出售
市场											
产品											
数量											
账期											
销售额											
成本											
毛利											
未售											

产品核算统计表

	P_1	P_2	P_3	P_4	合计
数量					
销售额					
成本					
毛利					

综合费用明细表 单位：百万

项目	金额	备注
管理费		
广告费		
维修费		
租金		
转产费		
市场准入开拓		□区域 □国内 □亚洲 □国际
ISO 资格认证		□ISO9000 □ISO14000
产品研发		P_2（ ） P_3（ ） P_4（ ）
其他		
合计		

利润表

项目	上年数	本年数
销售收入		
直接成本		
毛利		
综合费用		
折旧前利润		
折旧		
支付利息前利润		
财务收入/支出		
其他收入/支出		
税前利润		
所得税		
净利润		

资产负债表

资产	期初数	期末数	负债和所有者权益	期初数	期末数
流动资产：			负债：		
现金			长期负债		
应收账款			短期负债		
在制品			应付账款		
成品			应交税费		
原料			一年内到期的长期负债		
流动资产合计			负债合计		
固定资产：			所有者权益：		
土地和建筑			股东资本		
机器与设备			利润留存		
在建工程			年度净利		
固定资产合计			所有者权益合计		
资产合计			负债和所有者权益合计		

第六年 运营记录表

任务列表，严格按照顺序执行		第一季度	第二季度	第三季度	第四季度
新年度规划会议					
参加订货会/支付广告费					
登记销售订单					
制订新年度计划					
支付应付税（上个年度税金）					
季初现金盘点					
短贷/高利贷	更新短期贷款（高利贷）				
	还本付息（短贷、高利贷）				
	申请短期贷款（高利贷）				
原材料	更新原料订单/原材料入库				
	下原料订单				
更新生产/完工入库					
生产线	新生产线投资				
	变卖生产线				
	生产线转产				
开始下一批生产					
更新应收账款/应收账款收现					
出售厂房					
向其他企业购买成品/出售成品					
按订单交货					
产品研发投资					
支付行政管理费					
其他现金收支情况登记					
长期贷款	支付利息				
	更新长期贷款/归还本金				
	申请长期贷款				
支付设备维护费					
支付租金/购买厂房					
计提折旧					
新市场开拓					
ISO 资格认证投资					
结账					
本季度现金收入合计					
本季度现金支出合计					
季末现金对账（填写余额）					

第六年　运营记录表（副表）

说明：采购总监、生产总监、营销总监使用本表分别记录原材料、在制品、产品的变化情况。例如采购总监在表内括号内填写“原材料”字样，当发生原材料出库业务时，在相应空格内记录原材料的减少（填写出库数量，通常用“－”表示出库）；当发生原材料入库业务时，在相应空格内记录原材料的增加（填写入库数量，通常用“＋”表示入库）。

任务列表，严格按照顺序执行		第一季度				第二季度				第三季度				第四季度			
		P_1 R_1	P_2 R_2	P_3 R_3	P_4 R_4	P_1 R_1	P_2 R_2	P_3 R_3	P_4 R_4	P_1 R_1	P_2 R_2	P_3 R_3	P_4 R_4	P_1 R_1	P_2 R_2	P_3 R_3	P_4 R_4
季初（　　）盘点数量																	
短贷、高利贷	更新短期贷款（高利贷）																
	还本付息																
	申请短期贷款（高利贷）																
原材料	更新原料订单/原材料入库																
	下原料订单																
更新生产/完工入库																	
生产线	新生产线投资																
	变卖生产线																
	生产线转产																
开始下一批生产																	
更新应收账款/应收账款收现																	
出售厂房																	
向其他企业购买成品/出售成品																	
按订单交货																	
产品研发投资																	
支付行政管理费																	
其他现金收支情况登记																	
本季度（　　）入库合计																	
本季度（　　）出库合计																	
季末（　　）库存量																	

现金预算表

	第一季度	第二季度	第三季度	第四季度
期初库存现金				
支付上年应交税				
市场广告投入				
贴现费用				
利息（短期贷款）				
支付到期短期贷款				
原料采购支付现金				
转产费用				
生产线投资				
加工费				
产品研发投资				
收到现金前的所有支出				
应收账款到期				
支付管理费用				
利息（长期贷款）				
支付到期长期贷款				
设备维护费用				
租金				
购买新建筑				
市场开拓投资				
ISO 认证投资				
其他				
期末库存现金余额				

要点记录：

第一季度：________________________________

第二季度：________________________________

第三季度：________________________________

第四季度：________________________________

年底小结：________________________________

____

订单登记表

订单号										向其他企业出售
市场										
产品										
数量										
账期										
销售额										
成本										
毛利										
未售										

产品核算统计表

	P_1	P_2	P_3	P_4	合计
数量					
销售额					
成本					
毛利					

综合费用明细表 单位：百万

项目	金额	备注
管理费		
广告费		
维修费		
租金		
转产费		
市场准入开拓		□区域 □国内 □亚洲 □国际
ISO 资格认证		□ISO9000 □ISO14000
产品研发		P_2（ ） P_3（ ） P_4（ ）
其他		
合计		

利润表

项目	上年数	本年数
销售收入		
直接成本		
毛利		
综合费用		
折旧前利润		
折旧		
支付利息前利润		
财务收入/支出		
其他收入/支出		
税前利润		
所得税		
净利润		

资产负债表

资产	期初数	期末数	负债和所有者权益	期初数	期末数
流动资产：			负债：		
现金			长期负债		
应收账款			短期负债		
在制品			应付账款		
成品			应交税费		
原料			一年内到期的长期负债		
流动资产合计			负债合计		
固定资产：			所有者权益：		
土地和建筑			股东资本		
机器与设备			利润留存		
在建工程			年度净利		
固定资产合计			所有者权益合计		
资产合计			负债和所有者权益合计		

附录 2　广告登记表

企业代码：________

第一年本地				第一年区域				第一年国内				第一年亚洲				第一年国际			
产品	广告	9K	14K	产品	广告	9K	14K	产品	广告	9K	14K	产品	广告	9K	14K	产品	广告	9K	14K
P_1				P_1				P_1				P_1				P_1			
P_2				P_2				P_2				P_2				P_2			
P_3				P_3				P_3				P_3				P_3			
P_4				P_4				P_4				P_4				P_4			

第二年本地				第二年区域				第二年国内				第二年亚洲				第二年国际			
产品	广告	9K	14K	产品	广告	9K	14K	产品	广告	9K	14K	产品	广告	9K	14K	产品	广告	9K	14K
P_1				P_1				P_1				P_1				P_1			
P_2				P_2				P_2				P_2				P_2			
P_3				P_3				P_3				P_3				P_3			
P_4				P_4				P_4				P_4				P_4			

第三年本地				第三年区域				第三年国内				第三年亚洲				第三年国际			
产品	广告	9K	14K	产品	广告	9K	14K	产品	广告	9K	14K	产品	广告	9K	14K	产品	广告	9K	14K
P_1				P_1				P_1				P_1				P_1			
P_2				P_2				P_2				P_2				P_2			
P_3				P_3				P_3				P_3				P_3			
P_4				P_4				P_4				P_4				P_4			

第四年本地				第四年区域				第四年国内				第四年亚洲				第四年国际			
产品	广告	9K	14K	产品	广告	9K	14K	产品	广告	9K	14K	产品	广告	9K	14K	产品	广告	9K	14K
P_1				P_1				P_1				P_1				P_1			
P_2				P_2				P_2				P_2				P_2			
P_3				P_3				P_3				P_3				P_3			
P_4				P_4				P_4				P_4				P_4			

第五年本地				第五年区域				第五年国内				第五年亚洲				第五年国际			
产品	广告	9K	14K	产品	广告	9K	14K	产品	广告	9K	14K	产品	广告	9K	14K	产品	广告	9K	14K
P_1				P_1				P_1				P_1				P_1			
P_2				P_2				P_2				P_2				P_2			
P_3				P_3				P_3				P_3				P_3			
P_4				P_4				P_4				P_4				P_4			

第六年本地				第六年区域				第六年国内				第六年亚洲				第六年国际			
产品	广告	9K	14K	产品	广告	9K	14K	产品	广告	9K	14K	产品	广告	9K	14K	产品	广告	9K	14K
P_1				P_1				P_1				P_1				P_1			
P_2				P_2				P_2				P_2				P_2			
P_3				P_3				P_3				P_3				P_3			
P_4				P_4				P_4				P_4				P_4			

附录 3　生产及采购计划表

生产及采购计划表示例

生产线		第一年				第二年				第三年			
		第一季度	第二季度	第三季度	第四季度	第一季度	第二季度	第三季度	第四季度	第一季度	第二季度	第三季度	第四季度
1 手	产品	——	——→	P_1 ——	——	——	→						
	原材料		R_1										
2 手	产品	——→	P_1 ——	——	——→								
	原材料	R_1											
3 手	产品	→ P_1 ——	——	——→	P_1 ——	——	——→						
	原材料			R_1									
4 半	产品	——→	P_1 ——	——→	P_1 ——	——	→						
	原材料	R_1		R_1									
完工的产品		P_1	$2\times P_1$	P_1									
原材料订单		$2\times R_1$	R_1	$2\times R_1$									

注：“手”表示该生产线为手工生产线；“半”表示该生产线为半自动生产线。

生产线		第一年				第二年				第三年			
		第一季度	第二季度	第三季度	第四季度	第一季度	第二季度	第三季度	第四季度	第一季度	第二季度	第三季度	第四季度
1	产品												
	原材料												
2	产品												
	原材料												
3	产品												
	原材料												
4	产品												
	原材料												
5	产品												
	原材料												
6	产品												
	原材料												
7	产品												
	原材料												
8	产品												
	原材料												
9	产品												
	原材料												
10	产品												
	原材料												
完工的产品													
原材料订单													

生产线		第四年				第五年				第六年			
		第一季度	第二季度	第三季度	第四季度	第一季度	第二季度	第三季度	第四季度	第一季度	第二季度	第三季度	第四季度
1	产品												
	原材料												
2	产品												
	原材料												
3	产品												
	原材料												
4	产品												
	原材料												
5	产品												
	原材料												
6	产品												
	原材料												
7	产品												
	原材料												
8	产品												
	原材料												
9	产品												
	原材料												
10	产品												
	原材料												
完工的产品													
原材料订单													

附录 4　开工计划表

上线加工产品	第一年			
	第一季度	第二季度	第三季度	第四季度
P_1				
P_2				
P_3				
P_4				
加工费				

上线加工产品	第二年			
	第一季度	第二季度	第三季度	第四季度
P_1				
P_2				
P_3				
P_4				
加工费				

上线加工产品	第三年			
	第一季度	第二季度	第三季度	第四季度
P_1				
P_2				
P_3				
P_4				
加工费				

上线加工产品	第四年			
	第一季度	第二季度	第三季度	第四季度
P_1				
P_2				
P_3				
P_4				
加工费				

上线加工产品	第五年			
	第一季度	第二季度	第三季度	第四季度
P_1				
P_2				
P_3				
P_4				
加工费				

上线加工产品	第六年			
	第一季度	第二季度	第三季度	第四季度
P_1				
P_2				
P_3				
P_4				
加工费				

附录 5　原材料采购计划

原材料	第一年							
	第一季度		第二季度		第三季度		第四季度	
	订货	入库	订货	入库	订货	入库	订货	入库
R_1								
R_2								
R_3								
R_4								
支付材料款								

原材料	第二年							
	第一季度		第二季度		第三季度		第四季度	
	订货	入库	订货	入库	订货	入库	订货	入库
R_1								
R_2								
R_3								
R_4								
支付材料款								

原材料	第三年							
	第一季度		第二季度		第三季度		第四季度	
	订货	入库	订货	入库	订货	入库	订货	入库
R_1								
R_2								
R_3								
R_4								
支付材料款								

原材料	第四年							
	第一季度		第二季度		第三季度		第四季度	
	订货	入库	订货	入库	订货	入库	订货	入库
R_1								
R_2								
R_3								
R_4								
支付材料款								

原材料	第五年							
	第一季度		第二季度		第三季度		第四季度	
	订货	入库	订货	入库	订货	入库	订货	入库
R_1								
R_2								
R_3								
R_4								
支付材料款								

原材料	第六年							
	第一季度		第二季度		第三季度		第四季度	
	订货	入库	订货	入库	订货	入库	订货	入库
R_1								
R_2								
R_3								
R_4								
支付材料款								

附录 6 贷款登记表

第一年

项目 \ 季度		一	二	三	四
短期贷款	借				
	还				
高利贷	借				
	还				
短贷余额					
审核员签字					
长期贷款	借				
	还				
长贷余额					
审核员签字					

第二年

项目 \ 季度		一	二	三	四
短期贷款	借				
	还				
高利贷	借				
	还				
短贷余额					
审核员签字					
长期贷款	借				
	还				
长贷余额					
审核员签字					

第三年

项目 \ 季度		一	二	三	四
短期贷款	借				
	还				
高利贷	借				
	还				
短贷余额					
审核员签字					
长期贷款	借				
	还				
长贷余额					
审核员签字					

第四年

项目 \ 季度		一	二	三	四
短期贷款	借				
	还				
高利贷	借				
	还				
短贷余额					
审核员签字					
长期贷款	借				
	还				
长贷余额					
审核员签字					

第五年

项目 \ 季度		一	二	三	四
短期贷款	借				
	还				
高利贷	借				
	还				
短贷余额					
审核员签字					
长期贷款	借				
	还				
长贷余额					
审核员签字					

第六年

项目 \ 季度		一	二	三	四
短期贷款	借				
	还				
高利贷	借				
	还				
短贷余额					
审核员签字					
长期贷款	借				
	还				
长贷余额					
审核员签字					

附录 7　应收账款记录表

企业代码：________

款项		第一年				第二年			
		一	二	三	四	一	二	三	四
应收账期	1								
	2								
	3								
	4								
到款金额									
贴现金额									
贴现费									
款项		第三年				第四年			
		一	二	三	四	一	二	三	四
应收账期	1								
	2								
	3								
	4								
到款金额									
贴现金额									
贴现费									
款项		第五年				第六年			
		一	二	三	四	一	二	三	四
应收账期	1								
	2								
	3								
	4								
到款金额									
贴现金额									
贴现费									

附录 8　开发登记表

产品研发登记表

企业代码：__________

产品类型	第一年				第二年				第三年				完成	审核员
	1	2	3	4	1	2	3	4	1	2	3	4		
P_1														
P_2														
P_3														
P_4														
产品类型	第四年				第五年				第六年				完成	审核员
	1	2	3	4	1	2	3	4	1	2	3	4		
P_1														
P_2														
P_3														
P_4														

市场开拓登记表

年度	区域市场（第一年）	国内市场（第二年）	亚洲市场（第三年）	国际市场（第四年）	完成	审核员
1						
2						
3						
4						
5						
6						
合计						

ISO 认证登记表

年度	第一年	第二年	第三年	第四年	第五年	第六年	合计
ISO9000							
ISO14000							
完成							
审核员							

附录 9　组间交易合同

销售方：________________
购买方：________________
购买时间：______年______季
付款时间：______年______季
产品类型：　成交数量：　成交金额：
________　________　________
________　________　________
________　________　________
________　________　________
购买人：________________
销售人：________________
审核员：________________

销售方：________________
购买方：________________
购买时间：______年______季
付款时间：______年______季
产品类型：　成交数量：　成交金额：
________　________　________
________　________　________
________　________　________
________　________　________
购买人：________________
销售人：________________
审核员：________________

销售方：________________
购买方：________________
购买时间：______年______季
付款时间：______年______季
产品类型：　成交数量：　成交金额：
________　________　________
________　________　________
________　________　________
________　________　________
购买人：________________
销售人：________________
审核员：________________

销售方：________________
购买方：________________
购买时间：______年______季
付款时间：______年______季
产品类型：　成交数量：　成交金额：
________　________　________
________　________　________
________　________　________
________　________　________
购买人：________________
销售人：________________
审核员：________________

销售方：________________
购买方：________________
购买时间：______年______季
付款时间：______年______季
产品类型：　成交数量：　成交金额：
________　________　________
________　________　________
________　________　________
________　________　________
购买人：________________
销售人：________________
审核员：________________

销售方：________________
购买方：________________
购买时间：______年______季
付款时间：______年______季
产品类型：　成交数量：　成交金额：
________　________　________
________　________　________
________　________　________
________　________　________
购买人：________________
销售人：________________
审核员：________________

注：1．完工时间必须小于购买时间，否则为无效交易；2．无效交易按交易额扣除双方利润。

附录 10　人力资源监控表

考勤登记表

	起始年	第一年	第二年	第三年	第四年	第五年	第六年
CEO							
财务							
营销							
生产							
采购							
人力							
(　　)							

人力资源评价建议表

排名 评价指标	团队成员						
参与度							
贡献度							
出错率							
进取度							
协作能力							
专业水平							

说明：此表仅供人力资源总监作出最终决定并交与指导老师，人力资源总监不参加此次排名，最终成绩由指导老师给出。

附录 11　总结记录

受训笔记

在模拟企业六年经营的实训过程中，你有没有渐渐发现自己的专业原来是那么的让自己喜爱？在实训过程中有哪些微小的细节是以前没有注意到的？把所有的探索、发现与收获，都记录下来吧！

实训人：__________ 实训阶段：________

竞赛交流

六年的企业模拟运营结束，不同岗位的人对竞赛有不同的体会。三人行必有我师，不一定非要拘泥于某一个角色，可以与自己的团队成员甚至竞争对手多交流总结，取长补短，才能获得更好的进步！

受训者总结

短暂却充满刺激的实训已经落下了帷幕，你一定深有感触，动动笔，把所有的辉煌与失落、成功与失败都记录下来。只有善于总结的人才能获得更大的收获！

（参考提纲）

1. 自己对扮演的角色的感受
2. 所在企业的成败基于什么关键因素
3. 团队成员的协作程度如何影响企业发展
4. 以目前的发展趋势，本企业未来的走向

指导老师点评

点评：